民國文化與文學^{研究}_{文叢}

五 編

李 怡 主編

第 9 冊

中國現代文學中的「革命話語」研究
——以 1930 年代爲中心

李 躍 力 著

國家圖書館出版品預行編目資料

中國現代文學中的「革命話語」研究——以 1930 年代為中心
／李躍力 著 -- 初版 -- 新北市：花木蘭文化出版社，2015〔
民 104〕
序 10+ 目 2+208 面：19×26 公分
（民國文化與文學研究文叢 五編：第 9 冊）
ISBN 978-986-404-251-7（精裝）
1. 中國當代文學 2. 文學評論
541.26208 104012145

ISBN- 978-986-404-251-7

9 789864 042517

民國文化與文學研究文叢
五　編　第　九　冊
ISBN：978-986-404-251-7

中國現代文學中的「革命話語」研究
——以 1930 年代爲中心

作　　者	李躍力
主　　編	李　怡
企　　劃	四川大學現代中國文化與文學研究中心
	北京師範大學民國歷史文化與文學研究中心
總 編 輯	杜潔祥
副總編輯	楊嘉樂
編　　輯	許郁翎
出　　版	花木蘭文化出版社
社　　長	高小娟
聯絡地址	235 新北市中和區中安街七二號十三樓
	電話：02-2923-1455／傳真：02-2923-1452
網　　址	http://www.huamulan.tw 信箱 hml 810518@gmail.com
印　　刷	普羅文化出版廣告事業
初　　版	2015 年 9 月
全書字數	201976 字
定　　價	五編 24 冊（精裝）新台幣 45,000 元

中國現代文學中的「革命話語」研究
——以 1930 年代爲中心

李躍力　著

作者簡介

李躍力，河南葉縣人。陝西師範大學文學學士、文學碩士，南京大學文學博士，美國馬薩諸塞大學波士頓分校訪問學者。現為陝西師範大學文學院副教授，碩士生導師，中國現當代文學教研室主任。研究專長為革命文學、左翼文學和延安文藝，在《文史哲》、《中國現代文學研究叢刊》、《新文學史料》等刊物發表論文十餘篇，著有《革命與文學的深層互動——中國現代文學中的「革命話語」研究》，主編《延安文藝檔案‧報告文學卷》。現主持中國國家教育部人文社科青年基金項目，參與中國國家社會科學基金重大項目。

提　　要

　　中國現代文學對「革命」的陳述及其陳述方式形成了獨具特色、影響深遠的「革命話語」。革命話語多方面影響著中國現代文學的生產方式、生存機制、基本格局和審美品格。從革命話語的角度切入中國現代文學研究，將為其提供新的研究範式和新的理論闡釋。本書以革命話語的生產與再生產為主線，在展示中國現代多元「革命話語」相互競逐的文壇景觀的同時，力圖將革命與文學之間依靠想像性勾勒而形成的虛線聯繫變為實線的連結，真正落實革命與文學之間的深層互動關係。

　　本書按照革命話語的生產方式、生產者、生產內容三個方面來布局謀篇。第一章闡釋革命話語的生產、複製及傳播方式；第二章探討革命話語的生產者與政治權力之間的複雜關係；第三、四、五章深入剖析革命話語再生產出的革命信仰、革命倫理和革命美學，揭示其中深藏的權、利關係。

民國文學：闡釋優先，史著緩行
——第五輯引言

李　怡

　　中國學界提出「民國文學」的概念已經超過十五年了，[註1] 在新一波的文學史寫作的潮流之中，人們對民國文學的研究也出現了一種期待，就是希望盡快見到一部《民國文學史》，似乎只有完整的文學通史才足以證明「民國文學」研究的合理性，或者說在當前林林總總的文學史寫作意見裏，證明自己作爲新的學術範式的存在。在我看來，受各種主客觀條件的限制，目前最需要開展的工作還不是撰寫一部體大慮深的文學史著，而是努力從不同的角度深入勘探、考察，對這一段歷史提出新的解釋。

一

　　眾所周知，中國文化具有悠久漫長的「治史」傳統。在一個宗教裁決權並沒有獲得普遍認可的國度，人們傾向於相信，通過歷史框架的確立可以達到某種裁決與審判的高度，所謂「名刊史冊，自古攸難，事列春秋，哲人所重。」[註2] 中國最早的史官除了司職記事，還負責主持祭祀，占卜吉凶，溝通神靈。史不僅可以成爲「資治通鑒」，甚至還具有某種道德的高度，所謂「孔子成《春秋》，亂臣賊子懼」，[註3] 史家如司馬遷等也是以「究天人之際，通古今之變」自我期許。

[註1] 中國大陸最早的「民國文學」設想出現在 1997 年（陳福康），最早的理論倡導出現在 2000 年代早期（張福貴）。

[註2] 劉知幾撰，浦起龍釋：《史通通釋・人物》第 240 頁，上海：上海古籍出版社 1978 年版。

[註3] 《孟子・滕文公章句下》，見楊伯峻《孟子譯注》上冊 155 頁，中華書局 1960 年版。

　　文學史的出現原本是現代的事物，它顯然不同於古代的史官治史，這種來自西方的學術方式更屬於學院派知識份子的個體行為。但是，歷史的因襲依然存在，尤其是在一些世代交替的時節，無論是政治家還是知識份子本身，都自覺不自覺地認定「著史」可以樹立某種新的「標準」，完成對過往事物的「清算」。於是，如下一些史著的意義是可以被我們津津樂道的：

　　奠定中國現代文學學科的基礎是王瑤先生的《中國新文學史稿》。集中代表了撥亂反正過渡時期的文學史觀的是唐弢、嚴家炎先生主編的《中國現代文學史》。

　　體現了新時期的現代文學視野、集中展示研究新成果的是錢理群、陳平原、溫儒敏等人的《中國現代文學三十年》。

　　生動體現著「重寫文學史」意義的是陳思和的《中國當代文學史》。

　　展示 1990 年代以降學術研究的「歷史化」傾向的是洪子誠的《中國當代文學史》。

　　揭示「文學周邊」豐富景觀的是吳福輝獨撰的插圖本《中國現代文學史》。

　　錢理群主編的最新三卷本《中國現代文學編年史》展示了以「廣告為中心」的文學生產、流通、接受及其他社會文化環節，讓文學敘述的圖景再一次豐富而生動。

　　今天，隨著「民國文學」研究的呼聲漸起，在一系列命名和概念的討論之後，應該展示更多的文學史研究實績，只有充分的實績才能說明「民國社會歷史框架」的確具有特殊的文學視野價值，如何集中展示這些實績呢？目前容易想到的似乎就是編寫一部紮實厚重的《民國文學史》。

　　但是，在我看來，文學史編寫的工作固然重要卻又不可操之過急。因為，今天所倡導的「民國文學」，並不僅僅是一個名稱的改變（以「民國」替代「現代」），更重要的是一些研究視角和方法的調整。這些重要的改變至少包括：

　　正視民國歷史的特殊性，而不是簡單流於「半封建半殖民地」等等的簡略判斷。據史學界的知識考古，「半封建」一詞曾經出現在馬克思、恩格斯筆下，列寧第一次分別以「半封建」「半殖民地」指稱中國，以後共產國際以此描述中國現實，「半殖民地」一說並先後為中國國民黨人與中國共產黨人所接受，又經過蘇聯內部的理論爭鳴及共產國際的理論演繹，「半

封建半殖民地」的並稱出現在 1926 年以後，〔註4〕又經過 1930 年代初的「中國社會性質問題論戰」，逐步成為中共領導的馬克思主義史學的基本概括。到延安時期，毛澤東最為完整清晰地論述了這一學說，從此形成了對中國知識份子歷史認知的主導性影響，直到今天應該說都有其獨到的深刻的一面。但是作為一種總體的社會性質的認定，是不是就完全揭示了民國歷史的特點呢？就不需要我們具體的歷史問題的研究了呢？當然不是。例如對「封建」一詞的定義在史學界一直爭議不已，民國時代的經濟已經明顯走上了資本主義的發展道路，忽略這一現實就無法解釋中國近現代工商業文化對於文學市場的重要作用，辛亥革命之後的中國儘管軍閥混戰，也難掩其專制獨裁的性質，但是卻也不是「帝國主義買辦與走狗」這樣的情感宣泄就能「一言以蔽之」的。對於民國史，國外史學界同樣多有研究，有自己的性質認定，這也需要我們加以研讀和借鑒。之所以強調這一點，乃是因為在此之前的《中國現代文學史》，幾乎都是以主流史學界的社會性質概括作為文學發展的前提，從舊民主主義革命到新民主主義革命就是中國現代文學發生發展的基礎，文學的偉大和深刻就在於如何更加深刻地反映了這一歷史過程，1980 年代以後，為了急於從這些政治判斷中脫身，我們的文學史又試圖在「回到文學自身」的訴求中另闢蹊徑，所謂「審美的文學史」成為了口號，但是關於中國現代文學在民國時代的諸多歷史基礎的辨析卻被擱置了起來，今天，如果不能正視民國歷史的特殊性，也就不能在文學的歷史前提方面有真正的突破。

發掘民國社會的若干細節，揭示中國現代文學生存發展的具體語境。無論是政治、經濟、社會文化等方面，民國社會的種種特徵都直接影響了現代中國文學的生產、傳播和接受，決定著文學的根本生存環境。關於這方面的研究，最近幾年已經在「文化研究」的推動下頗有收穫，不過，鑒於文化研究在來源上的異質性，實際上我們的考察也還較多地襲用外來的文化

〔註4〕一般認為，1926 年上半年，蔡和森在莫斯科中共旅俄支部會上作《中國共產黨的發展（提綱）》，已經提到「半殖民地和半封建的中國」和「半封建半殖民地的國家」（《聯共（布）、共產國際與中國國民革命運動（1926～1927）》，下冊第 408 頁，北京圖書館出版社，1998 年），另據李洪岩考證，最早的「半殖民地半封建」字樣，則是 1926 年 9 月 23 日莫斯科中山大學國際評論社編譯出版的中文周刊《國際評論》創刊號上的發刊詞，見《半殖民地半封建理論的來龍去脈》（《中國社會科學院近代史研究所青年學術論壇 2003 年卷》，社會科學文獻出版社，2005 年）。

理論，沒有更充分地回到民國自己的歷史環境。例如性別研究、後殖民批判、大眾文化理論等等的運用，迄今仍有生吞活剝之嫌。要真正揭示這些歷史細節，就還需要完成大量紮實的工作，例如民國經濟在各階段的發展與營運情況，各階層的經濟收入及其演變，社會分化與社會矛盾的基本情形，經濟與政治權利的區域差異問題，法制的發展及對私人權利（包括著作、言論權利）的保護與限制，軍閥政治對輿論及思想的控制方式，國民黨政權對輿論及思想的控制方式，國民政府時期的「黨政關係」及其內在的間隙，國民黨內部各派系的矛盾及其對思想控制的影響，民國各時期書報檢查制度的制定與實施情況，民國時期出版人、新聞人、著作人各自對抗言論控制的方式及效果，主流倫理的演變及民間道德文化的基本特點，文學出版機構的經營情況與文學傳播情況，民國時期作家結社及其他社會交往的細節等等，所有這些龐雜的內容倉促之間，也很難為「文學史」所容納，在一個相當長的時間裏都將成為文學研究的具體話題。

解剖民國精神的獨特性、民國文本的獨特性，凸顯而不是模糊這一段文學歷史的的形態。文學史究竟是什麼史？這個問題討論過很多年，至今也可能存在不同的意見，在我看來，儘管我們今天一再強調歷史研究與文化研究的重要性，但是所有這些討論最終還都應該落實到對於文學作品的解釋中來，否則文學學科的獨立性就不復存在了。最近幾年，民國文學研究的倡導與質疑並存，但更多的時候還都停留在口號的辨析和概念的爭論當中，就文學研究本身而論，這樣並不是對學術發展的真正推進。如果民國文學研究的提倡不能以大量的具體文學作品的闡釋為基礎，或者說民國文學的理念不能落實為一系列新的文學闡釋的出現，那麼這一文學史框架的價值就是相當可疑的；如果我們尚不能對若干文學作品的獨特性提出新的認識，那麼又何以能夠撰寫一部全新的《民國文學史》呢？

以上幾個方面的工作都是一部新的文學史寫作的必須的前提。我們的文學史的新著，從大的歷史框架的設立與理解到局部事件的認定和把握，乃至作為歷史事件呈現的文本的闡釋都與應該此前我們熟悉的一套方式——革命史話語、現代性話語——有所不同，如果只是抓住名稱大做文章，幾乎可以肯定的是，其結果必然很快陷入到業已成熟的那一套知識和語言中去，所謂「民國文學史」也就名不副實了。早在 1994 年，人民出版社就出版過《中國民國文學史》，這個奇特的書名——不是「中華民國文學史」而是「中國民

文學史」——顯然反映出了當時的某種政治禁忌，平心而論，在 10 年前，能夠涉及「民國」二字，已屬不易，對於其中所承受的禁忌，我們深表理解；但是也的確因爲這一禁忌的存在，所謂「民國」的諸多歷史細節都未能成爲文學史觀察和分析的對象，所以最終的成果還是普遍性的「現代化」歷史框架，「中國民國文學史」的主體還是不折不扣的「現代文學三十年」，對歷史性質、文學意義的描述都依然如故，對作家的認定、作品的解釋一如既往，只不過增加了一點補充：民國建立到五四新文化運動發生的幾年。這樣的文學史著，自然還不是我們理想中的「民國文學史」。

二

當然，能夠標舉「民國」概念的文學史論已經出現了，這就是臺灣學者尹雪曼主編的《中華民國文藝史》及周錦主編的《中國現代文學研究叢刊》系列叢書，也包括最近兩岸學者的最新努力。

尹雪曼（1918～2008），本名尹光榮，河南汲縣（今衛輝市）人。抗戰時期西北聯合大學畢業，美國密西里大學新聞學院文學碩士。曾主編重慶《新蜀夜報》副刊，在上海、天津、西安等地擔任報社記者，1949 年去臺灣。曾任臺灣中國作家藝術家聯盟會長，《中華文藝》月刊社社長，在成功大學、中國文化大學等校任教。自 1934 年起，創作發表了小說、散文及文學評論多種。是很有代表性的遷臺作家。周錦（1928～1992），江蘇東臺人，1949年赴臺，曾經就讀於臺灣師範大學、淡江大學等，後創辦燕智出版社，擔任臺北中國現代文學研究中心主任。兩人的最大貢獻便是撰寫、主編或者參與編撰了一系列的中國現代文學研究論著，在新文學記憶幾近中斷的臺灣，第一次系統地總結了五四以來的中國文學發展歷史，尹雪曼撰寫有《現代文學與新存在主義》、《五四時代的小說作家和作品》、《鼎盛時期的新小說》、《抗戰時期的現代小說》、《中國新文學史論》、《現代文學的桃花源》，總纂了《中華民國文藝史》。〔註 5〕其中，《中華民國文藝史》大約是第一部以「民國」命名的大規模的系統化的文學史著作，民國歷史第一次成爲文學史「正視」的對象；周錦著有《中國新文學史》、《朱自清作品評述》、《朱自清研究》、《〈圍城〉研究》、《論呼蘭河傳》、《中國新文學大事記》、《中國現代小說編目》、《中國現代文學作家本名筆名索引》、《中國現代文學作品書名大辭典》、《中國現

〔註 5〕《中華民國文藝史》由臺北正中書局 1975 年初版。

代文學鄉土語彙大辭典》等，此外還主編了《中國現代文學研究叢刊》三輯共 30 本，於 1980 年由成文出版社有限公司印行出版。《中國現代文學研究叢刊》的史論也具有比較鮮明的「民國意識」。《中國現代文學研究叢刊編印緣起》這樣表達了他的「民國意識」：

> 中國新文學運動，是隨著中華民國的誕生而來。儘管後來有各種文藝思潮的激盪以及少數作家思想的變遷，但中國現代文學卻都是在國民政府的呵護下成長茁壯的……〔註6〕

這樣的表述，固然洋溢著大陸文學史少有的「民國意識」，不過，認真品讀，卻又明顯充滿了對國民黨政權形態的皈依和維護，這種主動向黨派意識傾斜，視「民國」為「黨國」的立場並不是我們所追求的學術客觀，也不利於真正的「民國」的發現，因為，眾所周知的事實是，疲於內政外交的「國民政府」似乎在「呵護」民國文學方面並無傑出的築造之功，嚴苛的書報檢查制度與思想輿論控制也絕不是現代文學「成長茁壯」的理由。民國文學的真實境遇難以在這樣的意識形態偏好中得以呈現。

同樣基於這樣的偏好，民國文學的優劣也難以在文學史的書寫中獲得准確的評判，例如尹雪曼《中華民國文藝史・導論》作出了這樣概括：「中華民國的文藝發展，雖然波瀾壯闊，變幻無常；但始終有民族主義和人文主義作主流；因而，才有今日輝煌的成就。」「至於所謂『三十年代』文藝，則不過是中華民國文藝發展史中的一個小小的浪花。當時間的巨輪向前邁進，千百年後，再看這股小小的浪花，只覺得它是一滴泡沫而已。其不值得重視，是很顯然的。」〔註7〕

民國時期的現代文學是不是以「民族主義」為主流，這個問題本身就值得討論，至少肯定不會以國民政府支持下的「民族主義文藝運動」為主導，這是顯而易見的；至於所謂的「三十年代文藝」當指 1930 年代的左翼文學，事實上，無論就左翼文學所彰顯的反叛精神還是就當時的社會影響而言，這一類文學選擇都不可能是「一個小小的浪花」、「是一滴泡沫而已」，漠視和掩蓋左翼文學的存在，也就很難講述完整的民國文學了。

由此看來，20 世紀下半葉的冷戰不僅影響了大陸中國的學術視野，同樣扭曲了海峽對岸的學術認知。受制於此的文學史家，雖然不忘「民國」，但他

〔註6〕周錦：《中國新文學簡史》1 頁，臺北成文出版社 1980 年。
〔註7〕尹雪曼總纂：《中華民國文藝史》1 頁，臺北正中書局 1975 年。

們自覺不自覺地要維護的中華民國依然是以國民黨統治爲唯一合法性的「黨國」，民國社會歷史的眞正的豐富與複雜並不是「黨國」意識關心的對象。以民國歷史的豐富性爲基礎構建現代中國的文學敘述，始終是一個難題，對大陸如此，對臺灣也是如此。

當然，考慮到臺灣歷史與文學的種種情形，《民國文學史》的寫作可能還會再添一個難度：如何描述海峽對岸當今的文學狀況，是排除於我們的「民國文學史」還是繼續延伸囊括，〔註8〕排除於現實不符，從「民國」敘述轉向「臺灣」敘述，恐怕也正是「獨派」的願望，相反，努力將「臺灣」敘述納入「民國」敘述才能體現中華統一的「政治正確」；不過，納入卻也同樣問題重重，「民國」與「人民共和國」並行，不僅有悖於「一個中國」的基本政治理念，就是在當下的臺灣也糾纏不清。我們知道，在今日，繼續奉「民國」之名的臺灣目前正大張旗鼓地推進「臺灣文學」甚至「臺語文學」，所謂「民國文學」至少也不再是他們天然認同的一個概念，學術考察如何才能反映出研究對象本身的思想追求，這個問題也必須面對。也就是說，在今日臺灣，「民國」之說反倒曖昧而混沌。

2011 年，臺灣學者陳芳明、林惺嶽等著的《中華民國發展史・文學與藝術》出版，較之於此前冷戰時期的文學史，這一著作終於跳出了「黨國」意識的束縛，體現出了開闊的學術視野，〔註9〕但是由於歷史的阻隔，關於民國文學的豐富細節都未能在這一史著中獲得挖掘，我們看到的章節就是：百年來文學批評的開展與轉折，百年女性文學，百年現代詩發展與自我身份的探求，故事萬花筒——百年小說圖志，美學與時代的交鋒——中華民國散文史的視野，百年翻譯文學史，從啓蒙救亡開始：中華民國現代戲劇百年發展史等等。從根本上說，《中華民國發展史・文學與藝術》由多位學者合作，各自綜述一個獨立的文學藝術領域，在整體上更像是一部各種文學藝術現象的概觀彙集，而不是完整的連續的歷史敘述。

也是在 2011 年，大陸學者湯溢澤、廖廣莉出版了《民國文學史研究》

〔註 8〕 丁帆先生試圖繼續延伸民國文學的概念，他區分了政治意義的「民國」和作爲文化遺產的「民國」，試圖以此作爲破解難題的基礎，不過這一延伸也不得不面對與臺灣作家及臺灣學者對話、溝通的問題（見《關於建構民國文學史過程中難以迴避的幾個問題》，《當代作家評論》2012 年 5 期）。

〔註 9〕 陳芳明、林惺嶽等著：《中華民國發展史・文學與藝術》，臺灣政治大學、聯經出版公司 2011 年。

（1912-1949）。〔註10〕湯先生是中國大陸較早呼籲「民國文學史」研究的學者，在這一部近 40 萬字的著作中，他較好地體現了先前的文學史設想：回歸政治形態命名的歷史記事，上溯民國建立的文學發端意義，恢復民國時期文學發展的多元生態。可以說這都觸及到了「民國文學史」的若干關鍵性環節，《民國文學史研究》由「史觀建設」與「編史嘗試」兩大部分組成，前者討論了民國文學史寫作的必要性，後者草擬了「民國文學史綱」，嚴格說來，「史綱」更像是民國時期文學的「大事記」，似乎是湯先生進一步研究的材料準備，尚不能全面體現他的「民國文學史」面貌。

　　海峽兩岸的學者都開始彙集到「民國文學」的概念下追述歷史，這令人鼓舞，但目前的成果也再次說明，書寫一部完整的《民國文學史》，無論是史觀還是史料，都還有相當的欠缺，時機尚未成熟，同志仍需努力。

三

　　民國文學史，在沒有解決自己的史觀與史料的時候，實在不必匆忙上陣。在我看來，民國文學研究在今天的主要任務還是對民國社會歷史中影響文學的因素展開詳盡的梳理和分析，對現代文學歷史演變中的一些關鍵環節與民國社會各方面的關係加以解剖，如民國建立與新文學出現的關係、民國社群的出現與現代文學流派的形成、民國政黨文化影響下的思想控制與文學控制、民國戰爭狀態下的區域分割與文學資源再分配等等，至於文學自身力量也不能解決的文學史寫作難題當然更可以暫時擱置（如當代臺灣文學進入民國文學史的問題）。只要我們並不急於完成一部完整系統的民國文學史，就完全可以將更多的精力放在民國文學一個一個的具體問題之上，可供我們研究範圍也完全可以集中於民國建立至人民共和國建立這一段，我想，海峽兩岸的學者都可以認定這就是「民國歷史」的「典型」時期，這同樣可以爲我們的雙邊交流營造共同的基礎。在民國文學史誕生之前，我們應該著力於歷史更多更豐富的細節，對細節的了悟有助於我們歷史智慧的增長，而歷史智慧則可以幫助我們最終解決這樣或那樣的歷史書寫的難題。

　　那麼，在一部成熟的《民國文學史》誕生之前，還有哪些課題需要我們清理和辨析呢？

〔註10〕湯溢澤、廖廣莉：《民國文學史研究》（1912～1949），吉林大學出版社 2011年。

我覺得在下列幾個方面，還有必要進一步研討。

一是「民國文學」研究究竟能夠做什麼。隨著近幾年來學界的倡導，對於「民國文學」研究的優勢大約已經獲得了基本的認識，但是也有學者提出了自己的疑慮：研討民國文學，對於那些反抗民國政府的文學該如何敘述？例如左翼文學、延安文學。或者說，民國文學是不是就是國統區追求民主、自由這類「普世價值」的文學，「民國機制」是不是與「延安道路」分道揚鑣？在我看來，「民國文學」就是一種近現代中國進入「民國時期」以後所有文學現象的總稱，既包括國統區的文學，也包括解放區的文學，因為「民國」不等於「黨國」，也代表了某種「革命者」共同的「新中國」的夢想，左翼文化、解放區反抗的是一黨專制的「黨國」，而不是民主自由均富的「新中國」，尤其在抗戰時期，當解放區轉型為民國的特區之後，更是恰到好處地利用了民國的憲政理想為自己開闢生存空間，為自己贏得道義與精神上的優勢，只有在作為「新中國」的「民國」場域中，左翼文學與延安文學才體現出了自己空前的力量，「延安道路」才得以實現。「民國文學」也不是歌頌民國的文學，相反，反思、批判才是民國時期知識份子的主流價值取向，所以，我們可以發現，「民國批判」往往是民國文學中引人矚目的主題，左翼文學精神恰恰是民國時代一道奪目的風景，儘管它的文學成就需要實事求是地估價。在這個意義上，民國文學史的研究肯定是中國近現代史學的組成部分，而不是大眾時尚潮流（如所謂「民國熱」）的結果。

民國文學研究更深入的理論問題還在於，這樣一種新的文學史研究範式的出現究竟有什麼深刻的學術意義？對整個文學史研究的進行有何啟發？我認為，相對於過去強調「現代性」時間意義的「中國現代文學史」而言，「民國文學史」更側重提醒我們一種「空間」的獨特性，也就是說，從過去的關注世界性共同歷史進程的「時間的文學史」轉向挖掘不同地域與空間獨特涵義的「空間的文學史」，以空間中人的獨特體驗補充時間流變中的人類共同追求，這就賦予了所謂「民族性」問題、「本土性」問題與「中國性」問題更切實的內涵，從此出發，中國文學研究的新範式也許可以誕生？

二是「民國文學」研究當以大量的具體文學現象的剖析為基礎。這一方面是繼續考察各類民國文化現象對於文學發展的重要影響，包括經濟、政治、法律、教育、宗教之於文學發展的動力與阻力，也包括各區域文化現象對於文學生長的有形無形的影響，包括民國時期一些重要的歷史事件對於文學的

特殊作用，例如國民革命。過去我們梳理中國現代的「革命文學」，一般都從1927 年大革命失敗之後的無產階級文學倡導開始，其實「革命」是晚清以來就一直影響思想與現實的重要理念，中國現代文學的「革命意識」受到了多重社會事件的推動，從晚清種族革命到國民革命再到無產階級革命等等都在各自增添新的內容，仔細追溯起來，「革命文學」一說早在國民革命之中就產生了，國民革命也裹挾了一大批的中國現代作家，爲他們打上了深刻的「革命」意識，不清理這一民國的重要現象，就無法辨析文學發展的內在脈絡。大量現代文學現象（特別是文學作品）的再發現、再闡釋是民國新視野得以確立的根據。如果我們無法借助新的視野發現文學文本的新價值，或者新的文學細節，就無法證明「民國視野」的確是過去的「現代文學視野」能夠代替的。所幸的是，最近幾年，一些年輕的學者已經在「民國機制」的視野下，發掘了中國現代文學的新的內涵。這裡僅以《文學評論》雜誌爲例：顏同林從「法外權勢的失落與村落秩序的重建」這一角度提出對趙樹理小說的嶄新認識〔註 11〕，周維東結合延安文化，剖析了解放區文學「窮人樂」主題的意味〔註 12〕，李哲發現了茅盾小說中沉澱的民國經濟體驗〔註 13〕，鄔冬梅結合1930 年代的民國經濟危機重新解讀了左翼文學〔註 14〕，羅維斯發現了民國士紳文化對茅盾小說的影響〔註 15〕，張武軍透過「民國結社機制」挖掘了從南社到新青年同仁的作家群體聚散規律，賦予社團流派研究全新的方向〔註 16〕。在重新研討新文學發生過程的時候，李哲發現了北京大學教育「分科」的特殊意義〔註 17〕，王永祥則解剖了民國初年的國家文化所形成的語境與氛圍〔註 18〕。這樣的研究都在很大程度上突破了過去的「現代文學」研究視域，通過自覺引入民國歷史視角而推動了文學史研究的發展。

〔註 11〕顏同林：《法外權勢的失落與村落秩序的重建——以趙樹理四十年代小說爲例》，《文學評論》2012 年 6 期。

〔註 12〕周維東：《解放區的天是明朗的天——延安時期的移民運動與「窮人樂」敘事》，《文學評論》2013 年 4 期。

〔註 13〕李哲：《經濟·文學·歷史——〈春蠶〉文本的三個維度》，《文學評論》2012 年 3 期。

〔註 14〕鄔冬梅：《民國經濟危機與 30 年代經濟題材小說》，《文學評論》2012 年 3 期。

〔註 15〕羅維斯：《「紳」的嬗變——《動搖》的一種解讀》，《文學評論》2014 年 2 期。

〔註 16〕張武軍：《民國結社機制與文學的演進》，《文學評論》2014 年 1 期。

〔註 17〕李哲：《分科視域中的北京大學與「新文化運動」》，《文學評論》2013 年 3 期。

〔註 18〕王永祥：《《新青年》前期國家文化的建構與新文學的發生》，《文學評論》2013 年 5 期。

　　當然，類似的文本再解釋、歷史再發現工作還遠遠不夠，我們期待更多的研究者加入。

　　三是對於從歷史文化的角度闡釋現代文學的這一思路本身也要不斷反思和調整。在相當多的情況下，民國文學研究與現代文學研究都擁有相似的研究對象，相近的研究方法，不過，相對而言，「民國」一詞突出的國家歷史的具體情態，「現代」一詞連接的則是世界歷史的共同進程。所以，所謂的民國文學研究理所當然就更加突出民國歷史文化的視角，更自覺地從歷史文化的角度來分析解剖文學的現象，倡導文學與歷史的對話。鑒於民國歷史至今仍然存在諸多的晦暗不明之處，對於歷史的澄清和發現往往就意味著主體精神的某種解放，所以澄清外在歷史真相總是能夠讓我們比較方便地進入到人的內在精神世界之中，因而作為精神現象組成部分的文學也就得到了全新的認識。最近幾年，中國現代文學研究中較有收穫的一部分就是善於從民國史研究中汲取養分，詩史互證，為學術另闢蹊徑，文學研究主動與歷史研究對話，歷史研究的啟發能夠激活文學研究的靈感，「民國文學」的概念賦予「現代文學」研究以新機。雖然如此，我們也應該不斷反思和調整，因為，隨著歷史研究、文化研究在文學考察中的廣泛運用，新的問題也已經出現，那就是，我們的文學闡述因此而不時滑入到了純粹的歷史學、社會學之中，「忘情」的歷史考察有時竟令我們在遠離文學的他鄉流連忘返，遺忘了文學學科的根本其實還是文學作品的解釋。捨棄了這一根本，模糊了學科的界限，我們其實就面臨著巨大的自我挑戰：面向文學的聽眾談歷史是容易的，就像面對歷史的聽眾談文學一樣；但是，如果真的成了面對歷史的聽眾談歷史，那麼無疑就是學科的冒險！對此，每一位文學學科出身的學人都應該反覆提醒自己：我準備好了嗎？

　　在這個意義上，我們應該始終牢記，從歷史文化的角度研究文學，最終也需要回到「大文學本身」，民國文學研究對民國時期文學現象的研究，而不是以文學為材料的民國研究。將來我們可能要完成的也不是信馬由韁的《民國史》而是不折不扣的《民國文學史》。

　　沒有對這些研究前提、研究方法的反思，就不會有紮實的研究，當然最終的文學史是什麼樣子，也就難以預期了。闡釋優先，史著緩行，民國文學史的寫作，當穩步推進。

啓蒙視域中的現代文學革命話語批判
——李躍力《中國現代文學中的「革命話語」研究》序

馬俊山

　　李躍力的博士論文即將出版，囑我爲之作序，作爲他的導師，我欣然接受了。這篇論文曾經給躍力和我帶來很多思想的快樂，我覺得這是一種難得的享受，應該寫下來與讀者分享。另外，我的專業主要是戲劇影視藝術學，很少帶現當代文學專業的研究生，躍力就是這「很少」中的一個。唯其稀少，彌足珍貴，故序之以爲紀念也。其實，論題應有之義都已經寫在書裏了，不用我再來饒舌，我說的只能算是一些沒有寫進去的題外話。

　　我們五十年代出生的這代人，是在一種特殊的文學環境中長大的。當我們初獲閱讀能力的時候，可以讀到的現代文學作品已經不多，除了魯郭茅巴老曹和左聯五烈士等革命作家之外，艾青、丁玲、蕭軍等是後來從大批判文章裏知道的，而徐志摩、沈從文、張愛玲、張恨水、穆旦等則完全沒有聽說過。這些人的作品都被封存起來，直到 1979 年以後才陸續開放。而當代文學，除了「三紅一創」之類的所謂「紅色經典」小說外，就是賀敬之、郭小川、聞捷了。我們所領略的現當代文學，都或多或少地與革命沾邊，或直接描寫革命運動，或借景託物抒發革命情懷，形成一套獨特而又完整的「革命話語」體系。好像天地間除了革命，一切都不復存在似的。英雄情懷、陽剛之氣、獻身精神、破壞欲、造反欲、理想、偏執、單純、愚昧、獨斷、盲從等等，混雜在一起，拿捏著我們的靈魂，無法逃離，也無處逃離。「革命話語」，成了製造迷信，推行蒙昧的法器。在這種文學的薰陶下成長起來的一代人，其審美情趣之粗糙，思想境界之狹隘，社會關係之緊張是可想而知的。紅衛兵在文革中的表現就是一個很好的證明。

　　在中國歷史上，完全喝革命文學的乳汁長大的，大概只有我們這一代人。幾十年後，當革命離我們越來越遠，逐漸從現實轉化爲傳統的時候，如何評價革命及其文學表現，就成爲一個需要認眞反思，也能夠客觀看待的問題了。在我看來，任何對革命及革命話語、革命文學的研究，都有助於我們弄清自己的思想結構及其由來，啓發我們的覺悟，糾正我們的偏頗，使我們擺脫蒙昧，走向成熟。這是一項很重要的思想啓蒙工作。

　　擺在你面前的就是這樣一本深入探討和揭發革命與文學，以及文學與社會之互動關係的書，核心概念是「革命話語」。這個概念近幾年人們用得很多，大約是指以革命實踐爲依託，以傳播革命思想爲目的的某種話語體系。革命話語廣泛地存在於中國現當代哲學和人文社會科學及文藝創作領域，有其獨特的價值觀念、思想範疇和表述方式。當其進入文學之後，就形成了革命文學現象。嚴格地說，革命文學有廣狹二義，狹義特指上世紀二十年代末期出現的革命文學運動，廣義則泛指一切包含革命話語的文學現象。

　　首先，我要說的是當初我們爲什麼要選擇這樣一個論題。原因其實很簡單，一是躍力的碩士論文做的是創造社，而創造社又是較早提倡「革命文學」的社團。作者爲此收集、解讀了大量原始資料，爲以後的工作打下了堅實的基礎，繼續做下去可能比另起爐竈要容易一些。二是文學與革命聯姻，是二十世紀中國最重要的社會文化現象之一，研究價值不言而喻，但已有成果卻不太理想，還有很大的學術成長空間。現在看來，當初的選擇是對的。

　　其次，這個選題看似容易，實則困難。困難在於，作者的思考很容易被一些似是而非的先入之見所左右，從而掉進某些意識形態的陷阱裏。因而解放思想，就成爲論文成敗的關鍵。這裡有兩個難關必須突破，一爲思路，一爲史料。本來二者相輔相成，同等重要：思路整合史料，史料又支撐著思路，任何缺陷都會降低研究的質量。但就這個論題在當下的境遇而言，隨著近代社會、文化史料公共化、電子化程度的提高，收集的難度和成本是大大降低了。資料做到什麼程度，已經不再是個經費或庫藏問題，而跟思路的創新與突破更緊密地聯繫起來。思路的新與舊，廣與狹，決定了史料的新鮮與陳舊，豐富與貧乏。換言之，要想做好這篇文章，首先要解放思想，站在當代思想前沿看問題，然後才能在史料上有新的發現和拓展。躍力的論文發掘和使用了很多新史料，也重新解讀了一批舊史料，燭微索隱，多所創見。其中最重要的原因，就是在現代啓蒙思想的武裝下，突破了革命與反革命之是非對錯

的先驗觀念。沒有思想解放，就不可能還原歷史，回歸真實。

思想解放離不開對歷史的反思，而對「革命」的反思又是其中最重要的內容之一。反思即通過批判的方法，把附著在「革命」之上的各種「魅惑」祛除，從而使問題中性化、學術化。上世紀最後一場「革命」即文化大革命結束之後不久，對革命的反思就開始了，王蒙的《蝴蝶》、《相見時難》等小說即包含著反思革命的內容。八十年代初中國停止輸出革命，1997 年刑法取消「反革命罪」，革命從政治、法律、意識形態問題逐步降格為學術問題，從而為客觀、理性地反思革命，創造了比較寬鬆的社會、思想環境。近三十年來海內外學術界收穫了一系列重要成果。如王奇生《革命與反革命：社會文化視野下的民國政治》、楊奎松《「中間地帶」的革命——國際大背景下看中共成功之道》、黃道炫《張力與界限：中央蘇區的革命（1933～1934)》、高華《革命年代》、孟慶濤《革命 憲法 現代性》、蔡翔《革命/敘述》、李澤厚、劉再復《告別革命》、劉劍梅《革命與情愛》、席宣、金春明《文化大革命簡史》等等。

「革命」是二十世紀中國最重要的歷史遺產，也是最重要的思想和文化遺產，其影響至深且巨。從「詩界革命」、「文界革命」、「曲界革命」、「文學革命」、「家庭革命」、「種族革命」、「國民革命」、「土地革命」、「農民革命」、「人民革命」，到「思想革命」、「教育革命」、「科技革命」、「產業革命」、「靈魂深處爆發革命」，直至「偉大的無產階級文化大革命」，之後還要「不斷革命」、「繼續革命」等等。廁身其中的則是「革命文學」、「革命文化」、「革命思想」、「革命精神」、「革命行動」、「革命人民」、「革命黨」、「革命幹部」、「革命教師」、「革命青年」、「革命小將」，當然還有統治中國十幾年的各級「革命委員會」。正如劉再復所說，「影響 20 世紀中國命運和決定其整體面貌的最重要的事件就是革命」。﹝註 1﹞經過無數次革命的洗禮與磨難，中國人普遍形成了一種根深蒂固的革命思維和革命價值觀，即革命是社會發展和文化進步的基本甚至唯一的形式。一切以「革命」名義發動的社會運動，都是進步的，任何貼著「革命」標籤的人和事，都是正確的、善良的、美好的。而一切反對革命的人和事，當然都是極其錯誤、邪惡和醜陋的。革命與反革命這兩種相向而行的社會運動，變成了判斷事物之是非對錯高下美醜的標準。要肯定

﹝註 1﹞劉再復：《序：用理性的眼睛看中國》，載李澤厚、劉再復對話錄：《告別革命
——回望 20 世紀中國》，香港天地圖書有限公司，2004 年第 5 版，第 24 頁。

太平天國，便說這是一場農民革命，給義和團扣上一頂「革命」的帽子，歷史的丑角一轉眼就演起悲劇來。「革命者」是對一個人的最高讚譽，而「反革命」，既是最嚴重的罪行，也是最惡劣的道德。早在 1925 年唐有壬即說，「現在社會裏面——尤其是在知識階級裏面，有一種流行名詞『反革命』，專用以加於政敵或異己者。只這三個字便可以完全取消異己者之人格，否認異己者之舉動。其意義之重大，比之『賣國賊』、『亡國奴』還厲害，簡直便是大逆不道。被加這種名詞的人，頓覺得五內惶惑，四肢無主，好像宣佈了死刑似的。」〔註2〕革命的神聖化與反革命的妖魔化，一直延續到九十年代，現在偶而還能從人們的言談中感覺到它的陰魂不散。

　　「革命」是不能反的，反革命是重罪。「改良」也不行，中共批了胡適和梁漱溟幾十年，最主要的原因就是他們提倡改良主義，推行漸進式的發展路線。「保守」就更不行了，從杜亞泉到學衡派、新儒家，幾乎是反革命的同義語。因爲改良是漸進，不符合革命家「畢其功於一役」的設想，而保守，意在維護、繼承、發揚傳統，更與求新求變的革命思想截然對立，必予撲滅而後快。競言革命而排斥改良，是中國近現代思想演變的一條主線。在文學領域，這條主線的表現更加搶眼。從蔣光赤、丁玲等鼓吹革命的作品，到《茶館》（王利發）、《青春之歌》（余永澤）反對改良主義，革命話語對文學的持續影響由此可見一斑。

　　據王奇生的研究，中國最早被判「反革命」罪的是北洋政府吳佩孚派駐武昌的守城司令劉玉春和湖北督軍陳嘉謨。爲此，國共合作的武漢國民政府專門制定了《反革命罪條例》，使得革命與反革命問題從社會運動、道德操守上昇爲法律刑責。國共分裂後，寧漢合流對付共產黨，1928 年國民黨改稱其爲《暫行反革命治罪法》，1931 年修改爲《危害民國緊急治罪法》。國民黨殺共產黨，原先的罪名是「反革命」，共產黨殺國民黨，當初的罪名同樣是「反革命」。1934 年中央蘇區公佈《中華蘇維埃共和國懲治反革命條例》，1951 年新中國頒佈《中華人民共和國懲治反革命條例》。直到 1997 年刑法，才將名實不符的「反革命」罪，修改爲「顛覆國家罪」。國民黨和共產黨政權，都自稱爲「革命」，而把對方視爲「反革命」，從而嚴重扭曲了這兩個詞的意義：本來革命是反政府的行爲，但卻變成了政權存在的依據；而擁護政府反對變革的「反革命」，卻被戴在了反政府行爲的頭上。這種法理

〔註2〕唐有壬：《甚麼是反革命》，《現代評論》第 2 卷第 41 期，1925 年 9 月 19 日。

上的悖謬，也許正說明「革命」不過是個說辭，所指飄忽不定，因時而異，因勢而變，掛羊頭而賣狗肉是完全可能的。當然，「反革命」也是一樣。

漢語中的「革命」古已有之，意思是以暴力的方式推翻舊政權而建立新政權，即改朝換代。中國古代曾經發生過各種各樣的革命，如商湯伐桀、武王伐紂等等。無論其眞與假，好與壞，實質並無什麼兩樣，都不過是家族統治的更迭而已。當然，所有「革命」都是在「順天應人」，「以有道伐無道」的旗號下進行的，而在統治者看來，「革命」就是造反，就是暴亂，理應鎮壓之，誅滅之。「革命」的神聖化是 1902 年以後的事情，有人說跟法國大革命的介紹有關，也有人認爲是進化論的影響造成的。但在我看來，根本原因還在中國現代化的獨特歷史當中。

二十世紀的中國，許許多多的正義與不義，進步與反動都是在革命的旗號下進行的，久而久之便會積澱成一種革命崇拜的大眾心理，認爲革命可以解決一切問題。李季的長篇敘事詩《王貴與李香香》有言，「不是鬧革命窮人翻不了身，不是鬧革命咱倆也結不了婚」，「革命救了你和我，革命救了咱莊戶人。」果眞如此嗎？國民革命、土地革命、文化大革命之類「革命運動」，的確給一批「革命者」帶來了好處，使他們成家立業，當家作主，翻身解放，權利雙收，但並沒有給廣大人民群眾，如農民、工人、工商業資本家、知識分子等等，帶來他們所渴望的平等和自由，反而使他們遭受一次次的掠奪、傷害與羞辱，甚至有的從開始就是一場禍國殃民的政治陰謀。看看 1949 至 1979 年期間中國人，特別是農民過的什麼日子，就知道「革命」絕非救世濟民的不二法門。

革命眞是絕對正確，神聖不可冒犯嗎？近代以來的無數史實證明，答案是否定的。眼面前的例子是「史無前例的無產階級文化大革命」，實質是大倒退、大動亂、大災難。而反對這場革命的人和事，如張志新、李九蓮、四五運動等，倒被歷史證明是正確的。革命，有些被實踐證明的確是重建或恢復正義，爲社會發展和人的解放開闢新路的進步行爲，理應給予支持和擁戴，有的則是對公正與人權的肆意踐踏，必須堅決反對。所以，人民既有革命的權力，也有反革命的權力，改良和保守就更不用說了，這是近代政治學的常識。但就是這樣的常識，長期以來卻不在中國人的意識之中。因而，人人爭當革命人，唯恐有反革命、不革命的嫌疑。一說這個人「反革命」，馬上就能置其於死地。段德昌、曾中生、鄺繼勳、許繼愼、胡風、李昭、劉少奇、張

志新、李九蓮、王佩英等無數優秀的中華兒女，都是因此而遭受迫害，甚至被虐殺的。這不能不說是個悲劇。無論就歷史而言，還是就現實而論，必須徹底終結「革命」崇拜心理，還「反革命」以應有的法律地位。1997 年刑法修正案，取消「反革命罪」，可以說是爲「革命」和「反革命」正名的一項重要舉措。

對於研究革命問題的學者，首先需要弄清五花八門的這些「革命」，是否眞正給人民帶來了自由，解放了思想和物質生產力，這是我們衡量革命之價值和意義的現代性標準。所有的革命運動和革命者，都應該用它來量一量到底有多少現代性可言，是一家一姓的改朝換代，還是每個人的解放與自由。如果革命最終給多數人帶來的不是更多的自由——思想自由、言論自由、政治自由、工作和生活自由，而是更大的束縛——思想禁錮、言論管制、政治壓迫、社會歧視，工作限制、生活貧乏等等，無論其說得多麼天花亂墜，都不過是一場騙局而已。由於現代性的流失，革命極易變成某種蒙人的說詞，淪爲正義和自由的贋品。這個時候，「革命」上演的不是悲劇，而是一齣齣喜劇和鬧劇，因爲歷史的眞正主人公已經退場，粉墨登場的盡是些喬裝打扮的古代亡靈和偶像，他們只能扮演以假充眞，以小充大的丑角。

當「革命」的絕對正義性不復存在，而且「革命」被視爲一種話語體系的時候，「革命文學」的性質、構造、功能及意義，頓時就成了問題。「革命」本身誠然需要批判，但這不是本書的正題，而是它的思想背景。本書以現代文學中革命話語的生產與再生產爲主軸，通過一些典型個案的分析，深入探討革命話語緣何進入文學，如何撲滅異端，建立霸權，怎樣排斥個性，否定人性，壓制女性，以構建反現代的革命倫理和革命審美等重大問題。革命話語喚起了中國革命，中國革命又豐富了革命話語，二者互爲體用，循環往復，不斷膨脹，最終導致整個民族、國家、社會、個人的徹底革命化。所以，對革命話語的反思，就是對中國革命的反思。而這一切，都是以突破以往革命與反革命的簡單是非界限，確立啓蒙主義的革命觀爲思想前提的。

在中國革命史上，以北伐時期的革命話語最爲紛繁多義，話語權爭奪最爲激烈，崇拜「革命」的心理也極爲濃重。「革命文學」恰於此時誕生，本身就是革命話語爭奪戰的一部分。也許人們首先要問，當時革命是通過什麼方式，或者以什麼方法與文學聯姻的呢？對此，過去我們通常是用反映論來搪塞的。但是問題並未解決，爲什麼中國文學中革命話語的最終形成，是在

過去所謂「白色恐怖」最嚴重，資本主義最發達，資產階級最得意的年代？

李躍力的論文以翔實的史料，無可辯駁地證明了在資本主義生產關係中，革命話語是通過商業運作的方式，成功進入文學創作，並爲自己開闢發展道路的。那麼，「革命文學」的首倡者又是誰呢？

1949 年以後，「革命」成爲最高價值標準，因而「革命文學」的發明人，理所當然只能授予反對國民黨的中共或左派人士。上個世紀中國大陸大多數現代文學教材都說，最早把革命跟文學結合起來的，是太陽社和後期創造社的阿英、孟超、蔣光赤、李初梨、馮乃超、朱鏡我、彭康、郭沫若、成仿吾等人。事實果眞如此嗎？

其實不然。革命文學，正如魯迅所說，是革命的副產品。而中國革命的第一波，萌動於上世紀初的 1902 至 1903 期間。有充分的史料證明，文學與革命的最初結合也就是由此開始的，直到 1928 年前後達到高潮。在 1928 年前後那場「革命文學」的理論混戰中，參與者既有共產黨也有國民黨，前者如鄧中夏、惲代英、蔣光慈、沈澤民，後者如許金元、鄧演達、王平陵、許性初等。還有大量思想模糊，立場遊移的新老作家，如張資平、潘漢年、周毓英、楊邨人等等。儘管這些人的政治立場有左中右的差別，但認同「革命」這個大前提卻是一致的，很容易就把革命跟文學給捆綁到一起。同時這也說明，「革命文學」並非哪個黨派的專利，而是中國革命的必然產物，自認爲革命的階級、政黨、社團都能接受這個口號。問題是，各派都想壟斷這個口號，並竭力排斥其它的解釋和主張，從而建立自己的話語霸權。「革命文學」注定是一場話語混戰，從它誕生之日起就沒有消停過。

狹義的「革命文學」存世並不長久，但中國現當代文學中的革命話語卻要綿長得多。在革命話語逐漸確立其文學霸權的過程中，共產黨與國民黨的理念其實非常接近，一是以文學爲政治鬥爭工具，而排斥其認識、道德和娛樂功能，二是以群體壓制個體，主張宏大敘事，排斥個人話語。三民主義的群體是所謂的「國族」，共產黨的群體是所謂的階級。而文學正如列寧所說，是最個人化的事業，它需要創作個性，需要刻畫個性，需要以個人爲本位。因而，所有「革命文學」的口號，都必然導致文學才華的濫用，和文學品位的降低。這已經爲近百年中國文學實踐所證明。李躍力的論文以大量第一手資料，向讀者展現出革命話語進入文學之後，如何用「我們」把五四以後剛剛覺醒，尚未完全成熟的「自我」排擠出去，並逐漸形成革命文學標準模式

的過程。這個標準模式最醒目的特徵是：底層意識、復仇心態、思想獨斷、革命倫理、語言簡陋，語氣峻急、情節劃一、意境直白、雄性風格、暴力審美。

因爲革命是一種群體行爲，所以文學中的革命話語，必定會排斥個人話語，並跟以個性爲本位的五四新文學傳統形成斷裂。因爲排斥個性，所以革命文學無論如何都無法徹底擺脫公式化概念化的弊端。魯迅在 1927 年曾經把當時的「革命文學」概括爲兩種模式：「一是在一方指揮刀的掩護下，斥罵他的敵手的；一是紙面上寫著許多『打，打』，『殺，殺』，或『血，血』的。」〔註 3〕魯迅認爲，這不是眞正的革命文學，而眞正的革命文學是「革命人」寫出的文學。問題是，「革命人」寫出的文學就一定能擺脫這兩種模式，達到像魯迅期望的那種不著一字盡得風流的境界嗎？起碼，到現在我們還找不到成功的範例。況且，什麼是「革命人」，本身就是一個見仁見智、無法說清的問題。無論是國民黨文人還是共產黨作家，無論在朝或在野，其創作一涉「革命」，便難逃打手、幫兇或叛逆、暴徒的兩種命運。當然也有從打手變成暴徒，或由叛逆轉爲幫兇的。革命作家的命運大抵如此。如果又想革命，又不願放棄自我，最後只能擱筆或被排擠出文學隊伍，就像丁玲、艾青、蕭軍、路翎等人一樣。

作家紛紛轉向革命，成爲大革命前後獨有的文學景觀。「轉向」後又如何呢？魯迅是個典型。轉向後，小說自然是寫不出來了，因爲作者所熟悉的故鄉人事風物已經完全落伍，而新的人物和故事又不瞭解，沒經驗，於是雜文就成了魯迅後期的不二選擇。誠然，魯迅的後期雜文仍有許多名篇佳作，但與前期相比，那種痛切的個人感悟、遠大的文化眼光、複雜的思想品格均有所削弱，而對「革命」的隨聲附和卻越來越多。瞿秋白 1933 年把魯迅的轉變概括爲「從進化論進到階級論，從紳士階級的逆子貳臣進到無產階級和勞動群眾的眞正的友人，以至於戰士」。〔註 4〕這對於一個作家，對於文學來說，並非都是好事，因爲「群體化」很可能意味著個別性、獨立性的淪喪。魯迅後期的痛苦，正是由群體與個人，革命與文學的矛盾無法化解所造成的。又如丁玲，她轉向後寫得較好的作品，仍然是保持著鮮明的思想個性，

〔註 3〕魯迅：《革命文學》，《魯迅全集》第 3 卷，人民文學出版社 2005 年版，第 567 頁。

〔註 4〕何凝：《魯迅雜感選集序言》，李宗英、張夢陽編《六十年來魯迅研究論文選》上冊，中國社會科學出版社 1982 年版，第 122 頁。

有自己獨特的發現和獨特的敘述方式的作品。如《母親》、《在醫院中》、《我在霞村的時候》、《夜》、《三八節有感》等。即使在《太陽照在桑乾河上》這樣頗具革命色彩的小說裏，也仍然有不少丁玲式的描寫和敘述，有丁玲與眾不同的理解與好惡。可以說，魯迅也好，丁玲也好，使他們的作品得以傳世的恰恰不是群體性和黨性，而是中國革命所要竭力排除和壓制的東西——個人。當然，個性既成就了丁玲，也給她帶來了無盡的煩惱和厄運。從 1942 年挨批，到 1957 年反右，1958 年「再批判」，各種名目的政治迫害接踵而至，原因只有一個，就是周揚說的「個人主義是萬惡之源」。這也從另一個角度，證明了中國革命跟文學的關係是何等緊張。因而，1957 年毛澤東在上海的一次反右座談會上說，魯迅若活在當下，不是閉嘴就是下獄，也就不難理解了。魯迅尚且如此，其它革命作家的下場也就可想而知了。

誠然，革命話語給中國現當代文學帶來許多新鮮的東西，如底層敘事與吶喊，受虐／施虐心態，暴力審美等等，但該如何評價這種新興的文學景象呢？我覺得有一個基本準則，就是五四先賢們所確立的個性解放與社會平等，二者相輔相成，民主不過是平等在政治上的表現而已。從《短褲黨》、《水》到《李有才板話》、《暴風驟雨》等，底層敘事中包含著強烈的社會解放要求，這是現代的，也是進步的，但是當這種要求停留在復仇、翻身、當家作主這個層面上的時候，就為建立一種新的等級制社會埋下了伏筆。特別是當革命成功，新政權建立以後，這種革命話語很可能演變成階級壓迫的吹鼓手，浩然的長篇小說《豔陽天》就是一個很好的例證。李躍力的論文深刻地揭示出，這種反現代的「革命倫理」，其實早就埋藏在革命話語裏了。

革命可以，因為這是人民爭取解放的基本權利，但一定要文學也追隨革命，說革命的大話，則大可不必。因為並非所有革命都能給人民帶來自由和解放，有時候更需要非革命甚至反革命的文學起來維護人民的權益，這也是文學的責任。人權已經被我們淡忘了很久很久，現在已經到了恢復文學的人權責任的時候了。我們研究文學中的革命話語，不是為了顛覆革命文學，歷史是顛覆不了的。但對歷史的錯誤認知卻可以而且必須糾正，以免我們重蹈前人的覆轍。我想這大概要算是李躍力論文的思想起點吧。

這是李躍力出版的第一本書，其中的很多想法都是我們在南大操場的跑道上「走」出來的。當年不少研究生都視我的這種約見方式為畏途，但李躍力卻樂此不疲。因為他個大腿長，我得闊步疾行才勉強趕得上。這正如做學問一樣，新世紀成長起來的這一代年輕學者，知識更雄厚，眼界更寬闊，思

想更解放，在許多方面已經走到了我們前頭，這該是一件多麼令人欣慰的事情！應該說，迄今爲止，對革命話語的反思與批判還主要集中在 1949 年以前，之後還有大量的學術空白有待塡補。但道路已經開闢，方向漸次明朗，希望有更多的學術成果出現，把現代啓蒙進行到底。

2012 年 7 月 26 日草成於南京大學

緒　論

　　革命與文學的聯姻是現代中國一個獨特而重大的歷史、文化現象。此起彼伏、名目繁多的「革命」多方面影響著中國現代文學的生產方式和文化、審美品格。革命進入文學從根本上扭轉了中國現代文學的發展走向，改變了中國現代文學的基本格局，爲中國現代文學植入了新的審美元素，形成了中國現代文學中特有的「革命話語」。〔註1〕

　　試圖清晰而又詳盡地勾勒出革命話語的流變過程無疑是十分困難的。現代中國「革命」之複雜自是一言難盡；而從各種動機、各種立場，以各種方式言說出的「革命」更是千人千面、混亂龐雜，絕非寥寥數語所能涵括。若大致而言，革命話語自晚清始現於文學，其形態、內涵與功能幾經變遷。從形態上看，它經歷了一個由對話到獨白、由多元走向單一的發展歷程；從內涵上看，革命話語由傳統轉入現代，卻由追求現代性走向了現代性的反面；從功能上看，革命話語由政治革新層面逐漸侵入文化革新層面，政治圖謀中同時也容納著重構文學、再造文明的衝動。但文化上的獨斷專行最終導致其文化革新意義的完全喪失，革命話語逐漸淪爲與政治權力緊密結合的「霸權話語」，成了意識形態再生產的一個重要環節；其文化革新意義蛻變爲一種文化專制主義，豐富複雜的內涵被清除，多元化的生產方式也爲一體化的生產方式所取代。伴隨著這一進程，中國現代文學眾聲喧嘩的多極化格局漸次消失，其多樣化的美學風貌、深厚的美學意蘊也不復存在了。

〔註1〕　本書所謂的「革命話語」，指中國現代文學中的「革命」陳述、與「革命」有
　　　　關的陳述及其陳述方式。可以大致將其分成四個方面，即誰來說，說什麼，
　　　　怎麼說，說的怎樣。不僅包含「革命話語」的主體、內容、形式，還包括了
　　　　「革命話語」的評價機制。

一、由對話到獨白：革命話語的歷史流變

如果要爲「革命話語」在中國文學中的出現確定一個時間，我認爲可以確定在 1902～1903 年。耐人尋味的是，這一時間段也正是中國文學由「古代」到「近代」變革的開始。〔註2〕這並非歷史的巧合。中國文學對「革命」的鼓吹與呼喚，是中國社會由傳統邁向現代的外在標誌之一，也是中國文學開始現代性追求的歷史起點。

1902 年 11 月 14 日，梁啓超主編之《新小說》創刊。其第一號刊出了署名「嶺南羽衣女士」的「歷史小說」《東歐女豪傑》。〔註3〕雖然是以蘇菲亞爲中心描繪俄國虛無黨人的革命行動，但這畢竟是中國文學表現現代「革命」之開始。也是在這一號刊物上，梁啓超的《新中國未來記》借黃克強與李去病之口展開了中國要「改良」還是「革命」的激烈爭論。〔註4〕作爲改良派的梁啓超，儘管對中國革命歷史心存厭惡與恐懼，卻以種種實際行動「反過來喚醒了黑暗的民族記憶，作了『革命』暴力的義務推銷員」。〔註5〕隨後的 1903 年，是革命話語蜂擁而出的年頭。在這一年，《浙江潮》、《江蘇》等刊物在創刊後紛紛轉向革命；鄒容的《革命軍》橫空出世；《自由結婚》、《新中國傳奇》、《革命軍傳奇》等革命作品如雨後春筍。自此之後，《洗恥記》（1904）、《女媧石》（1904）、《女獄花》（1904）、《盧梭魂》（1905）、《獅子吼》（1906）等宣揚、鼓吹革命的小說更是層出不窮。

1903 年成爲中國文學中革命話語的關結點，由多種因素促成。從外部環境看，拒俄義勇軍運動的失敗在更爲廣泛的地區促成了改良向革命的轉變，這使得 1903 年「成爲革命發展行程一個關鍵的轉折年頭」。〔註6〕而在此前，梁啓超等人在思想、文化界對「革命」一詞的翻譯和闡釋，以及大量的對法國大革命的介紹無不使交匯了傳統意蘊與現代涵義的「革命」愈加深入人心。

〔註2〕 劉納認爲，我國文學從「古代」到「近代」的變革，開始於 1902～1903 年間，完成於五四之後。見劉納：《嬗變——辛亥革命時期至五四時期的文學》，中國社會科學出版社 1998 年版，第 1 頁。

〔註3〕 《東歐女豪傑》連載於《新小說》第 1 號到第 5 號，未完。「嶺南羽衣女士」即羅普，見馮自由：《革命逸史》（第 2 集），中華書局 1981 年版，第 31 頁。

〔註4〕 飲冰室主人（梁啓超）：《新中國未來記》，《新小說》第 1～3 號、7 號連載，未完，1902 年 11 月 14 日、12 月 14 日，1903 年 1 月 13 日、9 月 6 日。

〔註5〕 陳建華：《「革命」的現代性——中國革命話語考論》，上海古籍出版社 2000 年版，第 52 頁。

〔註6〕 李澤厚：《中國近代思想史論》，人民出版社 1979 年版，第 295 頁。

尤為重要的，還是小說之政治功用得到空前重視。早在 1897 年，嚴復和夏曾佑就認識到：「夫說部之興，其入人之深，行世之遠，幾幾出於經史上，而天下之人心風俗，遂不免為說部之所持。……且聞歐、美、東瀛，其開化之時，往往得小說之助。」〔註 7〕1902 年，梁啟超在他影響深遠的《論小說與群治之關係》中指出，小說有「不可思議之力」，能夠「支配人道」。〔註 8〕這樣，小說具有改良群治、覺世醒民之奇功偉力便成為晚清文學界的共識。以這一認識為基礎，晚清革命派對小說之革命功效寄予厚望，使其承擔起宣傳鼓動革命、喚起世道人心的重任就順理成章。另外，「革命」能夠成為一種文學「話語」，與晚清的社會風氣也大有關係。自晚清到「五四」後的二十多年，王綱解紐、百家爭鳴，是中國言論最自由的年代。在「開啟民智」這一啟蒙追求的促動下，晚清文化界大興演說，大開報禁，議論橫生，其中就包含有「革命」的話題。

晚清文學中革命話語的最大特徵是它的混沌性。所謂「混沌」，是指它並未完全獲得現代意義，還處於傳統與現代交纏的意義雜糅狀態。這是歷史的必然。在追求現代性的「革命」中，傳統始終是盤踞不散的陰影，其影響不過因時而異罷了。革命合法性的獲得不僅需要自由、平等諸觀念的支持，還需要借助中國悠久的革命傳統。初始階段的現代革命更不可能擺脫傳統「革命」觀念的牽制。於是，晚清文學中的「革命」，既包含了反帝反封、民族獨立、婦女解放等現代目標，也免不了改朝換代、反清復明等傳統的「革命」訴求。可以說，在晚清文學中，無論出於何種目的，只要是以暴力與滿清政府相對抗的行為，都可以稱為「革命」。這使得革命話語具有了極大的包容性，展現出了特別豐富多樣的面貌。

《盧梭魂》集中體現了革命話語的混沌性。作者以「盧梭魂」為書名，實際上是想賦予朱寯所領導的義軍以追求獨立、自由、平等的現代革命傾向。但在橫征暴斂的官府逼迫下佔領「漢山」，打出「奪回唐國地」、「驅盡曼珠（滿族的諧音──引者）人」兩面旗號的農民軍，即便佔據著「獨立峰」、「自由峽」，也很難有超越水泊梁山眾英雄的氣度。直到留洋歸來的少年英

〔註 7〕 幾道、別士（嚴復、夏曾佑）：《本館附印說部緣起》，見陳平原、夏曉虹編：《二十世紀中國小說理論資料》（第 1 卷・1987～1916），北京大學出版社 1989 年版，第 12 頁。

〔註 8〕 梁啟超：《論小說與群治之關係》，《新小說》第 1 號，1902 年 11 月 14 日。原文未署名。

雄華復和黃人瑞參與進來，才試圖將之拉往現代軌道。他們認爲眾人議事的「聚義廳」這一名目「脫不了那寨主大王的一些習氣」，建議將它改爲「獨立廳」。〔註9〕這無疑有畫龍點睛之妙。與《盧梭魂》中革命話語的混沌相比，《洗恥記》中的革命話語則明顯受到盧梭《民約論》（今譯《社會契約論》）的影響，表現出鮮明的現代色彩。狄梅等人努力建設的「起義村」依稀可見革命烏托邦的影子。菲律賓人艾子柔夫婦的加入使他們的「革命」具有了開放性和世界性。在鈕乾昆制訂的《起義村居民自治章程》中，「革命」的現代性特質顯露無遺。「革命」的目的被確定爲「破壞不平等之社會，建造一新共和國」，它認同「人人有天賦自由之權利」，「人人有選舉參言之權利」，它提倡「人人應具有不得自由毋寧死之精神」。〔註10〕雖然這一「革命」像是對法國大革命的照搬照抄，但已與傳統意義上王朝改制的暴力革命迥然相異。

難以擺脫的「傳統」使晚清文學中的「革命」常常像英雄落草般的起義或造反。其中的革命者也並不具有什麼現代的革命理性或理念，表現出的要麼是義薄雲天的草莽特質，要麼是傳統的儒家美德。如王德威所指出的，晚清文學中的革命話語「仍從俠義敘事借用形象、人物和主題」，雖然《東歐女豪傑》中的「激進分子以粉碎一切人類建制爲依歸」，但蘇菲亞和晏德烈「卻更像晚清版儒家美德的典範」。〔註11〕四處演說的蘇菲亞更被工人們奉爲「救苦救難的菩薩」。〔註12〕其他的革命英雄如仇牧（《洗恥記》）、黃禍（《自由結婚》）、狄必攘（《獅子吼》）等也都難脫傳統小說中英雄志士的氣質。這一形象的形成與作者對中國傳統小說寫法的借鑒有關〔註13〕，但根源還在於

〔註9〕 懷仁：《盧梭魂》，見《中國近代小說大系》，百花洲文藝出版社 1991 年版，第 652 頁。

〔註10〕 冷情女史：《洗恥記》，見《中國近代小說大系》，百花洲文藝出版社 1991 年版，第 425 頁。原書署「漢國厭世者著、冷情女史述」，1904 年 1 月由湖南苦學社出版。

〔註11〕 〔美〕王德威：《被壓抑的現代性——晚清小說新論》，宋偉傑譯，北京大學出版社 2005 年版，第 183、185 頁。

〔註12〕 嶺南羽衣女士（羅普）：《東歐女豪傑》，《新小說》第 4 號，1903 年 6 月 10 日。

〔註13〕 如《女媧石》的作者「生平最拜服《水滸傳》、《紅樓夢》」，《女媧石》在寫法上對二書也多有借鑒。見海天獨嘯子著、臥虎浪士批：《女媧石》，《中國近代小說大系》，百花洲文藝出版社 1991 年版，第 451 頁。《盧梭魂》最後對兩軍作戰、布陣，使用法寶攝人，黃帝現身施救等情節的設置和描繪，與《封神

他們對「革命」之現代性認識不足。

　　毋庸置疑，晚清文學中的革命話語具有強烈的政治功利性，這與晚清流行的文學功利觀相一致。不同之處在於，梁啓超呼籲「小說界革命」，其目的是爲了開啓民智，實現「新民」的理想；而革命派的用意則是借革命話語宣揚、鼓動革命，實現社會動員的目標。如果說前者是一種思想啓蒙和文化啓蒙，那後者則是一種政治啓蒙。尤爲關鍵的是，爲了實現「新民」之理想，梁啓超提倡對文學進行改革；而革命派則只是想利用文學進行宣傳，並沒有產生對文學進行改革的想法，更沒有提出什麼系統而深入的文學改革方案。也就是說，他們並沒有出於政治目的對文學做一種本質性的界定或要求，也沒有「惟一化」他們自身文學實踐的企圖。晚清文學中革命話語的功能只停留在政治革新層面，其負面效果自然十分明顯：它使得晚清革命小說輕敘事而重議論，「論議多而事實少」〔註14〕，連篇累牘的演說成了文本的中心，戲曲的情況也與此大體相同。但其另一面也同樣不容忽視：無論在主觀上還是客觀上，晚清文學中的革命話語都沒有表現出排他的傾向。這當然與滿清政府統治下革命派及其話語生產的「不合法」狀態有關，但無論如何，晚清文學多元發展的進程並沒有因之而受到衝擊。

　　「詩界革命」、「曲界革命」、「小說界革命」中的「革命」一詞指向的是文學改良的層面，陳獨秀、胡適等人所倡導的「文學革命」則接續了這一文學革新的努力。不同的是，「文學革命」中的「革命」融入了以進化論爲基礎的歷史進步觀念，具有現代意義，也更富激進色彩。中國現代文學從「文學革命」到「革命文學」的轉換，其間有大的本質性的斷裂，但也不乏承繼。

　　「革命文學」與「文學革命」的承繼關係主要表現在前者一開始同樣具有文化革新的意義，或者說，「革命文學」也同樣倡導對文學進行「革命」。這樣，革命話語就不再如晚清時只承擔著政治使命，而且還肩負著改造文學、重振文壇的重任。早期革命文學的提倡者常常從文學與社會的關係出發，認爲文學應該反映時代的要求，應該有益於社會國家。他們反對「靡靡之音」

　　演義》的寫法如出一轍。稍有不同的是，英雄落難之際現身相救的不是原始天尊等神仙而成了「唐人」的始祖黃帝，神仙所授予的法寶也換成了「自由鐘」。參見懷仁：《盧梭魂》，《中國近代小說大系》，百花洲文藝出版社 1991 年版，第 697～699 頁。

〔註14〕海天獨嘯子：《凡例・女媧石》，《中國近代小說大系》，百花洲文藝出版社 1991 年版，第 443 頁。

的文學,是「因爲這種文學,在現在中國這樣的環境裏,只能使人們頹喪、無聊、消極、自殺……人人如此,結果只是促短了國家的壽命」。〔註15〕而「革命文學」則因爲能夠改造社會,刺激、奮興社會的反抗情緒,因此成爲振興文壇之希望。故而,革命的文學家才是眞正偉大的文學家。〔註16〕早期革命文學提倡者對文學革新的呼籲固然也出於功利目的,但同樣包含著對文學發展的憂思。他們之所以對「靡靡之音」文學進行批判,是考慮到了它不良的社會影響。但他們並沒有將其價值完全抹殺,也沒有將「革命文學」定義爲文學的全部。〔註17〕

然而,1928 年的「革命文學」一隆重登場,就展現出了與早期「革命文學」截然不同的面目。事實上,1928 年「革命文學」的鼓吹者也極力突出他們口中的「革命文學」與之前「革命文學」的本質差異。與此前「革命文學」的邊緣存在狀態不同,這一來自異域的「革命文學」觀念試圖佔據中國文壇的中心乃至全部。他們將「一切的文學」界定爲「宣傳」〔註18〕,將「革命文學」視爲惟一的文學,否定其他文學的價值與存在的「合法性」,其文學革新的意義已基本喪失,而文化上的獨斷也在四面出擊的炮聲中彰顯得淋漓盡致。

儘管創造社、太陽社等人力圖用「革命文學」一統文壇,但事實上卻不可能。文化上的霸權意圖只有借助政治權力的支持才可能實現。1930 年代上海較爲成熟的資本主義市場體制使革命話語的生產處於文學追求、經濟利益與政治要求這三者的張力之中,這使得多元化成爲 1930 年代革命話語的最大

〔註15〕許金元:《革命文學運動──愛好文學和反對太戈爾的諸君公鑒》,上海《民國日報》「覺悟」副刊,1924 年 6 月 2 日。1924 年 5 月,以許金元、蔣鑑爲首在杭州發起、成立了「悟悟社」,專倡「革命文學」。這應該是中國現代文學史上的第一個「革命文學」社團,它比蔣光慈、沈澤民等人於當年 11 月成立的「春雷文學社」還要早。其文學社章程刊登在 1924 年 6 月 2 日的上海《民國日報》「覺悟」副刊上。

〔註16〕光赤(蔣光慈):《現代中國社會與革命文學》,上海《民國日報》「覺悟」副刊,1925 年 1 月 1 日。

〔註17〕如許金元就說:「我並不反對『靡靡之音』文學底本身存在價值。因爲靡靡文學和革命文學是同樣地包括在文學門類之內,而占著水平線的地位的。但是在今天中國的環境之下,前者於國家是含有危險性的,是所不需要的。後者則是極需要的,所以我們應該竭力提倡後者。」見許金元:《革命文學運動──愛好文學和反對太戈爾的諸君公鑒》,上海《民國日報》「覺悟」副刊,1924 年 6 月 2 日。

〔註18〕李初梨:《怎樣地建設革命文學》,《文化批判》第 2 號,1928 年 2 月 15 日。

特點。「革命」的合法性、緊迫性固然高高在上不容質疑，但對「革命」的理解卻千差萬別。因此，同樣是「革命」話語，其內涵與本質可能截然相異甚至相反。況且，革命話語的生產，可以有政治功利目的，它能夠成為政黨爭奪「革命」合法性、進行社會動員的工具；可以是商業利益的追逐，它可以為出版機構和作家帶來不菲的經濟收益；可以是個體需要的滿足，它為茅盾等人排遣大革命失敗後的消極情緒開通了渠道；還可以是文學實驗的嘗試，它為穆時英等人提供了展示文學才華的良機。更多的時候，這些功能又糅合在一起，交錯難分，很難辨識。這無不使革命話語的內涵豐富複雜、形式多種多樣，現代文壇便呈現出多元革命話語相互競逐的奇特景觀。文化權力的多元化使各種革命話語之間形成了制衡的局面，由此，任何一種革命話語想獨霸文壇的企圖都可能會歸於破產。

　　延安文學中的革命話語呈現出由對話到獨白、由多元到單一的轉折。在延安文學中，為無產階級謀求解放的「革命」，其內涵已經固定，並規約著一切的革命話語生產。作為政治組織內的革命話語生產，不可能脫離政治權力的控制而獲得自主性。王實味、丁玲等人試圖揭露革命秩序中存在的封建、專制等黑暗面，雖然其話語在本質上並沒有突破無產階級革命話語的籠罩，也沒有與政治權力主導下的革命話語形成真正主體間的對話；但因為對政治權力的合法性造成了威脅，其遭到批判與懲罰就在所難免。因為「革命」的合法性資源被革命組織所獨佔，政治權力就可以以「合法」名義對這些話語及其生產者的「革命性」進行質疑、審判，直至將其徹底消除。以「革命」的名義發動一場場文學運動和政治運動，通過思想改造的手段，政治權力逐漸將革命話語的生產權、闡釋權牢牢控制在了自己的手裏。毛澤東《在延安文藝座談會上的講話》實際上是革命話語生產的金科玉律，此後的革命話語幾乎完全成為政治權力與意識形態再生產的工具；作為話語生產者的作家也失去了個性化的表達，成了這種再生產過程的一個環節。李初梨等人的文學理想終於在延安時期得以實現。

　　延安時期初步形成並得以實踐的革命話語的生產規範在「十七年」文學中得到了深化，並獲得了霸權地位，致使「革命話語」生產成為文學的主要任務，文學中幾乎處處是「革命」。在一體化國家權力的支持下，革命話語的生產也只能是集體化的大生產，任何個人化的聲音都會面臨「革命」與否的質疑，擁有豐富內涵及多樣化面貌的革命話語此時再難尋覓。當一個被抽

空了具體內容的「集體」或「群體化的英雄」佔據了革命話語的中心，並以此迫使個體將自身及其權利完全交付,此時的革命話語已經走向了現代性的反面。在「文革文學」的革命話語中,比比皆是的虛幻的烏托邦衝動,迷狂的個人崇拜,空洞的英雄符號,無不證明它已經走向了反現代性的頂點。

審視半個多世紀中國文學中革命話語的發展歷程,我們會發現,從傳統走向現代,以多元對話爲特點的革命話語,逐漸在政治權力的作用下走向了單一化、「獨白」化。尤爲重要的是,革命話語從反封建、反專制、追求自由解放出發,在「不斷革命」的衝動中,其結果卻走向了原初目標的反面。而對中國現代文學的發展而言,當革命話語強行佔據了文學的全部,那必然意味著文學精神及其審美品格的淪落。

二、問題與意義:革命與文學的深層互動

由以上對革命話語流變的簡單描述即可看出,中國現代文學中的革命話語牽連著太多太多重要的文學命題,諸如現代文學的生產方式與生存機制,現代文壇的格局與走向,現代作家與革命及政治權力的關係,現代文學的美學原則與審美品格,以及現代文學如何助益於革命目標的實現等等,無一不是中國現代文學的核心命題。

本書選擇中國現代文學中的「革命話語」爲研究對象,其意義在於,從「革命話語」的角度切入中國現代文學,抓住了中國現代文學發展脈絡中的關節點和重大問題,它將爲我們深入探討中國現代文學的性質、特徵、規律、路線等,打開新的思路,提供新的闡釋,提高其歷史品味和理論價值。更爲重要的是,「革命話語」實際上勾連著中國革命與中國文學的深層互動關係,即中國革命影響了中國文學的哪些方面,而中國文學又是以何種方式部分承擔了中國革命實現社會動員以及重塑歷史主體的重大任務。我們之前對二者關係的認識,多是一種想像性的虛線勾勒,本書則試圖將之變爲實線連結,將中國革命與中國文學複雜深刻的內在關係落在實處。而要解決這一問題,似乎也只有「革命話語」這一個角度。

學界目前尚未出現對中國現代文學中革命話語的系統而全面的研究。陳建華的《「革命」的現代性——中國革命話語考論》〔註 19〕一書從跨語際的

〔註 19〕陳建華:《「革命」的現代性——中國革命話語考論》,上海古籍出版社 2000

角度深入探討了「革命」在晚清思想界如何經由譯介獲得了現代意義，但他所謂的「革命話語」指向語言層面而非文學層面。戴維・伊・艾普特（David E. Apter）和托尼・塞奇（Tony Saich）的英文專著《毛澤東共和國的革命話語》（*Revolutionary Discourse in Mao's Republic*）以延安時期爲中心，詳細剖析了「革命話語」作爲一種「話語共同體」（discourse community）的建構過程，其中雖然也涉及到了文學領域，但他所關注的只是政治層面的「革命話語」，而文化、文學領域內的「革命話語」及其生產、作用機制並沒有進入他們的研究視野。〔註20〕在文學層面對革命話語的研究多混雜在大量的對革命文學的研究之中，但革命文學研究重思潮輕文本的做法影響了對革命話語的深度挖掘。在爲數不多的對革命話語的專門性研究中，敬文東的《在「革命」的星空下──20世紀中國文學中的「革命」主題》從整體上梳理了「革命」在人物塑造、文學轉向、文體、方法、語言等各個層面對20世紀文學所造成的深刻影響。〔註21〕其他的研究則偏重於對革命話語做某一角度的具體理解。〔註22〕值得指出的是，幾乎所有的對革命話語的研究，都將「革命話語」單一化爲後來成爲主流的無產階級革命話語，這無疑簡化了「革命」的內涵，也遮蔽了歷史語境中多種「革命話語」共生共存、相互競鬥的複雜局面。

　　我認爲，中國現代文學中的革命話語是一個被建構的結構，而它又是一個具有建構能力的結構。它顛覆了人們原有的精神秩序和理解世界的方式，又構建了新的精神秩序和認知方式。作爲一種文學話語，革命話語是社會關係劇烈變動的歷史投影，它在社會現實與文學想像的交流互動中得以建構。它來自社會關係，也生產社會關係。在生產與再生產的過程中，革命話語顛覆了現代文學原有的生產方式與內在秩序，鑄就了新的價值理念、倫理觀念和言說範式。革命話語的生產與再生產的過程，也是社會信仰、倫理關係和美學原則等被生產出來的過程。換言之，革命話語可以再生產社會。

　　本書將以革命話語的生產與再生產爲主線，考察革命話語的生產、複製

　　　　年版。

〔註20〕David E. Apter & Tony Saich. *Revolutionary Discourse in Mao's Republic*, Harvard University Press, 1994.

〔註21〕見《文藝爭鳴》2002年第3期。

〔註22〕可參見段建軍、尹小玲：《紅色敘事中革命話語的權力內涵》，《江漢論壇》2006年4期。趙天才：《革命話語的現代性危機──趙樹理、孫犁小說的敘事文化身份解讀》，《華中科技大學學報》2004年1期。

與流通方式對中國現代文學的深刻影響，剖析作爲話語生產者的作家與政治權力之間的複雜關係，探究革命話語再生產出的社會信仰與倫理形態中所深藏的權、利關係，反思革命話語在中國現代文學中所形成的美學原則及審美品格。由此將革命與文學之間的深層互動關係揭示出來。

　　另外，本書充分尊重革命歷史的複雜性，不將革命話語視爲一黨或某一團體的專利，而是力圖返回歷史現場，發掘、展示被遮蔽的歷史的「另一面」。以大量史料尤其是新史料爲基礎，通過對革命話語生產方式的解析，展現歷史情境與文學發展中革命話語多元競逐的文壇景觀。對於革命話語中的幾種「模式」或曰「公式」，如「轉換」、「革命＋戀愛」、「棄家」等，本書也試圖予以新的理論闡釋。

　　需要說明的是，無產階級革命話語無疑是中國現代文學中的革命話語的主體，對中國現代文學中革命話語的研究，不能不以之爲主要研究對象。在展示現代文壇多種「革命話語」並存、競爭之局面的基礎上，又需要以無產階級革命文學中的革命話語爲主體對革命話語的性質、功用進行深入探討，並在適當的時候突出它與其他「革命話語」的異同。如前所述，1930 年代是革命話語多元共生、交互作用的年代，同時也是無產階級革命話語開始成長並試圖佔據文學中心的年代。此時的革命話語的歷史、政治、文化內涵也最爲豐富複雜。對革命話語的研究要實現歷史與邏輯的結合，就只能從 1930 年代出發。以 1930 年代文學中的革命話語爲研究的起點，從中生發出研究的論題；同時又不能拘泥於 1930 年代，而要以之前的革命話語爲參照，在整個革命話語的發展中展現延安文學、「十七年」文學與 1930 年代文學中的「革命話語」在某一論題下的共性與差異。這樣，既突出了革命話語在發展歷程中的變異，又揭示出了它們深刻的內在聯繫。因此，本書對「中國現代文學中的革命話語」的研究，就需要將「十七年」囊括在內。其次，革命話語實際上滲透在中國現代文學的所有文類之中，但其性質與特徵在敘事類文體中表現得最爲明顯。因此，出於論述的需要，本書對革命話語的考察將以小說爲主要依據，兼及戲劇、詩歌與散文等其他文體。

第一章　資本化：革命話語的
##　　　　生產與複製

　　中國現代文學中革命話語的生產、複製與傳播是以現代傳媒爲平臺，在經濟權力和政治權力的雙重作用下，借助資本化〔註1〕的方式來實現的。經濟權力作用下的革命話語生產遵循資本主義市場的商業邏輯，以追求經濟利益的最大化爲原則；政治權力則試圖將革命話語生產納入意識形態再生產的軌道，以政治圖謀的實現爲最終鵠的。前者往往將革命話語轉換爲經濟資本，以滿足個人或商業機構的經濟需要；後者則更多的將其轉化爲社會資本

〔註1〕 馬克思在《1844年經濟學—哲學手稿》中認爲：「資本是對勞動及其產品的支配權。資本就是積累起來的勞動。」見《1844年經濟學—哲學手稿》，劉丕坤譯，人民出版社1979年版，第18頁。布爾迪厄則在此基礎上拓寬了這一概念：「資本是積累的勞動（以物化的形式或『具體化的』、『肉身化』的形式），當這種勞動在私人性，即排他的基礎上被行動者或行動者小團體佔有時，這種勞動就使得他們能夠以具體化的或活的勞動的形式佔有社會資源。」見包亞明主編：《文化資本與社會煉金術——布爾迪厄訪談錄》，包亞明譯，上海人民出版社1997年版，第189頁。布爾迪厄不將「資本」局限在經濟領域，而將其視作場域內的一種有價值的資源，「個體與群體憑藉各種文化的、社會的、符號的資源維持或改進其在社會秩序中的地位。當這些資源作爲『社會權力關係』發揮作用的時候，也就是說，當它們作爲有價值的資源變成爭奪的對象的時候，布爾迪厄就把它們理論化爲資本」。見〔美〕戴維·斯沃茨：《文化與權力：布爾迪厄的社會學》，陶東風譯，上海譯文出版社2006年版，第86頁。在馬克思、布爾迪厄的基礎上，本書也將「資本」的意義放寬，當出於商業的、政治的或個人的、團體的目的將革命話語當作一種有價值的資源加以利用、相互爭奪的時候，我們就說革命話語被「資本化」了。

〔註 2〕，以鼓勵、誘導有利於政治共同體的革命話語生產。正如布爾迪厄所說，各種形式的資本是可以相互轉換的。社會資本的積累往往使經濟資本的獲得更為容易；政治上「正確」的革命話語也經常可以借助政治權力的力量排擠、打擊甚至消滅其他革命話語，從而佔有市場，獲得經濟資本和社會資本的「雙豐收」。

革命話語資本化的形式絕不是單一的。在中國特殊的政治文化語境中，革命話語會以各種名義、面目出現，千奇百怪，真偽難辨。比如，它可以轉化為一種道德資本（如正義），又可以轉化為一種人格資本（如高尚）。從革命話語的資本化這一角度重新進入中國現代文學，看到的將是紛繁蕪雜、多元並立、悖論叢生的歷史圖景。

革命話語的資本化是中國現代文學中的一個重要的歷史現象。但這一現象長期被我們忽略。主要原因在於，我們常常在政治／文學的二元框架中去認識、闡釋革命文學，忽略其生產環節，割裂其與資本主義市場的深刻關聯；或者片面強調革命文學生產的政治功利性，對它的經濟功利性和其他形式的功利性視而不見；更為重要的是，對「革命」做單一化的理解，看不到現代文壇多種「革命文學」均以「革命」的名義相互競逐的多極化格局。政治、經濟利益的追求和個人機心的摻入使革命文學的生產實際上成了一種耐人尋味、意蘊豐厚的革命話語生產。

革命話語的資本化在 1930 年代的中國文壇表現得尤為明顯，其原因一方面在於上海較為成熟的資本主義市場體制；另一方面也與「革命」這一資源未被國家權力壟斷、作家尚未體制化有關。1949 年之後，「革命」這一資源被政黨國家所壟斷，革命話語的生產只能是複製性的大生產。這時，革命話語的資本化並不是不存在而是變得更為隱蔽。作家在革命話語生產上的成功，

〔註 2〕 布爾迪厄在論及「社會資本」這一概念時說：「社會資本是實際的或潛在的資源的集合體，那些資源是同對某種持久性的網絡的佔有密不可分的，這一網絡是大家共同熟悉的、得到公認的，而且是一種體制化關係的網絡，或換句話說，這一網絡是同某個團體的會員制相聯繫的，它從集體性擁有的資本的角度為每個成員提供支持，提供為他們贏得聲望的『憑證』，而對於聲望則可以有各種各樣的理解。」見包亞明主編：《文化資本與社會煉金術──布爾迪厄訪談錄》，包亞明譯，上海人民出版社 1997 年版，第 202 頁。本書在使用「社會資本」這一概念時將其具體化為一種社會關係網絡、名譽、名望、頭銜、地位，這種名譽、名望、頭銜和地位可以是自然形成，也可以通過政治的或非政治的團體的授予而獲得。

不僅意味著政治地位的提升，還意味著這種生產模式被樹立爲典範大力推廣，作家一時之間可以名噪天下，著作的大印數和不斷再版也換來了可觀的經濟收入。〔註3〕

第一節　在經濟誘惑與政治需要之間

　　馬克思在《1844 年經濟學──哲學手稿》中說：「宗教、家庭、國家、法、道德、科學、藝術等等，都不過是生產的一些特殊的形態，並且受生產的普遍規律的支配。」〔註4〕革命話語的生產同樣需要遵循一定的「普遍規律」。對政治共同體而言，它需要將革命話語「純化」與「聖化」。前者需要將「異己」從「革命」中排斥出去，後者來源於拋卻個人得失的宏大敘事。也唯有如此，它才能具有向心力且贏得「大眾」的歸附與認同。革命話語走向「純化」的途徑有一「文」一「武」：從符號意義上取消「異質」革命話語的「革命性」，將其定義爲「反革命」；以「合法」名義通過禁燬等手段消除其物質載體，或乾脆將生產者消滅。革命話語的「聖化」則往往通過否定個人利益的合法性，拒斥經濟因素的滲入來獲得。

　　但毋庸置疑，革命話語的生產一旦社會化，成爲一種有價值的社會資源，就可以爲個人或資本家帶來經濟效益。對個人而言，從事革命話語的生產雖然是一種崇高的政治事業，但日常生活又不可能將物質需要完全摒除；對資本家而言，不管革命話語的內容與本質怎樣，只要生產它能帶來經濟效益，就值得投資。個人生存的需要和資本家對利益的追逐使革命話語生產被納入資本主義的市場體系，轉換成了經濟資本。作爲生產者的作家在這個過程中不僅可以謀利而且可以積累社會資本，豐厚的社會資本又使他能獲得更多的經濟收益。在經濟誘惑與政治壓力之間的革命話語生產注定要面臨重重悖論。一旦革命話語被納入資本主義市場的運作體系，以滿足買方市場、實現利益的最大化爲唯一目標，就必定要受制於商業邏輯，消解其「聖化」的一

〔註3〕　如杜鵬程的《保衛延安》首印就高達 55 萬冊，共得稿費 8.68 萬多元。見方厚樞：《新中國稿酬制度紀事（1949～1999 年）》，載宋原放主編《中國出版史料（現代部分）》（第 3 卷下），山東教育出版社 2001 年版，第 264 頁。楊沫在《青春之歌》出版後，被全國婦聯授予「『三八』紅旗手」榮譽稱號，後來還當選爲全國人大代表。

〔註4〕　〔德〕卡·馬克思：《1844 年經濟學──哲學手稿》，劉丕坤譯，人民出版社 1979 年版，第 74 頁。

面。對商業利益的過度追求又極易使革命話語陷入「機械複製」、媚俗流俗的泥淖，喪失其文化品性。但另一方面，革命話語的資本化又打破了政治共同體「純化」它的圖謀，給反對方提供了話語生存的空間，爲革命話語的多元化提供了可能。而革命話語也正是依賴這種資本主義市場的「機械複製」與對「大眾」的迎合擴大了它的影響，在某種程度上實現了宣傳、鼓動革命的政治目標。

一、市場邏輯下的革命話語生產

1930 年代的上海有兩個重要特點不斷被人談及：一是濃厚的資本主義的商業化氛圍，一是取代北京的新的文化中心地位。前者爲革命話語提供了生產、消費機制，後者爲革命話語提供了生產者、消費者和消費空間。

伊格爾頓指出：「藝術可以如恩格斯所說，是與經濟基礎關係最爲『間接』的社會生產，但是從另一意義上也是經濟基礎的一部分：它像別的東西一樣，是一種經濟方面的實踐，一類商品的生產。」〔註5〕這話用來說明 1930 年代上海的文學生產恰如其分。逐漸完善的資本主義的市場體系與鱗次櫛比的商業化出版機構相攜手，將上海變成了文化商品的集散地。正如匡亞明所說：「文學作品，在現社會，是市場上的商品的一個門類，其本質，和布匹，米麥等或有不同——前者是供給日常生活上的物質需求，後者是供給日常生活上的精神需求。——在市場上所形成的交換作用等，則無二致。」「小書局裏對於每部稿件的收納與否，其先決條件當然也是以迎合市場爲前提。」〔註6〕國民黨文人張季平也感慨道：「誰也不能否認的，是資本勢力侵入了出版界已將完全失去了以作家和讀者爲本位的任務，而是十足的成爲一個資本主義的市場了。」〔註7〕

資本主義市場要生產出「適銷對路」的商品，就必須充分考慮讀者的心理需要。1927 年大革命的高潮已經掀起了建設「革命文化」、「無產階級文藝」的聲浪〔註8〕，1928 年創造社、太陽社等文壇新秀「四面出擊」的「炮火」又

〔註5〕〔英〕特里·伊格爾頓：《馬克思主義與文學批評》，文寶譯，人民文學出版社 1980 年版，第 65～66 頁。

〔註6〕匡亞明：《市場上所見到的文學》，《文藝新聞》第 24 期，1931 年 8 月 24 日。

〔註7〕張季平：《現代中國出版界》，《前鋒周報》第 26 期，1930 年 12 月 14 日。

〔註8〕在大革命進行之際，孫伏園主編的漢口《中央日報》副刊登載了不少提倡「革命文化」、「無產階級文藝」的文章，代表性的有鄧演達《何謂革命文化》（第

奠定了「革命文學」名義上的「霸主」地位。「革命文學之所以旺盛起來，自然是因爲由於社會的背景，一般群眾，青年有了這樣的要求」；〔註9〕但更重要的，是現代出版業出於商業目的將它的聲音不斷複製、放大的結果。如劉震所說：「在現代出版機器的高速運轉中，一種左翼文學的聲音以理論或作品的形式被『製造』出來，並進而導入由出版業構築起來的文學消費網絡，這種聲音在流通過程中被不斷放大和加強，最終迴蕩成一個強有力的時代聲部。」〔註10〕

1928 年「革命文學」的重大意義在於，它掀起了中國現代文學的又一次深刻的「話語革命」。這次「話語革命」一方面與青年的心理需要相契合，有深厚的社會基礎；它方面又刺激、促進、鼓勵了對革命文學的需求。這種雙向互動不僅成就了大批的革命話語的生產者，也培養了爲數眾多的堅定的革命文學的愛好者、追隨者。「革命文學」的理論家們對「文學趣味」「先進」與「落後」的區分更使「革命文學」成了與時代緊密相連的「先進」的象徵。〔註11〕

讀者的需求預示了一個前景廣闊的消費市場，在資本主義的市場邏輯下，革命話語的資本化就不可避免。自 1928 年創造社的「轉向」之後，作家、刊物的「轉向」一時成了文壇的時尚。葉靈鳳「轉向」了，張資平也「轉向」了。且不論《現代小說》、《新文藝》的「煥然一新」，「尤其夢想不到的，是素以唯美派自居的《金屋》也竟然印行起這樣不唯不美而且兇險的赤色文

6號，1927年3月27日），張崧年《革命文化是什麼？》（第13號，1927年4月3日）；黃其起《無產階級文藝的建設》（第86號，1927年6月20日），騰波《創造無產階級文藝的園地》（第93號，1927年6月27日），採眞《關於無產階級文藝園地底創造》（第95號，1927年6月29日）等等。當然，此前在上海《民國日報》「覺悟」副刊和《中國青年》上也有「革命文學」的呼聲，但影響甚微。

〔註9〕　魯迅：《上海文藝之一瞥——八月十二日在社會科學研究會講》，《魯迅全集》（第4卷），人民文學出版社 2005 年版，第 303 頁。

〔註10〕劉震：《左翼文學運動的興起與上海新書業（1928～1930）》，人民文學出版社 2008 年版，「緒論」第9頁。

〔註11〕1931 年7月13日、20日的《文藝新聞》上刊登了類似問卷調查的「讀者訪問結果」，受訪的是 16～29 歲的青年，共8位。在回答「你最喜歡那一類的作品」這一問題時，有6位回答「革命的」、「思想向上和徹底的」作品；在回答「你最不喜歡那一類的作品」這一問題時，有6位（8位中有一位「限於環境不回答」）回答「頹廢的享樂的作品」、「張資平一類的戀愛作品」。青年讀者的喜好由此可見一斑。

章，……這樣看來我們可以大言不慚地說，革命文學已經轟動了國內的全文壇了；而且也可以跨進一步地說，全文壇都在努力『轉向』了」。〔註 12〕錢杏邨在總結 1929 年的中國文壇時也說：「就是極其保守以及反動的書鋪，在這一年，也不免熱中於普羅文藝的銷行，而發行關於普羅文藝的書籍了。」〔註 13〕就連國民黨「民族主義文藝」的鼓吹者們也不得不承認「普羅文學」「在民國十九年的春，有了高度的發展。這時，上海的新書業界，都受了他們的包圍」〔註 14〕，「刊物方面，如萌芽月刊，拓荒者，大眾文藝，南國月刊，沒有一本不叫喊著普羅，不標榜著普羅，真可說得大吹大擂；而單行本方面，也是汗牛充棟，辛克萊，高爾基……都走了紅運」。〔註 15〕

「轉向」是現代文壇一個饒有意味的現象。言詞一致的「革命」下，卻是「各懷心腹事」。「革命」的調子可以越唱越高，但背後的名利動機卻只能遮遮掩掩；可以藉此揭露、批判別人，自己卻從不敢拿出來宣揚，這種心態自古皆然。但無論如何，只要革命話語具有交換價值，資本主義的市場之網就不可能漏掉它，它就會成為商品。沈從文就看到了「轉向」背後的「商業」因素：「市儈商人由小文人手上，用一個並不過大的本錢，接受了若干部新書，且新的小規模書店次第而起，於是引起一种競爭……這競爭，這由於『商業』的競爭，乃支配了許多人的興味，成為中國文學轉換方向使之熱鬧的背景。」〔註 16〕文化產品的特殊性在於，它既能帶來經濟利益，又能為生產者積累社會資本。時人曾諷刺道：「所謂文壇實際是文章交易所，這已盡人皆知。……著作家有著此等人。他們能認清現狀，能利用機會，能『鑽』，『轉變』，因而得福，名利雙收。」〔註 17〕

革命話語的資本化與新的作家群體的崛起有關。這些「新進作家」是革命話語生產的主力；然而也正是通過革命話語的生產，這些「新進作家」才

〔註 12〕邱韻鐸：《「一萬兩千個」錯誤》，《現代小說》第 3 卷第 2 期，1929 年 11 月 15 日。

〔註 13〕剛果倫（錢杏邨）：《一九二九年中國文壇的回顧》，《現代小說》第 3 卷第 3 期，1929 年 12 月 15 日。

〔註 14〕范爭波：《民國十九年中國文壇之回顧》，《現代文學評論》第 1 卷第 1 期，1931 年 4 月 10 日。

〔註 15〕張季平：《中國普羅文學的總結》，《現代文學評論》第 1 卷第 1 期，1931 年 4 月 10 日。

〔註 16〕沈從文：《現代中國文學的小感想》，《文藝月刊》第 1 卷第 5 期，1930 年 12 月 15 日。

〔註 17〕須白石：《文壇大勢圖》，《十日談》第 23 期，1934 年 3 月 20 日。

能在現代文壇嶄露頭角。李初梨、馮乃超、蔣光慈、錢杏邨、洪靈菲、戴平萬、孟超、劉一夢、殷夫等等一大批理論家、批評家、作家正是憑藉革命話語的生產確立了他們在文壇的聲名和地位。對這些「革命文學家」而言，從事革命話語生產應該是「三全其美」之舉。革命文學本身就是革命事業的一部分，它不僅交融了文學理想和政治理想，亦可維持生計。左翼的「新進作家」除蔣光慈因小說暢銷收入較高外，其他人都經常掙扎在貧困線上。他們並沒有固定的職業，居住在亭子間中，常常食不果腹，只能靠賣文為生。〔註 18〕錢杏邨回憶說，他們當時幹革命工作，沒有固定經濟收入，家庭生活主要靠稿費，生活很不容易，文章著作常被查禁，左翼作家不斷變換署名，編寫普及讀物，都與經濟困難有關係。〔註 19〕這樣，革命話語的生產「為革命文學家提供的不僅僅是進行革命宣傳的話筒和喇叭，更基本的則是讓他們賴以生活的物質資料」。〔註 20〕布爾迪厄在分析 19 世紀上半葉法國所出現的「落拓不羈的文人」時指出：「這些新來者，接受了人文科學和修辭學教育，但缺乏經濟來源和必要的社會保護，無法實現他們的價值，被推向了文學道路：這條道路充滿浪漫成功的一切魅力……」〔註 21〕此言也可以用來形容這些「落拓不羈」、貧困潦倒的「新進作家」，從事革命話語生產不僅兼容了政治追求與文學理想，更是生存之急需。

〔註 18〕蔣光慈從事「革命文學」較早，因而具有較為豐厚的社會資本，其作品的暢銷更增加了其社會資本。在當時書商的眼中，他的地位堪與魯迅相比，稿費、版稅也與之不相上下。因此蔣的生活相當優裕，還可以常常資助別人。參見吳似鴻、傅建祥整理：《我與蔣光慈》，廣西教育出版社 1992 年版。而其他的「小文人」則不然，據《文藝新聞》1931 年 5 月 11 日第 9 期的「每日筆記」載：「馮乃超夫人李聲潤女士，今年產一女孩，非常壯健可愛，惟生活很困難，早餐只油條三根大餅四個藉以充饑也。」「華漢原先已有一小孩，其夫人今年又生一小孩，一家四口，難以維持也。」不僅僅是馮乃超和華漢，別的大部分左翼作家也是如此。洪靈菲和戴平萬流亡到上海後，和杜國癢（林伯修）等人組織了「我們社」，主編《我們月刊》，創辦了曉山書店。但仍然不能解決最基本的生活問題，債也無處可借，常常餓肚子。因毫無名氣，洪靈菲的《流亡》賣不出去，賴郁達夫的推薦才以千字四元買斷版權的價格賣給了現代書局。見秦靜：《憶洪靈菲同志》，《新文學史料》1980 年第 2 期。

〔註 19〕吳泰昌記述：《阿英憶左聯》，《新文學史料》1980 年第 1 期。

〔註 20〕劉震：《左翼文學運動的興起與上海新書業（1928～1930）》，人民文學出版社 2008 年版，第 101 頁。

〔註 21〕〔法〕皮埃爾·布迪厄：《藝術的法則——文學場的生成和結構》，劉暉譯，中央編譯出版社 2001 年版，第 69 頁。

　　這樣，在資本主義市場邏輯的支配下，由生產者—出版商—消費者所組成的革命話語的生產、消費機制得以形成，革命話語就在這一機制中被源源不斷的生產出來。

二、革命話語的爭奪與控制

　　誠如福柯所說，話語的生產與流通都要受到權力的控制，革命話語尤其如此。革命話語與政治權力的合法性緊密相關，因此政治權力絕不可能將它的生產權完全交給市場；而總是極力將其控制在自己的手中，將它的流通納入權力再生產的軌道。

　　1930 年代國共之間在文學上的爭奪是一個引人矚目的現象。這一現象實際上是國共兩黨爭奪「革命」領導權的鬥爭在文化領域中的反映。兩黨都不排斥「革命」，都承認革命的必要和必然，但對「革命」的理解、詮釋卻有很大差異。雙方都試圖通過文學生產來證明自己是「革命」的政黨，將對方的話語生產定義為「反革命」。

　　一切文學上的論爭都首先體現為概念之爭。面對以「革命文學」、「普羅文學」、「新興文學」、「無產階級文學」命名的革命話語的理論體系和創作熱潮，國民黨則倡導「革命文藝」、「文學的革命的文學」、「三民主義文學」、「民族主義文藝」等同樣以「革命」為名義的文學實踐。〔註22〕試圖從中國現實、作家身份、作家道德、文學性等多方面質疑、否定「普羅文學」的「革命」性。〔註23〕「民族主義文藝」的倡導者之一朱應鵬評價「三民主義文學」是

──────────────

〔註22〕1928 年 12 月 9 日，以許性初為首成立了「青白社」，「青白」取「青天白日」之意。在上海《民國日報》編輯「青白之園」副刊，其口號是「從文藝的園中走到革命的路上！在革命的路上遍植文藝的鮮花。王平陵在《中央日報》「青白副刊」連續發表《蹈進「革命文藝」的園地》和《革命文藝》兩篇文章，號召大家進行「革命文藝」創作，提出「真正的『革命文學』的建設，實在是急不容緩的問題」。見《中央日報》1929 年 4 月 21 日、27 日。

〔註23〕國民黨文學對普羅文學的否定首先表現在對中國現實的重新闡釋上，即認為中國目前不存在階級鬥爭，普羅文學不合中國國情；其次認為中國的底層民眾根本不識字，因此也不可能產生真正的普羅文學；所謂的普羅文學只是一幫小資產階級「受了蘇俄盧布的津貼，就甘心做赤色帝國主義的走狗、工具……破壞中國三民主義的革命」；而所謂「普羅作家」的生活則奢靡放蕩，與真正的普羅生活簡直判若雲泥。在他們看來，普羅文學根本稱不上「文學」，因為只是充滿了「手槍、炸彈、幹幹幹」等標語口號。因此他們才要建設「文學的革命的文學」和「真正的『革命文學』」。這類攻擊普羅文學的文章五花

「由黨的文藝政策所決定的，而所謂黨的文藝政策，又是由於共產黨有文藝政策而來的；假如共黨沒有文藝政策，國民黨也許沒設有文藝政策。」〔註24〕確實，無論是「普羅文學」、「新興文學」還是「三民主義文學」、「民族主義文藝」，都是兩黨用以爭奪革命話語權力的文化工具，都是以「主義」話語為理論基礎的革命話語的生產方式，其最終目的都是借壟斷「革命」資源來謀求政治上的惟一合法性。〔註25〕

　　概念之爭需要以刊物和社團為依託。自1930年始，在國民黨有關部門的政治支持和經濟資助下，打著「民族主義文藝」旗號的《前鋒周報》、《前鋒月刊》、《文藝月刊》、《開展月刊》、《當代文藝》、《流露》、《現代文學評論》、《長風》等刊物紛紛應運而生，大有鋪天蓋地之勢；依刊而聚的文學社團如「前鋒社」（「六一」社）、「中國文藝社」、「開展文藝社」、「流露社」、「線路社」等也漸次登場，極一時之盛。〔註26〕文學刊物充當的是革命話語生產與傳播的物質媒介，而文學社團的同人性質則起到了規範革命話語生產的作用。1930年3月2日左翼作家聯盟的成立，是以此前革命文學論戰混亂局面的終結為前提的，它的作用也正是試圖將革命話語生產整一化。「左聯」以《巴

八門，舉不勝舉，充斥在上海《民國日報》、南京《中央日報》的各種副刊上，後起的《前鋒周報》、《前鋒月刊》、《文藝月刊》、《開展月刊》等刊物上也頗有不少。代表性的文章可參見管理：《解放中國文壇》（上海《民國日報》「覺悟副刊」，1930年5月14日），陳穆如：《中國今日之新興文學》（上海《民國日報》「覺悟」1930年5月7日～14日連載；後陳穆如主編《當代文藝》，又將其刊於《當代文藝》第1卷第1期），劉公任：《對普羅文學的驚訝失望與懷疑》（上海《民國日報》「覺悟」副刊，1930年6月11日），NOP：《評評無產階級文藝》（《中央日報》「青白」副刊，1930年8月23、25日），洪為法：《普羅列塔利亞文學之崩潰》（《中央日報》「文藝周刊」1931年2月19日～3月15日連載）。

〔註24〕《朱應鵬氏的民族主義文學談》，《文藝新聞》第2號，1931年3月23日。

〔註25〕學界對國民黨「三民主義文學」與「民族主義文藝」的研究已頗為深入，可參見錢振綱：《民族主義文藝運動研究》，博士學位論文，北京師範大學，2001年；倪偉：《「民族」想像與國家統制——1928～1949年南京政府的文藝政策及文學運動》，上海教育出版社2003年版；周雲鵬：《「民族主義文學」（1930～1937年論）》，博士學位論文，復旦大學，2005年；畢艷：《三十年代右翼文藝期刊研究》，博士學位論文，湖南師範大學，2007年。本書不欲對「三民主義文學」與「民族主義文藝」的內容進行理論探討，而是著眼於國共兩黨如何利用文學概念展開對革命話語的爭奪，以及他們如何進行革命話語生產的誘導與控制。

〔註26〕如「中國文藝社」由國民黨中宣部直接領導，「流露社」的背景是陳立夫，其他如「開展文藝社」和「線路社」也都接受官方津貼。

爾底山》旬刊、《前哨（文學導報）》、《世界文化》、《文化鬥爭》等刊物爲陣
地，一面進行「民族主義文藝」的批判〔註 27〕；一面指出無產階級文學暴露
出的種種問題，指明前進的方向。1930 年 8 月 4 日，「左聯」執委會通過了
《無產階級文學運動新的情勢及我們的任務》〔註 28〕的決議；1931 年 11 月
又通過了《中國無產階級革命文學的新任務》的決議。這兩個決議規定了文
學的任務和創作的題材、方法、形式，闡述了理論鬥爭和批評的原則，強調
了「左聯」的組織和紀律：「中國左翼作家聯盟……是有一定而且一致的政治
觀點的行動鬥爭的團體；而不是作家的自由組合。……在左聯內，不許有反
綱領的行動，不許有不執行決議的行動，不許有小集團意識或傾向的存在，
不許有超組織或怠工的行動。」〔註 29〕

　　要使革命話語的生產進入權力預設和期待的軌道，除了利用團體的約束
力之外，還需要不斷對革命話語的生產進行批評和誘導。因此，文學批評就
具有了舉足輕重的作用。文學批評不僅僅被用來否定反對方話語的「革命」
性；還可以用來規範團體內部的革命話語生產，褒揚好的傾向，貶抑不正確
的傾向。朱應鵬主編的《申報・本埠增刊》上的「書報介紹」副刊就專門吹
捧民族主義文學的刊物和作品。革命文學陣營則更爲重視自我批評，「轉向」
後的《創造月刊》每期的「編輯後記」都會對本期刊載的作品進行點評。自 1
卷 12 期起更將編輯權由個人轉給所謂的「文學部」，淡化這種評判的個人色
彩，增強它的集體色彩。以「文學部」的名義點評作品得失，使得批評的標
準即革命話語生產的規範更加具有權威性。〔註 30〕不僅是《創造月刊》，《拓

〔註 27〕代表性的文章有史鐵兒（瞿秋白）：《屠夫文學》（《文學導報》，第 1 卷第 3 期，
　　　　1931 年 8 月 20 日），石萌（茅盾）：《「民族主義文藝」的現形》（《文學導報》，
　　　　第 1 卷第 4 期，1931 年 9 月 13 日），晏敖（魯迅）：《「民族主義文學」的任務
　　　　和運命》（《文學導報》，第 1 卷第 6、7 期合刊，1931 年 10 月 23 日）。

〔註 28〕刊於《文化鬥爭》第 1 卷第 1 期，1930 年 8 月 15 日。

〔註 29〕《中國無產階級革命文學的新任務──一九三一年十一月中國左翼作家聯盟
　　　　執行委員會的決議》，《文學導報》第 1 卷第 8 期，1931 年 11 月 15 日。

〔註 30〕自第一卷第 12 期始，《創造月刊》的「編輯後記」中總以「文學部」的名義
　　　　對作品進行點評，如：「華漢的《女囚》除了表現形式及文字稍嫌陳舊這二三
　　　　缺點之外，我們可以看取革命家的獻身的精神及英雄的行動。這篇若能把時
　　　　代的精神及對於革命的信仰傳達出來，它的唯一的責任可算完成了。」「冰廬
　　　　的《黎明之前》若果單去指謫它的缺點，就是後段的描寫太過於朦糊，看不
　　　　出民眾熱烈的呼喚，反覺無治的個人主義特別地顯現出來。這一點希望他以
　　　　後去克服。」見《創造月刊》第 1 卷第 12 期，1928 年 7 月 10 日。

荒者》、《現代小說》等刊物也開展「創作月評」，即時對刊載作品的題材、內容、傾向等進行「革命」式的評析。〔註31〕文學批評與文學創作之間的緊密互動構成了革命文學的一個悠久傳統。政治化的文學批評所扮演的，正是革命話語生產的監督者和規訓者的角色。

1930 年代國民黨不同於共產黨的是它是執政黨，擁有國家權力。它可以利用自己所控制的壟斷性社會資源，對具有離心傾向而又無法轉化成自身的構成要素的話語生產進行符號排除：或通過剝奪其相應政治、經濟資本，甚至用暴力在肉體上消滅它的存在；或者降低其符號資本甚至將其妖魔化，使社會漠視乃至壓制其生存。借助於上述策略，國家當權者就可以建立起一個獨白的封閉的話語體系。〔註32〕因此，無論是「三民主義文學」還是「民族主義文藝」，都並沒有像范爭波所說的那樣「是火一般的在中國文壇上飛躍，它是獲得了相當的成功」。〔註33〕「民族主義文藝」的「勃興」並沒有什麼社會基礎，完全是政治權力作用下的一時喧囂。國民黨當局一方面出資支持創辦各種刊物和社團；另方面用暴力手段查禁左翼書刊、書店，殺害革命作家〔註34〕，逼迫出版機構出版「民族主義文學」的刊物。〔註35〕其用意無非是想獨霸「革命」的合法性，將革命話語的生產權牢牢控制在自己手中。

三、「文學獎」：商業利益與話語誘導

設立「文學獎」是鼓勵、誘導革命話語生產的常用策略之一。受經濟權

〔註31〕《拓荒者》第 1 卷第 2 期有馮乃超對第 1 期作品所做的批判《作品與生活》和錢杏邨對 1930 年 1 月的主要文學刊物所做的《創作月評》，其第 1 卷第 4、5 期合刊（又名《海燕》）有陳正道所做的《〈拓荒者〉第二期創作批判》。《現代小說》第 3 卷第 5、6 期合刊有馮乃超所做的《本志十二月號創作月評》。

〔註32〕朱國華：《文學與權力——文學合法性的批判性考察》，華東師範大學出版社 2006 年版，第 105 頁。

〔註33〕范爭波：《民國十九年中國文壇之回顧》，《現代文學評論》第 1 卷第 1 期，1931 年 4 月 10 日。

〔註34〕1929 年 1 月 10 日，國民黨發佈《宣傳品審查條例》，稱「宣傳共產主義及階級鬥爭者，宣傳國家主義、無政府主義及其他主義而攻擊本黨主義政綱政策及決議案者」爲反動宣傳品。1929 年 3 月 23 日出臺《出版條例原則》，1930 年 3 月 17 日《出版法》公佈，1932 年 11 月 24 日又出臺《宣傳品審查標準》。

〔註35〕現代書局創辦者之一的張靜廬回憶說現代書局因出版左翼書刊而被查封，經多方奔走疏通才得到當局的諒解，條件是出版《前鋒月刊》和《現代文學評論》。見張靜廬：《在出版界二十年》，江蘇教育出版社 2005 年版，第 98 頁。

力和政治權力雙重支配的文學團體設立「文學獎」的用意也是雙重的。「文學獎」具有經濟資本和社會資本兩大誘惑，獲得「文學獎」就是名利雙收。因此，「文學獎」本身就有很好的廣告效應，再加上提拔「新進作家」、選拔「處女作」等噱頭，贏得無數眼球自在意料之中。它不僅能帶來刊物的熱銷和文學社團知名度的提升；尤為重要的，出版獲獎作品的單行本更是一樁好買賣。因此，「文學獎」背後往往有出版機構的商業動機。但 1930 年代的「文學獎」並不是單純的商業行為，它帶有極強的政治意圖。即用金錢與名聲獎勵具有示範意義的革命話語生產模式，並鼓勵、刺激這種生產模式的複製行為，從而誘導大量的寫作者投身附庸於政治權力的革命話語生產之中，以壯大自己的政治力量。

創造社的「文學獎」就表現出強烈的政治傾向。它於 1927 年 9 月發起，其獎金相當誘人：一等獎一名，獎金二百元；二等獎一名，獎金一百元；三等獎兩名，獎金各五十元。版稅標準也是當時最高：「得獎各作由本社出版版稅抽百分之二十。」其用意是引導青年「從生活的煩悶中狂吼疾呼，打破這種陰氣侵人的消沉，努力與萬惡的社會奮鬥」，因此要求徵文「以能表現時代精神者為合格」。〔註36〕已經成功「轉向」的第二卷第三期《創造月刊》上登出了這次文學獎的《懸賞徵文審查報告》，應徵者十三部，一等獎空缺，二等獎、三等獎各一名。原因在於「能夠充分滿足我們徵求的條件的作品還是沒有出現」，在他們看來，當選作品的缺陷也十分明顯。二等獎汪錫鵬的《結局》〔註37〕「只把時代的一角描寫出來」，「希望他能再進一步認識社會的真相」；三等獎周閬風的《農夫李三麻子》〔註38〕則沒有「再把農民的生活，感情及

〔註36〕《創造社第一次文學獎緣起》，《洪水》半月刊第 3 卷第 34 期，1927 年 9 月 16 日。創造社的「文學獎」計劃一年舉行一次或多次，要求體裁為長篇小說，字數六萬字以上。

〔註37〕《結局》1929 年 1 月由上海水沫書店和創造社出版部同時出版。初版均 1500 冊，水沫版 1929 年 10 月再版，1500～3000 冊；1930 年 2 月 3 版，3001～4500 冊。1935 年 5 月被國民黨以「普羅文藝」為由查禁。汪錫鵬借這次「文學獎」登上文壇，出版了多部作品。如《前奔》，上海良友圖書印刷公司，1931 年 4 月；《麗麗》，上海良友圖書印刷公司，1932 年 1 月。有意思的是，汪錫鵬是創造社選拔出來的，後來卻加入了民族主義文學的陣營，受國民黨官方資助與潘子農等編輯《矛盾月刊》，並於 1933 年 8 月（此出版日期標在扉頁，版權頁標 1934 年 1 月 1 日出版）由上海矛盾出版社出版「矛盾創作叢書之一」《汪錫鵬小說集》。

〔註38〕《農夫李三麻子》於 1929 年 8 月由上海江南書局出版。

共通的他們的煩悶具體地表現出來」。而未當選的顯示出的則是需要克服的傾向：表現技術的未熟，「個人主義的 Sentimentalism」。因此，希望寄託在第二次的徵文中。〔註39〕

葉靈鳳編輯的《現代小說》所舉辦的徵文活動的名頭則更爲響亮：「無名作家短篇處女作懸賞徵文」。它聲稱「本項徵文完全爲徵求有特殊創作天才的無名作家而設」。其獎金也相當豐厚：第一名酬洋五十元，第二名三十元，第三名二十元，第四名至第十五名各酬全年《現代小說》一份。〔註40〕值得注意的是，「懸賞徵文」的公告上印製了「處女作應徵證」，要求應徵者將「應徵證」剪下貼在稿件內。這明顯是刊物的一種促銷手段。徵文公告雖然沒有對來稿做主題上的要求，但大呼「轉向」的《現代小說》喜歡什麼樣的文章應徵者自然心知肚明。果不其然，據葉靈鳳介紹，在應徵的二百八十三篇作品中，有一半「是以這二三年內革命反動時期的事實爲題材，描寫被犧牲的青年以及被壓迫的工農運動等等，這其中關於農民抗租的情形描寫得特別的多」，而「以戀愛爲主題來描寫的僅占到五分之一」。「稿件選擇的標準」則「偏重在題材的選擇和作者對於所採取的題材的認識方面，至於文字和技巧的條件還是第二義」。「一篇任是寫得怎樣圓熟美好的作品，假若作者不曾認清他自己的立場，獲得明瞭的階級意識，使他的作品在普羅列塔利亞爭鬥中的文藝分野上贏得推進他的勢力的功效，那，他的作品任是寫得怎樣的動人，那不過是一種浪費而已，是我們絕對不需要的」。〔註41〕這「選擇的標準」分明是地道的普羅文學的評判標準，所謂的「懸賞徵文」實際就是在鼓勵無產階級革命話語的生產，扶持普羅文學的新興作家。

1931 年出版的《現代文學評論》自創刊便開始「選拔作家」，其商業用心比《現代小說》表現得更爲赤裸。它每期選拔書評兩篇，創作一篇。與《現代小說》相同的是，凡參加選拔者必須將刊物上印製的「選拔證」剪下貼在

〔註39〕 《懸賞徵文審查報告》，《創造月刊》第 2 卷第 3 期，1928 年 10 月 10 日。徵文審查委員會的成員有：張資平、王獨清、段可情、李初梨、傅克興、馮乃超。創造社的「文學獎」徵文並沒有舉行第二次。

〔註40〕 《現代小說社第一次短篇處女作懸賞徵文》，《現代小說》第 3 卷第 2 期，1929 年 11 月 15 日。

〔註41〕 靈鳳：《關於本屆徵文》，《現代小說》第 3 卷第 5、6 期合刊，1930 年 3 月 15 日。本次徵文原定選出一、二、三等獎各 1 名，但最後改爲選 8 篇，不分名次，「每篇各酬洋二十元」。當選的 8 篇作品的作者確實是「無名作家」，作品的表現對象都是工人、農民、茶房的女兒等下層人民的生活。

稿件上；不同的是，書評的書目則是指定的，都是《現代文學評論》的出版機構現代書局所出版的單行本。這樣，應徵者不僅得購買刊物，還得有指定的書籍才行。此外，這次選拔活動的酬金比《現代小說》的「懸賞徵文」要低得多：每期選拔只取前三名，即創作一名，書評二名。三位第一名各得十五至二十元酬金，「第二名至五名僅披露作者的姓名，不發表文字，各酬書券三元至五元」。〔註 42〕無論從經濟資本還是社會資本上考慮，這次徵文的誘惑力都不是很大。因此應者寥寥：「自創刊號出版以來，也許是時間的急促，在讀者方面，關於此項來稿，尚屬寥寥，這使我們感到選拔上的許多困難。……希望大家特別注意，並踴躍參加。」〔註 43〕《現代文學評論》是現代書局在國民黨當局的威逼下被迫出版的民族主義文學的刊物，這一選拔活動應該是爲了減少因《現代文學評論》的政治色彩而帶來的經濟損失而設的〔註 44〕，政治目的與經濟追求之間的悖論集中體現在了這次選拔活動中。儘管《現代文學評論》沒有對創作做任何要求，竭力淡化這次「選拔作家」的政治圖謀；但書評的指定書目雷馬克的《西線無戰事》和巴比塞的《光明》就是具有濃厚民族主義意味的作品，其他如《達夫代表作》、《脫了軌道的星球》等也都屬於「非革命」的文藝。就選拔出的作品素雅的《山鬼》和李自鈞的《仇》來看，除了民族主義傾向的幼稚表露外，其他均一無是處。〔註 45〕爲了求得經濟利益與政治需要之間的平衡，《現代文學評論》眞可謂挖空心思、絞盡腦汁。

四、革命話語生產的重重悖論

　　1930 年代革命話語生產的一個重要特點是，政治權力與經濟權力的雙重

〔註 42〕《選拔作家》，見《現代文學評論》第 1 卷第 1 期，1931 年 4 月 10 日。

〔註 43〕李贊華：《編輯後記》，《現代文學評論》第 1 卷第 2 期，1931 年 5 月 10 日。

〔註 44〕倪偉認爲：「在『前鋒社』的幾份刊物中，《現代文學評論》的民族主義氣味最爲淡薄，看上去更像一份中間派的純文學刊物。」見其著：《「民族」想像與國家統制——1928～1949 年南京政府的文藝政策及文學運動》，上海教育出版社 2003 年版，第 59 頁。《現代文學評論》的這一辦刊策略應該是起到了很好的作用，在 1 卷 4 期上編輯李贊華在「編輯後記」中就說：「本刊第一卷第一，二期全數售罄，然而補購的讀者卻是很多。」

〔註 45〕《山鬼》寫農民張大松爲治妻子的病去花果寺求籤，聽信籤文到黃華山靈崑洞拜祭，錯把兩牧童的戲弄當作了「山鬼」。《仇》以話劇的形式寫「荊軻刺秦」的故事。兩篇無論內容還是寫法，都毫無可取之處。

作用使它難逃被資本化的命運。也正是這兩種權力之間的消長糾纏使革命話語的生產過程必然伴隨著層層悖論。

因為革命話語可以被轉換成可觀的經濟資本，所以出版商才敢於冒著政治風險為此投資。革命話語才能藉此突破政治權力的羅網得以傳播開來，擴大影響。儘管國民黨出臺了多種法律、法規、密令，對出版物進行嚴格的審查，但為了經濟效益，書店還是不能完全放棄革命話語的生產。在這種情況下，革命話語由「直語」走向「曲筆」，由「暴露」走向「諷刺」。〔註46〕對此，魯迅有清晰的認識：

> ……但一大部分革命的青年，卻無論如何，仍在非常熱烈地要求，擁護，發展左翼文藝。
>
> 所以，除官辦及其走狗辦的刊物之外，別的書店的期刊，還是不能不設種種辦法，加入幾篇比較的急進的作品去，他們也知道專賣空杯，這生意決難久長。左翼文藝有革命的讀者大眾支持，「將來」正屬於這一面。
>
> 這樣子，左翼文藝仍在滋長。但自然是好像壓於大石之下的萌芽一樣，在曲折地滋長。〔註47〕

革命話語的資本化，也就是作家可以通過革命話語的生產獲得生活保障和社會認可，從而使作家能夠與政治保持一定的距離，一定程度上使文學生產具有了獨立性和自主性。在生活保障與政治要求之間，作家不得不選擇前者。那些受國民黨資助出版的刊物可以眾口一詞，但由出版機構投資出版的左翼刊物卻不能不講求效益。「左聯」成立後不斷地在強調組織紀律，其原因就在於其內部始終有不同的聲音存在。陳正道指出，「無產階級的文藝，一定要與無產階級的政治鬥爭聯繫起來」，但《現代小說》、《拓荒者》、《萌芽月刊》、《藝術月刊》、《大眾文藝》等雜誌上的創作仍舊是「小布爾喬亞的情緒在不住的漲」，「究竟沒有和政治運動結合起來」。〔註48〕菊華也為「左

〔註46〕詳見李瑋：《從「直語」到「曲筆」——論30年代出版走向與左翼文學形式的審美變化》，《中國現代文學研究叢刊》2008年第5期。
〔註47〕魯迅：《黑暗中國的文藝界的現狀——為美國〈新群眾〉做》，《魯迅全集》（第4卷），人民文學出版社2005年版，第295頁。
〔註48〕陳正道：《五一與文藝》，《巴爾底山》旬刊第1卷第2、3號合刊，1930年5月1日。

聯」的現狀憤憤不平：「這些不少的刊物又幾曾表現過多少前進的力量呢？還不是和從前一樣：幾個老作家，東也湊一篇，西也寫一段，成了每一個雜誌的招牌……」他借一個青年之口說：「這裡又是『左聯』的作品，那裡又是『左聯』的作品，也不知道我們聯是買那一種的好，這都是他們以左傾掙錢的法子。」〔註49〕這話雖不免偏激，但也不無道理。除《巴爾底山》、《世界文化》、《文化鬥爭》、《前哨（文學導報）》等不面向市場的刊物外，其他如陳正道指出的一些左聯刊物「已經是具有一定聲望的『文化產品』，其編輯取向由『讀者』和『作者』所共同維護。中共延伸到『左聯』中的組織網絡和政治理念，顯然無法對刊物的編輯發生影響」。〔註50〕也正因此，作家才能憑一己之力對抗「左聯」內部試圖將革命話語整一化的政治權力，使「左聯」內部充滿了鬥爭的張力，革命話語生產也呈現出多元化的面貌。

　　既然從事革命話語生產可以換得經濟資本、社會資本和政治資本，那就不可避免投機行爲的頻發。各種動機支配下的革命話語的生產固然呈多極化格局，但這種多元實際上卻伴隨著魚目混珠、「蕪靡龐雜」。當時文壇的「轉向」風潮實際上大部分是投機心促成的「突變」。郁達夫說：「這幾位革命老爺，卻也真轉變的很快，翻了一個筋斗，就都上這被他們所痛罵的大眾文藝上來發表了許多很有意得握老雞（意識形態——引者）的文章。後來又一轉變，幾位革命老爺，竟如願以償；做黨官的去做三民黨官，弄現錢的弄到了兩萬八千塊錢，上日本去消遣去了。」〔註51〕這種出於名利心的革命話語生產，只能以滿足讀者的需求或迎合政治需要爲唯一目的，就必然使革命話語的生產陷入名利的泥坑，成爲對商業上成功的生產模式的機械複製或者意識形態的「留聲機」，造成革命話語的泛濫、空洞，成爲符號的拼貼，喪失政治價值與文學價值，降低其文化品味。

　　不僅如此，革命話語的資本化使左翼作家陷入了經濟需要、文學追求與政治要求之間的兩難之境。他們從屬於政治，又不得不依附於資本，這種尷尬處境使他們的內心常常處於無可奈何的分裂之中。「想刻意的去創作，但在

〔註49〕菊華：《想對「左聯」說幾句話》，《巴爾底山》旬刊第 1 卷第 2、3 號合刊，1930 年 5 月 1 日。

〔註50〕曹清華：《中國左翼文學史稿（1921～1936）》，中國社會科學出版社 2008 年版，第 112 頁。

〔註51〕郁達夫：《文藝論的種種》，《讀書月刊》第 3 卷第 5 期，1932 年 12 月 20 日。

下筆時,在技巧在意義裏面又不能不牽就讀者,顧到銷路。一面下筆作文,一面想到衣食,這又是衝突。」〔註52〕1928年,顧仲起出版了他的《生活的血迹》,在《告讀者》中,他毫不掩飾地說:「我的作品不獨非十字街頭的,而且是描寫粗糙,表現力不忠實,缺乏事實之全部的觀察力,形成了不藝術的東西!……我不滿意於我自己的作品,……但是,爲了窮困,爲了麵包,爲了肚皮的欺榨,我終於忍心地,搜集了我不忠實,不成熟的作品,來侮辱文藝的田地!使美麗而聖潔的文藝宮中,來了一個衣服襤褸的丐者!」〔註53〕洪靈菲也在《流亡》的「自敘」中袒露了他內心撕裂的痛苦:「在描寫的手腕,敘述的技巧,修辭的工夫各方面批判起來,我自己承認,《流亡》這篇幼稚的產物,可說完全是失敗的。」「在飢寒交逼,營養不良的狀態下」,「因爲窮得要命」,不得不把這「苦命的嬰兒」賣去,「但,這有什麼辦法呢?!這有什麼辦法呢?!」〔註54〕

當革命話語生產成爲生活的唯一來源,那就必須多產多銷,就沒有時間對作品進行精雕細琢,粗製濫造就在所難免。〔註55〕「實在的,嘔吐著自己的心血,不免是爲著要換一點飯錢,並說不上什麼文藝。粗製濫造的作品的出產,在騙局的矛盾的現代的資本主義社會裏是無論如何不能避免。」〔註56〕如蘇汶所說:「文人在上海,上海社會的支持生活的困難自然不得不影響到文人,於是在上海的文人,也像其他各種人一樣,要錢。再一層,在上海的文人不容易找到副業,(也許應該說『正業』)不但教授沒份,甚至再起碼的事情都不容易找,於是在上海的文人更急迫的要錢。這結果自然是多產,迅速的著書,一完稿便急於送出,沒有閒暇擱在抽斗裏橫一遍豎一遍的修改。」

〔註52〕錢杏邨:《藝術與經濟》,《太陽月刊》6月號,1928年6月1日。

〔註53〕顧仲起:《告讀者》,《生活的血迹》,現代書局1928年版,第3~4頁。

〔註54〕洪靈菲:《自敘》,《流亡》,現代書局1928年版。

〔註55〕秦靜回憶說,洪靈菲在《流亡》出版後,銷路很好,各書店爭先恐後來要稿,他爲了宣傳革命思想,也爲了擔起生活重擔,「夜以繼日地辛勤寫作」。見秦靜:《憶洪靈菲同志》,《新文學史料》1980年第2期。洪靈菲的作品在當時革命文學的主要刊物上都有連載。據粗略統計,自1928~1930年,洪靈菲共出版了長篇小說4部,小說集4部。顧仲起共出版中、長篇小說5部,小說集2部。華漢(陽翰笙)共出版各類小說(集)7部。錢杏邨不僅出版了大量的文學批評著作,還出版了5部小說集。產量不可謂不高。

〔註56〕錢杏邨:《戀愛與咖啡——寫在〈荒土〉的後面》,《麥穗集》,落葉書店1928年版,第67頁。

〔註 57〕1932 年，左聯機關刊物《北斗》發起了文壇「創造不振」的討論，在分析「創作不振」的原因時，方光燾就說：「他們為飢寒所驅在亭子間中，勉強握筆寫那『三元一千』的作品，已是十二萬分難堪，那裡還能再過分地期望他們殫精竭力去從事力作呢！」〔註 58〕對出版商而言，要降低投資的風險，就只能選擇已經得到市場認可的內容和模式，甚至主動生產這種模式方能謀利。他們不可能考慮作品的藝術價值。「一部心血造成的作品，未必能賣得到錢，反之，一部水平線下的蹩腳作品或者能夠賣到好價錢也說是不定的。」〔註 59〕於是，有革命經歷的作家把自己的經歷改頭換面、寫來寫去，沒有革命經歷的則乾脆將別人所寫的「革命」加以篡改、誇張，呈現於自己的作品中。這就使他們筆下的「革命」因缺乏實際體驗而流於模仿與幻想。「讀高爾基，或辛克萊，或其他作品，又看看雜誌上文壇消息，從那些上面認識一切，使革命的意識從一個傳奇上培養，在一個傳奇上生存，作者所謂覺悟了，便是模仿那粗暴，模仿那憤怒，模仿那表示粗暴與憤怒的言語與動作。使一個全身是農民的血的佃戶或軍人，以誇張的聲色，在作品中出現，這便是革命文學作品所做到的事。」〔註 60〕革命文學不斷遭人詬病的「公式化」、「概念化」、「臉譜化」等症候的形成和「革命＋戀愛」模式的泛濫都與革命話語的這種生產方式息息相關。對作家而言，「革命＋戀愛」模式極好地兼容了政治啟蒙的需要和讀者市場的需要。儘管革命文學陣營內部不斷批判「革命＋戀愛」的寫作模式，但它還是不停地被複製，一個重要原因就是這一模式不僅能給作家帶來令人羨慕的經濟資本和社會資本，也為書店創造了不菲的經濟收入。

「在商品經濟時代，……政治只有借助於文化消費才能擴大影響，不能轉化為文化消費，不能以商品化方式傳播的政治宣傳，其效果總是最低的。」〔註 61〕革命話語的資本化固然為對抗政治壓迫提供了條件，擴大了革命文學的影響；但它同時也造成了革命文學文學性的匱乏。可以說，革命文學借革

〔註 57〕蘇汶：《文人在上海》，《現代》第 4 卷第 2 期，1933 年 12 月 1 日。

〔註 58〕方光燾：《創作不振之原因及其出路》，《北斗》第 2 卷第 1 期，1932 年 1 月 20 日。

〔註 59〕小萍：《文壇閒話》，《讀書月刊》第 1 卷第 2 期，1930 年 12 月 1 日。

〔註 60〕沈從文：《現代中國文學的小感想》，《文藝月刊》第 1 卷第 5 期，1930 年 12 月 15 日。

〔註 61〕祁述裕：《市場經濟下的中國文學藝術》，北京大學出版社 1998 年版，第 43 頁。

命話語的資本化發展了自己，但同時也消解了自己。對「革命」幼稚化、簡單化的認識規避了革命鬥爭的複雜性和嚴酷性，同樣會造成政治上的不良後果。如魯迅所說：「這樣的翻著筋斗的小資產階級，即使是在做革命文學家，寫著革命文學的時候，也最容易將革命寫歪；寫歪了，反於革命有害……」〔註62〕瞿秋白也認為：「……這種簡單化的藝術，會發生很壞的影響。」〔註63〕1931年前後，左翼文壇展開了「文藝大眾化」的討論，重點要清算的，就有這種個人主義、團圓主義、臉譜主義的「革命的羅曼蒂克」情調。

　　蘇汶在「第三種人」的論爭中說過這樣一段意蘊深刻的話：「資本主義下的自由無論在旁的地方是顯得多麼虛偽，多麼騙人，但在文學上倒未必絕對如此：這原故是在於文學家可以拿他的所作當做商品到市場上去自由競爭，而無需乎像封建社會下似地定要被收買，被豢養才能生活了。容我說句笑話，連在中國這樣野蠻的國家，左翼諸公都還可以拿他們的反資本主義的作品去從資本家手裏換出幾個稿費來呢。」〔註64〕這段話實際上揭示了革命話語資本化的深層悖論。對於國民黨政府來說，正是它治下的經濟繁榮為革命話語資本化提供了深厚的土壤，為反對它的革命話語營造了極好的生產、流通領域，使其能夠脫離國家權力的控制。然而，資本主義的市場體制使革命話語的資本化成為可能，它雖然促使作家走向「職業化」獲得了一定程度的自主性；但它同時又不得不接受資本主義商業邏輯的支配。革命話語以反對資本主義的現代性為目標，卻又不得不藉助資本主義現代性的生產方式來擴大自身，這無疑削弱了它與資本主義現代性相對抗的力量，沖淡了革命話語的「神聖」色彩。這或許正是革命文學的發展所不得不付出的歷史代價。

第二節　張資平：「革命話語」的「生產商」

　　革命話語的資本化導致了革命話語生產的極度公開化，各種動機相互交織的革命話語生產呈現出複雜多元的歷史風貌。1930 年代文學複雜性、包容

〔註62〕魯迅：《上海文藝界之一瞥——八月十二日在社會科學研究會講》，《魯迅全集》（第 4 卷），人民文學出版社 2005 年版，第 306 頁。
〔註63〕瞿秋白：《大眾文藝的現實問題》，丁易編：《大眾文藝論集》（增訂本），北京師範大學出版部 1951 年版，第 121 頁。
〔註64〕蘇汶：《「第三種人」的出路——論作家的不自由並答覆易嘉先生》，《現代》第 1 卷第 6 期，1932 年 10 月 1 日。

性、豐富性的一個重要方面表現在：革命話語生產涵蓋了從蔣光慈、錢杏邨、成仿吾、茅盾、郭沫若、魯迅，到施蟄存、穆時英、葉靈鳳、楊邨人、張資平、郁達夫、胡秋原，再到葉楚傖、王平陵、范爭波等如此廣大的人際範圍，囊括了「左、中、右」。他們戴著同樣的面具，唱的卻是不同的調子。「革命文學」的爭論，既有國共之爭，也有中共內部因理解的差異而產生的層層矛盾。革命文學的複雜性遠遠超出人們的想像。

革命話語的資本化導致的文壇混亂一方面顯示出了現代文學的生機與活力，另方面卻也伴生著將革命話語完全商業化的危險，即僅僅將革命話語視作經濟資本來生產。「商業化作爲對抗政治壓迫的手段是可以理解的，但作爲目的卻非常危險，它很可能導致藝術自主性和現代性的全面淪喪。」〔註 65〕不僅如此，將經濟利益作爲革命話語生產的唯一目的，必然會造成革命話語的扭曲、變形，釀成文化品格與政治價值雙重淪落的惡果。這方面，張資平是一個極佳的範例。

崛起於「五四」文壇的張資平，是創造社的「四大金剛」之一。頗富文名的他從「五四」一路走來，經了時代革命風潮的衝擊和 1930 年代上海商業浪潮的淘洗，「轉向」了革命話語生產。但對經濟利益的追逐使他的「革命話語」難掩以滿足市民本能欲望爲能事的低級趣味。從叠遭批判到被文壇「腰斬」，從「轉向」革命文學到投身國民黨「民族主義文藝」陣營進而墮落爲漢奸文人，張資平的文學命運值得我們深長思之。

一、「轉向」背後的秘密

1928 年 9 月，脫離了創造社的張資平創辦了樂群書店，開始出版刊物《樂群》〔註 66〕。10 月，身爲經理的張資平就在樂群書店出版了他的長篇小說《栢榴花》。對張資平來說，這部小說的意義非同尋常。不是因爲這部小說險些被他撕掉「扔進紙屑簍」，而是它昭示著「戀愛作家」張資平轉向革命的開始。在名爲「卷頭臭詩」的前言中，張資平「眞誠」地吐露了他創作《栢榴花》時內心的「矛盾」：「一面提倡普羅列搭利亞文藝，／一面又寫這樣無聊的作品，／我承認我的矛盾，矛盾，十二分的矛盾。／然而無論誰人都難免此種

〔註65〕馬俊山：《演劇職業化運動研究》，人民文學出版社 2007 年版，第 17～18 頁。
〔註66〕《樂群》創刊號於 1928 年 10 月 1 日出版，爲半月刊。出至第 4 期後改爲月刊，《樂群》月刊第 1 卷第 1 期於 1929 年 1 月 1 日出版。

矛盾。／看吧，世界幾多言論與行動不能一致的人啊！／我竟變成他們裏面的一個了！」儘管張自稱小說「頂臭」、「頂無聊」，但他還是將其出版，其原因在於可以藉此來表明心迹：「此後我要刻苦地克復我自己！／克復我自己的小資產階級的劣根性！／當然，是在行動上，同時是在言論上！／對於這篇無聊的作品，／我不敢遽然地說是舊的我死前的作品。／更不敢說，我藉此篇來敲我自己的喪鐘。」〔註67〕《柘榴花》之後，張資平出版了多部帶有不同程度革命色彩的小說，如《長途》、《青春》、《愛之渦流》、《愛力圈外》、《明珠與黑炭》、《歡喜陀與馬桶》等；他編輯的《樂群》月刊也登載了大量的無產階級文學的理論、譯作和創作。這種種迹象無不表明：張資平已經「轉向」了。

　　無論從哪個角度衡量，張資平的「轉向」都應是現代文壇一樁引人矚目的大事。對那些「革命文學」的提倡者而言，「革命文學」的歷史必然性不正是在各類作家的紛紛「轉向」中體現出來的嗎？尤其是像張資平這樣自「五四」時便有著巨大文壇聲名的作家，他的「轉向」更有說服力也更有影響力。因此，錢杏邨對張資平的「轉向」寄予了殷切的期望：「以對於青年讀者有恁大影響的張資平先生而轉變他的方向，朝著大多數的被壓迫者方面走來，這自然是值得我們慶幸的事。我是很能信想（應為『相信』——引者），在張資平先生的面前，不久是定會有一個擴大的新的局面產生出來的。」〔註68〕

　　既然已經「轉向」，「戀愛作家」的頭銜就不合時宜了。在「革命」風起雲湧的年代，沉溺於「戀愛」無疑是落後的象徵，是應該遭到批判的小資產階級的行為。於是，對「轉向」後的張資平而言，「戀愛」就成了異常敏感的詞彙。張資平和蔣光慈之間的論戰就因此而起。「在《文藝生活》第三期上蔣光慈君說『我對於張資平雖然很欽佩……張君的小說目的只是三角戀愛四角戀愛。』（大意如此）」張資平對這樣的評論痛心疾首：「啊！這是怎樣的生吞活剝的批評啊！」他為自己不停地辯護，好像寫「三角戀愛四角戀愛」犯下了莫大的罪過一樣，他解釋他之所以落後於時代的原因：「無論從前發表過如何的浪漫的作品，只要今後能夠轉換方向向前進。我原是習自然科學的人，中途出家改習文學已是十二分的吃力。對於革命理論及普羅列搭利亞文藝理

〔註67〕張資平：《卷頭臭詩》，《柘榴花》，樂群書店1928年版。
〔註68〕錢杏邨：《張資平的戀愛小說》，《現代中國文學作家》（第2卷），泰東圖書局1930年版，第62頁。

論至 1927 年春才略略知道。這是我不僞的告白。但是住在風氣閉塞的武昌，一本新書都買不到，所以失了研究的機會。到上海來後，接受好友們的忠告，開始購讀新書。又因事物太忙，生活太苦，進步十分遲緩。但是遲緩儘管遲緩，我總是沿著這條路進行。不住地更新。」他轉而攻擊蔣光慈道：「有一種人常擺革命文學家的臉孔，而明於責人闇於責己，對於革命理論又沒有十分的研究，只愛瞎批評他人，這種人名爲革命，其實是停頓。」〔註 69〕對於這樣的指責，蔣光慈無可奈何，只好諷刺說：「資平先生！你現在是轉換方向了，你現在也開始在從事於革命文學運動了！」〔註 70〕

可是，張資平「三角戀愛」作家的名號已是當時文壇的共識，不用創作實績來洗脫，僅靠極力辯護當然無濟於事。魯迅對張資平的「小說學」所做的「△」評判〔註 71〕實際上早已得到公認。張資平之所以對蔣光慈一句無心的評價反應如此劇烈，其原因並不是他已經拋棄了「三角戀愛、四角戀愛」的敘事模式。他故意做出一副委屈的模樣，用意無非是表明自己「革命」立場之堅定。個中的奧秘在於，純粹的「戀愛」話語已經因落後於時代而失去市場；而「革命」話語則正高歌猛進，受到眾多青年的青睞，有極好的市場前景。正如錢杏邨所說的：「書坊老闆會告訴你，頂好的作品，是寫戀愛加上點革命……」〔註 72〕張資平之不想被扣上「落後」的帽子，大部分是出於經濟的考慮。韓侍桁對張資平「轉向」的用意看得異常清楚：

> 這一類的東西，無疑地是以書籍的賣銷與流行爲第一原則的。爲了在作者的稿費或版稅上得到勝利，作者是不能不體貼著多數讀者的心理，而給以利用的。所以最好是性慾與戀愛的葛藤，多注重性慾的挑撥，使讀者在其中感到最低級的本能的發洩的快感。但這容易使人厭倦，而且時代的呼聲與社會的輿論，至少也波及那些一向以這些小說爲消遣的有閒階級的男女們，使他們羞恥公開地讀著這類的東西，雖然他們在其中是會感到趣味的。於

〔註 69〕以上所引皆見張資平：《編後並答辯》，《樂群》月刊第 1 卷第 2 期，1929 年 2 月 1 日。

〔註 70〕蔣光慈：《致張資平君的公開信──讀了〈樂群〉月刊二期張資平君罵我的話以後》，《海風周報》第 6、7 號合刊，1929 年 2 月 10 日。

〔註 71〕見黃棘（魯迅）：《張資平氏的「小說學」》，《萌芽月刊》第 1 卷第 4 期，1930 年 4 月 1 日。

〔註 72〕錢杏邨：《地泉序》，載華漢（陽翰笙）：《地泉》，湖風書局 1932 年版，「序」第 23 頁。

是作者便不能只管戀愛與性欲的誘惑，而不顧革命或是所謂社會問題了。〔註73〕

顏敏指出：「張資平的思想表態與創作上的努力轉向，原本包含著追求時尚、迎合讀書市場的心理動機。」〔註74〕除了「△」頭銜，張資平的「商人化」也爲文壇所公認。張的商人本性在創辦樂群書店之初就暴露出來，他「把他的一切著作收入《資平小說集》之外，還把《飛絮》……等給光華現代出版，取了千字十塊錢，叫做賣發行權。這麼一來，資平先生便成了資本先生了。樂群書店便開辦了」。〔註75〕不僅如此，樂群書店給的稿費和版稅之低也遭人非議，它出版的「新進作家叢書」只給版稅 15%，這使張資平又背上了「壓迫作家」的罵名。〔註76〕

單純就市場邏輯而言，買賣雙方出於自願達成協議，一次商品交易就此完成，這其中並不存在誰是誰非的道德評價問題。身爲樂群書店經理的張資平自然是資本家，爲書店贏利計而採用的種種手段實際上本無可厚非。張資平爲他所做的自己還不夠「商人化」的辯護也不無道理。〔註77〕「只要是勞動得來的報酬，那是受之無愧！」〔註78〕表面上看，那些對他的批判有些不近情理，實則不然。若張資平乾脆徹底去做資本家，那他的唯利是圖應該在情理之中。問題就在於，他妄圖一舉而得兼，一邊高喊「革命」，要克服自己的「劣根性」；一邊又大顯其商人本色，靠剝削剩餘價值來謀取私利。「革命話語」實際上成了他謀利的工具。一旦「商人」的眞面目被揭開，他就惱羞成怒，百般辯解，伺機報復，死活不願摘下「革命」招牌。當他虛偽的嘴臉和投機的用心漸漸展露無遺的時候，就只能被文壇棄若敝屣了。

〔註73〕韓侍桁：《「革命的羅曼蒂克」》，《文藝評論集》，現代書局 1934 年版，第 233 頁。

〔註74〕顏敏：《在金錢與政治的漩渦中——張資平評傳》，百花洲文藝出版社 1999 年版，第 190 頁。

〔註75〕許由：《張資平與樂群書店》，載史秉慧編：《張資平評傳》，現代書局 1932 年版，第 93 頁。

〔註76〕張資平對此辯護說：「書店因爲經濟太困，所以稿費定得十分低……所幸投稿的人都聲明甘受薄酬，只願發表。故所定稿費雖低，決不至壓迫作家。……至於『新進作家叢書』的版稅一律定爲15%，那是得了作者的同意才敢付印，有什麼可誹議的地方？」見張資平：《編後並答辯》，《樂群》月刊第 1 卷第 2 期，1929 年 2 月 1 日。

〔註77〕見張資平：《我與樂群》，《樂群》月刊第 2 卷第 11 期，1929 年 11 月 1 日。

〔註78〕張資平：《明珠與黑炭》，光明書局 1935 年版，第 75 頁。

二、假冒僞劣的「革命話語」

張資平的革命話語生產以追求商業利潤爲主要目的，呈現出兩個重要特徵，其一是大批量複製，其二是「革命話語」從屬於「性愛話語」成爲點綴。前者是革命話語的生產方式，後者是其存在狀態。這決定了張資平的「革命話語」不可能具有名副其實的「革命」性，而只能是假冒僞劣「產品」。

據粗略統計，自 1928 年至 1932 年，張資平共出版短篇小說集、中長篇小說 22 部。其中，僅 1931 年一年就出版長篇小說 7 部，其產量不可謂不驚人。但這種「高產」並非來自張資平的天才，而是拼湊、重複，將同一題材改頭換面的結果。蘇雪林說：「張氏的小說有『千篇一律』的毛病，他雖發表了二三十種單行小說，但我們說他僅僅發表了一本，也不算過甚其詞。」〔註 79〕韓侍桁也批評道：「他在一二年之內，創作出三四本小說，而這些小說中的取材，大抵是相彷彿的，作家的最終的目的，又是同一的。換一句話說，作者只是把人物的名姓改了改，把事實的布置改了改，而把同一整個的東西演了三四次。其實作者只寫出一部來，其餘的書便沒有非再寫不可的必要了……」〔註 80〕他們的評價雖有點言過其辭，但張資平小說的題材雷同、主題相似、俗不可耐卻是有目共睹的事實。以青年男女的三角戀、多角戀、不倫之戀爲主線，穿插對社會浮光掠影的批判和淺薄的牢騷，或者加入突如其來的革命行爲，構成了張資平獨有的「革命＋戀愛」模式。在這一模式中，張資平極力想使自己的作品打上時代烙印，但又不願意放棄以情愛糾葛爲中心的敘事策略，致使革命話語成了刷新情愛話語的手段，淪爲裝點門面的飾物。「轉向」的口號雖叫得響，結果卻仍舊是換湯不換藥：「張資平在他顯示了要轉變以後，他的作品還是和他沒有轉變以前的全無差異：意識是如故，內容是如故，形式是如故。」〔註 81〕

當然，不能說張氏轉變前後「全無差異」。不可否認，他「轉向」後的小說觸及到了國民大革命的痼疾：大小軍閥爭權奪利、驕奢淫逸、侵吞公款，使革命場變成了名利場與風月場。在《長途》中，涂碧雲對自己轉眼就可以成爲「同志」頗爲驚詫：「她想革命時代真是奇怪，只要認識要人，奉承要

〔註 79〕蘇雪林：《多角戀愛小說家張資平》，《青年界》第 6 卷第 2 期，1934 年 9 月。
〔註 80〕侍桁：《張資平先生的寫實小說》，載史秉慧編：《張資平評傳》，現代書局 1932 年版，第 28～29 頁。
〔註 81〕皮凡：《〈紅霧〉之檢討》，載史秉慧編：《張資平評傳》，現代書局 1932 年版，第 95 頁。

人，就可以很快變爲一個同志。」眞正革命的人享受不到革命的果實，而投機取巧的人卻「坐享他人以血肉換來的成果」。〔註82〕新軍閥鄒總指揮更是將聚斂來的國家資財存進外國銀行。《柘榴花》中的古團長、《青春》中的政治部主任何清等無不是貪財好色之徒。〔註83〕除此之外，張資平還常常藉小說人物之口來表現他對「革命」的認識和擔憂，這一方面是爲了顯示他無與倫比的正宗的「革命性」，它方面又可藉此來回應外界對他的批判。在《愛之渦流》中，他藉陳梅仙的經歷說：「沒有犧牲的決心而又想掛名革命，結果只是藉團體吃飯！換句話說，就是革命的罪人！」「革命如果還盡去利用無聊的投機份子，革命前途是無希望的。一面喊革命，同時又要拿大宗的稿費裝進私囊裏的文學家，也該自動地退避三舍，不要儘管投機妨害了眞的普羅革命的發展因而做了革命的罪人嘍！」〔註84〕張資平以「投機」來攻擊別人，一副爲革命憂心忡忡的樣子；但他用以批判別人的言語不正是他自己的眞實寫照嗎？

毋庸置疑，這些揭露、批判永遠沒有成爲張資平小說敘事的焦點；而他竭力跳出來演說的那些「革命」觀點，也和情節格格不入，顯得突兀、淺陋、空洞。在張資平的筆下，革命只是他展開情愛敘事的舞臺或背景。因此，革命話語總是處於附屬地位，成爲情愛話語的陪襯與裝飾。其用意無非是想給陳舊的性愛題材穿上「革命」外衣使其煥發生命力，從而滿足青年新的審美需要。《柘榴花》中的故事雖然發生在革命年代，但作者鋪陳開來的並不是什麼革命的行動，而是譚雪翹與君果、古團長之間糾纏不清、左擺右蕩的性愛關係。小說的著力點在於通過朱先生偷看譚的日記而展開的譚的情愛生活，以及譚雪翹在君果與古團長、愛情與金錢之間遊移抉擇的欲望心理。譚雪翹起先與君果相愛，後又委身於新軍閥古國魂。譚雪翹爲重獲愛情，表明自己改過自新，在君果的鼓動下去刺殺古團長。這一「公私兩便」的「革命」行動無疑比簡單的「情殺」更讓人覺著刺激。〔註85〕《青春》則是一個女子奕

〔註82〕張資平：《長途》，南強書局1929年版，第108～109頁。

〔註83〕有意思的是，國民黨當局連這樣的「革命話語」也不放過，他們先後查禁了張資平的《長途》、《青春》、《跳躍著的人們》、《時代與愛的歧路》、《明珠與黑炭》。其原因竟然是「普羅文藝」、「詆毀本黨」、「鼓吹階級鬥爭」。詳情參見倪墨炎：《現代文壇災禍錄》，上海書店出版社1996年版，第149～153頁。

〔註84〕張資平：《愛之渦流》，光明書局1930年版，第233、234頁。

〔註85〕張資平：《柘榴花》，樂群書店1928年10月初版，第137～139頁。

芳與四個男人的風流史。奕芳的第二個男人 T 看到奕芳投入了政治部主任何清的懷抱，便重新燃起了革命的熱情，要「成全他們」，「自己也可以減輕負擔，恢復日前的自由，去參加革命。今後當痛改前非，要犧牲這一身，去爲大多數的窮苦民眾奮鬥」。〔註86〕但 T 的革命行爲直至小說末尾才曇花一現，「奕芳的放蕩生活搶了革命者活動的『鏡頭』，而『革命』則成爲男女戀情故事調味的佐料」。〔註87〕《愛力圈外》中的祝家二小姐菊筠的丈夫和她的姐姐私通，母親和親戚都叫她忍氣吞聲，只有僕人阿喜、伯良支持她、同情她。家丁嚴篠橋對她的關心讓她覺出下層人民的正直與善良。小說似乎在刻意展示無產階級的高貴品質：「要在無產階級中才能發見有這樣美麗的人情。一切的罪惡可以說都是發生於有錢的有暇階級中喇。」〔註 88〕但令人啞然失笑的是，嚴篠橋在與菊筠私奔四處旅行、花天酒地、放浪形骸、盡享魚水之歡而陷入經濟窘境之後，才突發了革命的念頭，拋下菊筠毅然參軍去了。《明珠與黑炭》的主線是一個小知識分子貧病交加的生活，但中間插入的他與日本女人青芙以及自己表姐的風流韻事卻占去了將近三分之二的篇幅。很顯然，在張氏的「革命」小說中，情愛欲望始終是大書特書的對象，而「革命」卻顯得黯淡無光。

張氏小說主人公的人格看上去似乎是分裂的，經常處於內心的矛盾與抉擇之中。愛情、正義與肉欲、權力、金錢總會擺在其面前，讓他們選擇一番。但這並不意味著張資平能夠由此揭示出人性的複雜與深度。恰恰相反，人物內心的這種「分裂」往往是虛設的、脆弱的，主人公總是義無反顧地選擇後者，甘做性欲、權力與金錢的奴隸。《柘榴花》中的譚雪翹雖然仍舊愛著君果，但古團長卻「另有一種可以使她沉醉的情趣」，因爲君果常常掛在嘴上的「革命」名詞早讓她厭煩了。她經了短暫的內心鬥爭，最後棄革命青年君果而獻身於古團長，其原因正是古團長的權力與富足能夠滿足她的虛榮心。《長途》展開的，是純真無邪的鄉下姑娘涂碧雲爲追求權力與金錢逐漸走向

〔註86〕張資平：《青春》，現代書局 1929 年版，第 77 頁。此書 1932 年 1 月又改名《黑戀》由現代書局出版。

〔註87〕曾華鵬、范伯群：《論張資平的小說》，《文學評論》，1996 年第 5 期。

〔註88〕張資平：《愛力圈外》，樂華圖書有限公司 1929 年版，第 171 頁。據《樂群》月刊第 2 卷第 12 期的「文壇消息」稱，《愛力圈外》不是張資平的創作，「一部是張氏由一篇日本小說翻案來的，一部是他自己加添上去的」。張資平稱自己在原稿後寫了聲明要樂華書店印出，但書店刪去未印。見魯至道：《文壇消息》，《樂群》月刊第 2 卷第 12 期，1929 年 12 月 1 日。

沉淪的過程。她一邊批判著革命內部的黑暗，一邊又委身於黑暗勢力過上了富足的生活，並為此洋洋得意：「我的生活快趕得上姊姊的了！姊姊還是旅長夫人，我呢？……」〔註89〕《青春》中的奕芳則宣稱：「找對象最少要能備汽車給自己坐的才好。不然，今後的生活唯有苦勞。」「自己現在最需要的是金錢，所謂戀愛，全是虛偽的。」〔註 90〕《時代與愛的歧路》中的有夫之婦秋英更利用自己的身體去控制林海泉，讓他為自己做事。在張氏的小說中，有的是不能和自己的丈夫堅守清貧而對軍閥、資本家投懷送抱的有夫之婦。

　　茅盾在《「革命」與「戀愛」的公式》中概括了「革命＋戀愛」的幾種寫作模式。無論是「為了革命而犧牲戀愛」、「革命決定了戀愛」還是「革命產生了戀愛」〔註91〕，「革命」都是人物思想與行動的支配者。而在張資平那裡，「革命」從未成為支配性的決定力量。人物身上具有的，不是崇高的革命理想和烏托邦衝動，而是現實的物質欲望和性衝動。因此，他筆下的女性不可能將愛情的紅繡球投給革命者；卻經常因貪圖享樂淪為軍閥的玩物。《長途》中夏主任之所以能使碧雲動心，是因為「他在社會上的地位和資格」。與夏主任相比，革命者蕭四一心為他人的革命品質卻只能使涂碧雲離他越來越遠。為金錢、權力出賣肉體，聽憑性欲望的支配，斤斤計較於日常的收支是張資平筆下主人公的最大特點。因此，張資平小說中的「革命話語」始終處於漂浮、游離狀態，既沒有被納入敘事的邏輯，也不可能成為情節展開的動力，更不可能成為讓主人公實現人生價值的敘事策略。張資平在革命中展現人物在本能欲望中的沉淪，在黑暗時世的隨波逐流，並意欲賦予其合理性；並不彰顯個體的理性的光華和在對理想的不懈追求中顯現出的崇高人格，以及對抗污濁俗世的超拔情懷。「他讚美發展人的本性，他讚頌近代都市的文明，他誘導人酗酒，縱慾，他勸導人放肆的糜爛，勸導青年走入滅亡的道路……」〔註 92〕這正是張資平的「革命話語」與真正的革命話語的本質區別。

〔註89〕張資平：《長途》，南強書局 1929 年版，第 135 頁。

〔註90〕張資平：《青春》，現代書局 1929 年版，第 61、63 頁。

〔註91〕何籟（茅盾）：《「革命」與「戀愛」的公式》，《文學》第 4 卷第 1 號，1935 年 1 月 1 日。

〔註92〕李四榮：《從中國現代作家說到中國出版界與創作》，《橄欖月刊》第 21 期，1932 年 6 月 5 日。

三、革命話語「通俗化」的終結

應該說，張資平以市場爲導向將革命話語轉換成經濟資本的目的是達到了的。「張資平作品的讀者，在上海，應當比別的作家的讀者爲多，才不是冤屈。」〔註93〕他的小說，儘管「千篇一律」，格調底下；但仍不斷再版，擁有廣大的讀者群。〔註94〕張因此而財源滾滾，榮登「文壇富人錄」。〔註95〕

然而，張資平作品的高產與暢銷換來的卻是文壇的冷嘲熱諷和不屑一顧。李長之就指出：「說也希奇，我們找批評別個作家，如批評魯迅，郭沫若的文字，是非常容易的，找批評張資平的文字，就很難。而且，在批評魯迅，郭沫若的文字裏，我們看見褒多於貶，關於批評張資平的意見，就恰是貶多於褒。可是，論到流行，張資平卻並不在別人之下。」〔註96〕他試圖在文章中爲張資平說一些公平話，但投稿兩次均被退還，因「張資平遺毒青年最甚，正該是『梟首示眾』」的時候。〔註97〕張資平被文壇厭棄之程度由此可見一斑。

對於「身在創造社作左傾文學運動的張資平的作品」如何「處置」，沈從文感到「爲難」和「費事」：

> 論性質，精神，以及所給人的趣味的成分，張資平作品，最相宜的去處，是一面看《良友》上女校皇后一面談論電影接吻方法那種大學生的書桌上，在這些地方，有他最誠實的讀者以及最大的成

〔註93〕甲辰（沈從文）：《郁達夫張資平及其影響》，《新月》第 3 卷第 1 期，1930 年 3 月 10 日。

〔註94〕如《長途》1929 年 7 月初版，1929 年 10 月即再版，1930 年 4 月 3 版。《愛力圈外》1929 年 11 月初版，1932 年 12 月 7 版，按每版兩千冊的印量，7 版至少逾萬冊。《愛之渦流》1930 年 5 月初版，1932 年 3 月 5 版。《明珠與黑炭》1931 年 1 月初版，1932 年 6 月 5 版。

〔註95〕不文在《文壇富人錄》中說：「張資平每部小說之出賣，價常逾千，故集資數萬元，現在眞茹自造住宅。」見《微言》周刊第 1 卷第 5 期，1933 年 6 月 17 日。張之富足，常爲當時刊物上的「文壇消息」談及。

〔註96〕李長之：《張資平戀愛小說的考察──〈最後的幸福〉之新評價》，《清華周刊》第 41 卷第 3、4 期合刊，1934 年 4 月 16 日。

〔註97〕李長之的《阿 Q 正傳之新評價》登出後，刊物約他寫評價張資平的文章，「因爲據說張資平遺毒青年最甚，正該是『梟首示眾』」，但李長之「不但沒說張資平該『梟首示眾』，而且爲張資平說了許多公平話」，認爲他的作品「在缺點之外，確有些好處」。但「這稿子馬上給退還了」，刊物也再不約他寫批評文章。見李長之：《張資平戀愛小說的考察──〈最後的幸福〉之新評價》，《清華周刊》第 41 卷第 3、4 期合刊，1934 年 4 月 16 日。

就。由他手寫出的革命文學，也仍然是要這種讀者來欣賞的。

　　　放到別的去處呢？也仍然是成功，是他那味道因爲有一種十六歲到二十四五歲年青男女共通的甜處，可是一個不以欣賞皇后小影爲日課的年青人，（譬如說内地男女分校的中學生），是不懂那文章好處的。〔註98〕

　　在今天看來，李長之所指出的現象並沒有什麼「希奇」；沈從文的「爲難」中也並不存在多少糾纏不清的矛盾。其原因在於，以大銷量、流行性爲特徵，以追求經濟利益爲目的，以滿足人的本能欲望爲敘事策略的張資平的革命話語，已經具有了明顯的「通俗化」特徵。張資平的尷尬在於，作爲「五四」新文學作家，他在新文學陣營內從事「通俗化」寫作，但同時又不願放棄他在新文壇中的地位。沈從文指出的正是張資平作品具有的流行性、消遣性等「通俗化」特徵。李長之所「希奇」的也正是「通俗化」的文學在新文學陣營中必然遭受到的冷遇。張資平的悲哀在於，他從不願承認他作品的「通俗化」，也不願認同「通俗文學家」的頭銜；既想在新文壇中佔有一席之地，又不肯放棄他「三角戀愛、四角戀愛」的寫作模式，並且還根本否定這種模式與革命之間的牴牾之處：「不妨礙革命，三角戀愛四角戀愛是沒有一點可以誹議的，因爲這是在社會上不可避免的現象。他們在擺革命文學家的臉孔，罵三角戀愛四角戀愛的小說，因爲這類小說暴露了他們的虛僞，暴露了他們的小資產階級劣根性。他們實在是豬偷狗竊，連三角戀愛四角戀愛都沒有資格呢。」〔註99〕這種游走於通俗文學與新文學之間，妄圖依靠前者撈錢，憑藉後者爭名的行爲只能受人唾棄。蘇雪林在評價張資平時就將他與平江不肖生、徐枕亞、李涵秋、張恨水等人並列，指出他「不過是個『通俗小說家』」，他「雖然自稱爲新文學作家，但他專以供給低級的趣味、色情或富於刺激性的題材娛樂一般中等階級因而名利雙收爲宗旨。他作品產量雖豐富，而十九粗製濫造，毫無藝術價值可言；故於今被人謚爲『海派』，『小說商』等。……以後若不改變作風，只好永久安於他的通俗作家的生活吧」。〔註100〕

　　尤爲重要的是，張資平「通俗化」的寫作策略試圖將革命話語完全納入

〔註98〕甲辰（沈從文）：《郁達夫張資平及其影響》，《新月》第 3 卷第 1 期，1930 年
　　3 月 10 日。
〔註99〕張資平：《青春》，現代書局 1929 年版，第 76～77 頁。
〔註100〕蘇雪林：《多角戀愛小說家張資平》，《青年界》第 6 卷第 2 期，1934 年 9 月。

資本主義現代性的生產方式之中，消除它與資本主義消費文化之間根本性的對抗關係。這必然帶來革命話語政治立場的潰敗和文化品格的淪落，使其實際上成了受消費文化支配的「革命」所產下的怪胎。因此，張資平不僅不能在新文壇立足，更不可能見容於左翼文學陣營。

嚴格來講，商業邏輯支配下的革命話語生產都不免帶有或多或少的「通俗化」傾向。而且這種傾向在市場需求的刺激下一度十分流行。「革命＋戀愛」的模式就經常是「才子佳人」模式的現代版本。瞿秋白在「文藝大眾化」討論中所指出的革命文學創作中的臉譜主義、團圓主義、英雄主義等弊病無不與通俗文學有很深的淵源。「文藝大眾化」所要清算的不僅僅有封建文化的遺毒，還有資產階級的「有錢買貨無錢挨餓」的人生觀。〔註101〕鄭伯奇就指出：「文學從來只是供資產階級的享樂，不然便是消費的小資產階級的排遣自慰的工具。大多數的民眾所享受的是些文藝圈外所遺棄的殘滓，而且這些殘滓又都滿藏著支配階級所偷放安排著的毒劑。譬如施公案彭公案杏花天再生緣以至新式的三角四角老七老八鴛鴦蝴蝶才子佳人等等等。」因此，「文藝大眾化」就擔負了使「大眾」從這種「蒙蔽欺騙」中覺醒起來的使命。〔註102〕毫無疑問，張資平小說中所蘊含的人生觀與價值觀正與「大眾文藝」相悖謬。

儘管1930年前後革命話語的資本化引發了革命文學「通俗化」的潮流，但這種「通俗化」實際上並沒有放棄最基本的政治啓蒙的目標；儘管被指責爲「階級意識」不正確，但它們實際上仍提供了革命認同。這就使它們與張資平的「革命話語」有了本質性分別。唐小兵在論述「大眾文藝」與「通俗文學」的區別時說：「如果說『大眾文藝』的理想狀態是詩人和聽眾同時認同於一個想像性的集體化歷史主體，是詩人和聽眾雙方相互間自我鏡象的積極投射和映證，那麼『通俗文學』，由於市場的中介和商品經濟對『交換價值』的崇拜，推動的卻是一個客體化、甚至物化的過程。」〔註103〕「大眾化」之所以要清除「通俗化」的影響，除了對資本主義現代性的態度相異之外，還因爲「通俗化」阻礙了「大眾化」所蘊涵的再造歷史主體的重大目標。

〔註101〕瞿秋白：《大眾文藝的現實問題》，丁易編：《大眾文藝論集》（增訂本），北京師範大學出版部1951年版，第99～100頁。
〔註102〕鄭伯奇：《關於文學大眾化的問題》，《大眾文藝》第2卷第3期，1930年3月。
〔註103〕唐小兵：《我們怎樣想像歷史（代導言）》，載唐小兵編《大眾文藝與意識形態》，北京大學出版社2007年版，第11頁。

　　由此來看，張資平雖然也「懂『大眾』，『把握大眾』，且知道『大眾要什麼』，比提倡大眾文藝的郁達夫似乎還高明」〔註104〕，但這種「大眾」卻根本不是「普洛大眾」。他的「革命話語」不僅不提供革命認同，反而表現出強烈的幻滅感。無論是在《柘榴花》、《青春》還是《長途》中，革命者的命運都以悲劇而收場。對左翼文壇而言，這種滿身銅臭味的「通俗化」的「革命話語」有百害而無一利。

　　在 1930 年代中國現代文壇整體左傾化的文化語境中，張資平的這種假「革命」之名進行的以欲望爲中心的話語生產，遮蓋不住他借「革命」發財的投機心。他「卑下的低級趣味」的「革命話語」一開始還能引發文壇眾口一詞的批判（這也算是另一種意義上的關注），到最後就只能讓大家視而不見了。

　　1932 年 12 月 1 日，應黎烈文之邀，張資平開始在《申報・自由談》上連載長篇小說《時代與愛的歧路》〔註105〕。在這部小說中，張資平仍舊走他獨有的「革命＋戀愛」路線，以大學生林海泉的豔遇爲主線，夾雜以革命社團、革命文學家、遊行發傳單等「革命內容」。林海泉在革命的實際行動中怯懦、退縮，卻能屢屢得到女人的青睞。凸顯於文本中的仍是大寫的欲望，對革命的懷疑與疏離則摻雜其間。1933 年 4 月 22 日，黎烈文在《申報・自由談》登出聲明：「本刊登載張資平先生之長篇創作《時代與愛的歧路》業已數月，近來時接讀者來信，表示倦意。本刊爲尊重讀者意見起見，自明日起將《時代與愛的歧路》停止刊載……」〔註106〕這就是轟動文壇的「『腰斬』張資平」事件。張資平自此便被文壇剝奪了話語權，逐漸在現代文壇沉寂下去。隨後的1934 年，「張資平在一般人的心目中，經了一年，地位更有些降落了。……好一點的刊物，沒有要他的文章的了，他即使有所發表，也是東湊湊，西湊湊，零零星星的小翻譯，多半是點理論，創作也不大見了。聽說他在上海常往來的，只有曾今可等了」。〔註107〕而到了 1935 年，「誰也不願意再提起張先生

〔註104〕甲辰（沈從文）：《郁達夫張資平及其影響》，《新月》第 3 卷第 1 期，1930 年 3 月 10 日。

〔註105〕此書由上海合眾書店於 1933 年 11 月出版單行本，1936 年 12 月改題《青年的愛》出版。1948 年 10 月出至第 5 版。

〔註106〕《編輯室》，《申報・自由談》，1933 年 4 月 22 日。

〔註107〕李長之：《張資平戀愛小說的考察——〈最後的幸福〉之新評價》，《清華周刊》第 41 卷第 3、4 期合刊，1934 年 4 月 16 日。

了」，這種狀況還是「作者與編者的一種進步」。〔註108〕

陳驥彤在分析張資平逐漸滑落低谷的文學軌迹時說：「張資平在中國近代小說史上是已經成功了過去的一位作家。由於他自己歷年來所發表的作品給人的印象與觀感上說，他已該結束他的文學生涯，小說事業。因爲時代是進展了，而張先生並不見進展。」〔註109〕用跟不上時代來解釋張資平的悲劇人生似乎太過簡單。張資平被「腰斬」的背後，是新文學對其陣營內部「通俗化」傾向的排斥，也是左翼文學對受消費文化腐蝕了的低級趣味的「革命話語」的放逐。張資平在現代文壇的消失，不僅說明了性愛話語在革命年代的邊緣處境；也印證了革命話語一旦走向資本化的極端，就會變態、變味、變質，就逃不脫被文壇圍攻、忽略乃至清除的歷史命運。

第三節　爭奪社會資本：「新進作家」的「革命話語」
──由周毓英、潘漢年的論戰來看

1929 年底到 1930 年的上半年，曾同爲創造社「小夥計」的周毓英和潘漢年之間展開了一場激烈的論戰。這場開端於左聯成立前的爭執，一直延續到左聯成立之後。令人驚奇的是，與「革命文學」論爭的喧鬧相比，這場論戰並沒有引起他人絲毫的興趣，再沒有任何相關人物加入其中，使這場論戰更像私人之間的齟齬和相互攻訐，直至今天也很少有人提及。〔註110〕但事實上，這場爆發於普羅文學陣營內部互相指斥對方爲「內奸」，進而質疑其「革命話語」合法性的論爭本身就十分耐人尋味。這場筆墨官司的背後，掩藏著的是以周毓英爲代表的久受抑制的「新進作家」，在新的時代文化風潮的衝擊下所引起的極大心理落差和生存焦慮，以及由此而萌生的對現有文壇狀況、

〔註108〕《張資平的作品》，《向道》半月刊第 4 號，1935 年 11 月 16 日。此文無署名。

〔註109〕陳驥彤：《張資平與他的小說》，《國民雜誌》第 1 卷第 2 期，1941 年 2 月 1 日。

〔註110〕值得玩味的是，國民黨民族主義文藝的重要刊物《前鋒周報》將此事作爲攻擊普羅文學的極佳素材：「本來所謂普羅作家也者的作品壓根兒便是一種『胖子吃巴豆粉』的東西，不要我們自己來說的，且請看周毓英的辯護……然而事情的究竟，這必須在相併衡量之下，把黑漆一團的葫蘆裏的藥顯微鏡地，分析了，請看潘漢年的答覆……好了，夠了！普羅作家之所以普羅作家也即如是而已矣！嗚呼！胖子們吃的巴豆粉，到什麼時候能不吃了呢？或者一直吃下去吧？」見李春森：《照妖鏡》，《前鋒周報》第 2 期，1930 年 6 月 29 日。

成名作家的不滿和抨擊。值得關注的是，在新的政治、文化語境中，他們選擇「革命話語」作為爭奪社會資本的武器。他們的革命話語往往以「唯我正宗、唯我獨『革』」的面目出現，雖也能揭示出左翼文學發展中的一些隱憂；但潛在的功利動機，強烈的排他情緒，推倒一切的文化姿態，都使這種「革命話語」無法增益於左翼文學的發展，終會被左翼文學陣營拒之門外。

一、對於「內奸們」的總結算

1929 年 10 月，《現代小說》第三卷第一期出版，時人用「蛻變」、「革新」和「轉換」來驚呼它的變化。編者葉靈鳳、潘漢年在開篇的《編者隨筆》中昭示了刊物的發展方向：「從這一期起，我們今後要向下列四個方面努力：A，介紹世界新興文學及一般弱小民族的文藝。B，努力國內新興文學運動。C，扶持鼓勵國內被壓迫的無名作家。D，介紹批評國內出版的書報。」〔註 111〕在普羅文學浪潮日益高漲之際將刊物「轉向」其實並不是什麼新鮮之舉；但無論從輿論傾向還是商業收益上來衡量，這絕對是明智之舉。早在此期《現代小說》尚未出版之時，楊邨人只見到目錄預告便對它稱許有加——《樂群月刊》的「文壇消息」特意刊載了此事：「楊邨人先生編的《新星》創刊號載葉靈鳳先生主編的《現代小說》大革新了，今將原文抄錄於下：『……就那三卷一期的目錄預告來說，已是煥然一新，今非昔比了。（中略）這回忽然把《現代小說》左傾起來，（中略）令人肅然起敬了。（下略）』」〔註 112〕而對於「煥然一新」的刊物的質量，《現代小說》的編者有充分的自信：「關於這一期的內容，我想不必在此費詞介紹。雖是在質量兩方面，這一期已經能在國內任何大雜誌的面前昂頭無愧。」〔註 113〕「《現代小說》自第三卷改變內容和編製的方法以後，對於國內的定期刊物已生了極大的影響，使得一時沉悶死滯的文壇，又重行積極的活動起來。國內許多繼起的刊物，在內容分配和編製方法上，我們可以說，多少是間接的或直接的受了《現代小說》的影響。同時，銷路方面也迅速的增加起來。預定者的數目幾乎是國內各雜誌的最高水準，這一點，是值得注意的。」〔註 114〕

〔註 111〕《編者隨筆》，《現代小說》第 3 卷第 1 期，1929 年 10 月。

〔註 112〕魯至道：《文壇消息》，《樂群》月刊第 2 卷第 12 期，1929 年 12 月 1 日。「中略、下略」等語均為原文。

〔註 113〕《編者隨筆》，《現代小說》第 3 卷第 1 期，1929 年 10 月。

〔註 114〕《編者隨筆》，《現代小說》第 3 卷第 5、6 期合刊，1930 年 3 月 15 日。

　　任誰都料想不到，在隨後出版的《樂群》月刊上，卻刊出了周毓英的《忠誠的批判──讀三卷一期〈現代小說〉》，文章對《現代小說》所刊的文章進行了詳盡的評析，絕不是讚揚，而是火藥味十足，極盡諷刺與挖苦之能事。他這樣評價葉靈鳳的《神迹》：「眞是大失所望！測靈鳳的本意必定是學著上海所謂白相人口氣說幾句革命內行話，嚇嚇外行人，好教楊邨人氏『□然起敬！』但我把他這篇情節穿插得熱熱鬧鬧的『禮拜六派』的小說，分析來分析去，分析了幾點鐘，尋究不出什麼啊！簡直空空洞洞不知說些什麼。……讀來讀去，尋不出他的目標看在什麼地方寫。……是一篇沒有靈魂的作品啊！深望葉君多多修養，克服克服劣根性，欺瞞取巧沒有好結果，掛著羊頭賣狗肉遲早是要揭穿的。你以爲說幾句像煞有介事的內行話便可眩人耳目，你眞太可憐了喲！」對潘漢年的批判則更爲激烈：「近來新興文壇上發生一種最普遍的偷巧方法，戀愛小說不時髦，又不肯銷聲匿迹於文壇，於是乎換換口味做革命小說。但苦於跳舞場咖啡店影戲院過慣了無聊生活，對於無產階級者的痛苦生活毫無體驗，又不肯去讀點書，這就逼得走下著了。」「把青年男女的性格寫粗燥點，把那兩個男女青年的環境寫得痛苦壓迫一點，於是乎這兩位小男女如何在荊棘之中進行戀愛，又如何艱難而終能達到目的，中間又夾寫些口號式的刺激字眼。這是革命文學；不太冤枉了革命文學嗎？……這篇東西還不如《神迹》，《神迹》裏的主題還有個X表現出來，《例外》的主題則渺茫得很。怎麼主義（新流氓主義？）更不必談了。這樣的普羅文學，眞『天曉得』！」〔註115〕如此尙且不算，周毓英又化名鄭菊華〔註116〕緊隨其後發表了《文壇瑣話》，非議《拓荒者》，並對《現代小說》的「處女作懸賞」徵文活動冷嘲熱諷：「可惜該刊轉變以後，專賣偶像，並不見有一點新進作家的作品。這想來是新進作家太懶惰，要勞現代小說社用『重金』和『榮譽』來懸賞了。」〔註117〕而下面魯至道的《文壇消息》也多報導《現代小說》的情況，

〔註115〕周毓英：《忠誠的批判──讀三卷一期〈現代小說〉》，《樂群》月刊第2卷第12期，1929年12月1日。

〔註116〕就在本期的《樂群月刊》上，刊登了長篇小說《最後勝利》的出版預告，前一個署「周毓英著」，後一個則署「鄭菊華著」，由此可知「鄭菊華」是周之化名。見《樂群月刊》，第2卷第12期，1929年12月1日。對於這個化名，潘漢年是知道的，周曾告訴過他，見周毓英：《新興文藝論集》，勝利書局，1930年版，第139頁。

〔註117〕鄭菊華（周毓英）：《文壇瑣話》，《樂群》月刊第2卷第12期，1929年12月1

言辭之中不無諷刺之意。三篇文章連發，其針對性昭然若揭。本期的《編後》更是指出「中國的批評家的人格比貪官污吏還卑劣，他們的判斷爲私情所賂，弄得不公不平，遠的有錢杏邨氏捧郁達夫爲普羅作家，近的有楊邨人氏捧葉靈鳳的『投機取巧』（楊邨人氏命名爲轉變。）爲肅然起敬」。鑒於此，《樂群月刊》要承擔起揭發文壇黑幕的重任，「進攻敵人必須先清內奸！」現在已經到了「清一清自己的營壘」的時候了，而以上三篇文章只不過「是對於內奸們總結算的第一次」。〔註118〕至此，《樂群月刊》的圖謀已經盡顯無遺，這「忠誠」的批判分明是有目的、有計劃地針對《現代小說》「轉變」所代表的文壇風尚而展開的批判。

面對這種非理性的批判，或許只有以其人之道還治其人之身。但主要當事人之一的葉靈鳳並沒有拋頭露面，他可能意識到對於普羅文學的問題，他也只不過剛剛「轉變」，並沒有什麼權威性。於是，時爲中共江蘇「文委」主席的潘漢年就義不容辭。他首先想到的是要展開普羅文學的自我批判，「要使這一個新的文學運動，在中國無產階級解放過程的現階段中完成其宣傳與鼓動（廣義的）的任務，自我批判的工作應當跟著運動理論的展開而當加緊執行」；周毓英的批判只不過是「自命爲無產階級文學運動中的自我批判」，它絕不是馬克思主義者自我批判的目的與手段，而是「那種小資產階級自由主義的理論與態度」。〔註119〕緊接著，他又在《現代小說》上發表了《內奸與周毓英》，對周毓英的批判正面迎戰。周毓英自然不甘示弱，也回敬了一篇《內奸與潘漢年》，他義正詞嚴地辯駁道：「我究竟是不是『小資產階級的自由主義者』，我的話究竟是不是『左傾的惱騷』，我不用爭辯，歷史會給我以證明。但漢年恃著居高臨下的革命的地位用嚴酷的判詞來壓迫我，和我抗爭以掙扎他的殘命，那只是替他自己掘墓坑，歷史站在墓穴前向他下令：『進去！！！』」並且理直氣壯地說：「漢年兄等現在提出個『自我批判』的口號來，在這個口號之下，我也想努一份力的。」〔註120〕1930 年 6 月，周毓英的《新興文藝論集》由上海勝利書局出版，似乎餘怒未平的他將他與潘漢年

日。

〔註118〕《編後》，《樂群》月刊第 2 卷第 12 期，1929 年 12 月 1 日。

〔註119〕潘漢年：《普羅文學運動與自我批判》，《拓荒者》第 1 卷第 2 期，1930 年 2 月 10 日。

〔註120〕周毓英：《內奸與潘漢年》，《樂群》月刊第 3 卷第 13 期，1930 年 3 月 1 日。

的所有論戰文章都收入其中，並又寫了《附言與駁注》、《中國普羅文學運動的危機》和《我的自白》等文章異乎詳盡地訴說自己所受的悲苦、壓制和不公正待遇，大有公道自在人心的意味。但另一方的潘漢年對此再沒有任何回應。至此，持續半年多的論戰方才拉下帷幕。

二、話語轉型與「新進作家」的突起

周、潘之間的論戰夾雜了太多私人間的恩怨、非理性的直觀感受和不堪入耳的人身攻擊，雙方真正意義上的「對話」極爲少見；在語言的暴力面前，身爲事中人的潘漢年似乎也不很清楚周毓英這樣無端挑釁的真實意圖究竟是什麼，這就使得這場論戰和三十年代的許多文壇論戰一樣，不可能繼續深入，並對普羅文學的發展產生積極意義。實際上，以「新進作家」代言人自居的周毓英之所以挑起這場論戰，其目的無非是發洩對自己備受壓制的現狀的不滿。「革命話語」只不過是他挑起爭端的藉口和工具罷了。這場論戰揭示出的，是一向被人忽略的「新進作家」與現代文學的話語轉型之間的密切關係。

中國現代文壇大批新進作家的湧現往往是與現代文學中重大的話語轉型相伴隨的。常見的情況是，一些新進作家利用新的話語衝入文壇，在「打架」或論爭中逐漸確立起新的文學話語範式的權威地位；而話語轉型所引發的文壇動盪則爲更多新進作家的崛起提供了有利條件。新進作家往往依靠新的文學話語的成功生產來積累社會資本，進而確立其在文壇的地位。早期創造社針對文學研究會提出的「爲藝術而藝術」的口號無疑是一種話語策略，與文學研究會火藥味十足的筆戰換來的是創造社的聲名鵲起，同時也使創造社式的浪漫主義很快風靡文壇。1928 年後期創造社和太陽社所提倡的「革命文學」也是一種新的話語範式，在李初梨、馮乃超、錢杏邨等人將以魯迅爲代表的老作家「打發到過去」之後，「革命話語」就成了現代文壇的主流話語之一。你來我往的文學論戰，旗幟鮮明的文學社團以及由此形成的相互對峙的多元力量，都爲新進作家提供了生長土壤和發展機遇。當「革命文學」論爭的硝煙淡去之後，一批新進作家已經活躍在文壇上了。

但文壇的混戰是暫時的，新的資本分配體制的形成與完善意味著文壇歸於穩定。對新進作家而言，漸形穩固的文壇卻意味著發展機會與可能性的大大減少。因爲，無論是資本主義市場的商業邏輯還是「文學場」自身的運作邏輯，都按照作家擁有資本的多寡來分配社會資源。市場一般依照文化資

本、社會資本與經濟資本之間的轉換率，而文壇通常根據文化資本和社會資本的多少。這樣，新進作家就成了文壇中的弱勢群體，其被壓抑就在所難免。「無名作家的作品，窮年累月寫成了一本，是只有自己看的機會的，豈止書賈不買，就是有名作家做老闆也不會買。」〔註 121〕即使發表和出版過不少作品，因為是「新進作家」，其作品就很少能引起文壇的關注。顧仲起就為此憤憤然：「我的作品──不，無名作家的作品，沒有和名家大作在同一的刊物上發表過的作家作品，是為一般讀者所不注意的！是為老前輩所看不起的，所不讀的！因此，我的創作集就是出了六十部，也不過是得著幾個和我一樣可憐的讀者們的同聲一歎吧？」他很希望當時著名的革命文學批評家錢杏邨能注意他的作品：「我是很希望要是杏邨先生在比較清暇的時候，因為要追時間的原故，來讀一讀我的劣作。再高興的話，寫幾句話來教訓教訓，這也許是增加我創作興奮的藥劑吧。」〔註 122〕具有反諷意味的是，他的作品並未得到錢杏邨的好評，而他的自殺卻成了錢大書特書用以教導青年的反面教材。〔註 123〕

　　對於話語轉型與新進作家之間的關係，周毓英十分清楚：「很多人驚異中國文壇上為什麼這樣久沒有新進作家出來。我覺得毫無不足奇怪，文藝的戰野裏不發生波動；新進的作家是擡不起頭來的。現在無產階級文藝運動的戰潮沖進了中國，這正是中國的新起作家擡頭的日子了。」〔註 124〕但令周毓英氣憤的是，許多刊物喊著提拔「新興作家」的口號，卻絲毫沒有提攜新進之實，資源仍舊被那些老作家們霸佔著。《現代小說》宣稱的今後要努力的四個方面之一就有「扶持鼓勵國內被壓迫的無名作家」，並且聲稱「這個

〔註 121〕鐵郎：《致未成名者──〈作家成名術大綱〉之反攻》，《文藝新聞》第 10 期，1931 年 5 月 18 日。

〔註 122〕顧仲起：《殘骸》，新宇宙書店 1929 年版，第 146、147 頁。

〔註 123〕錢杏邨說：「我的批評的對象，大部分還是一些享著盛名的作家」，其原因並不是「偶像崇拜」，「實在是因為我覺得他們對於讀者的影響是更大，我們的文藝批評在現階段上應該從這些人物入手的緣故」他說他並沒有忽略被盛名壓抑的作家，尤其是顧仲起。他評價顧仲起的作品「可以說完全是革命失敗後不徹底的革命的小資產階級生活形態的反映」。在他看來，顧的自殺是由於政治、經濟、戀愛多重苦悶作用的結果。見錢杏邨：《關於顧仲起先生》，《海風周報》第 10 號，1929 年 3 月 10 日。

〔註 124〕周毓英：《忠誠的批判──讀三卷一期〈現代小說〉》，《樂群》月刊第 2 卷第 12 號，1929 年 12 月 1 日。

刊物是絕對公開的。稿件只要沒有不便登載的地方，我們決不會把持著剝削旁人發表的機會」。〔註125〕可這些在周毓英看來全是騙人的把戲：「『選拔新起作家！』這差不多成了中國的幾位大編輯先生的家常便飯的口號。也竟有把幾位成名作家如數家珍的一個個陳列起來賣野人頭，但他在一壁陳列的時候卻一壁喊著『提攜新進作家』呢。把老作家來堵著新起作家的路，卻還說是提攜新進，說這話騙誰呢。」而與《現代小說》相比，《樂群》月刊則將提拔新進作家落實在了行動上：「《樂群月刊》對於一層，沒有用甜言蜜語騙人，更沒有用重金榮譽誘人。只用著心血在大堆的投稿中找，也常常都能找到好作品來。那許多好作品，你去把那些成了名的偶像打死了他還是做不出來的。」〔註126〕對於這些自誇，潘漢年卻對此不以爲然：「你們所經營的樂群書店，曾經吹牛說專門爲新進作者發行叢書，表面看來，似乎你們這些老闆——不，你自己講的：『封建的一般既成作家』，讓出一條新路給新進作家了，爲甚結果還是你們那些『封建的一般既成（？）作家』的什麼全集六大本，《素描種種》、《石榴花》、《在牢中》、《苦囚雜記》、《最後勝利》、《明珠黑炭》……還是像你自己所說的『大作其爛污貨，胖子吃了巴豆粉，大瀉特瀉著』呢？」〔註127〕顯然，雙方講的應該都是事實，這就說明任何刊物都可以在喊「提拔新進」，但卻不會將之作爲辦刊的惟一方針。對刊物而言，重要的是傚益。這樣，「提拔新進作家」就成了刊物常用的商業手段。或者說，「新進作家」成了刊物包裝自己提高發行量的一張金紙。

　　另一個讓周毓英怒火中燒的現象是作家「轉變」的時尚化。自「革命文學」論爭始，「轉換方向」就成了文壇的一股潮流。許多作家「轉向」的口號喊得比誰都響，其目的就是爲了利用新的話語在文壇轉型之後繼續撈取社會資本，佔有社會資源。「破鑼敲得震天價響的時候，你便應當做破鑼作家；民族主義文學鬧得利害的時候，你便應當去做民族主義派作家。總之要常常記得『花樣翻新』。」〔註128〕這就是作家的「成名術」。這些成名作家一「轉向」就能繼續橫在新進作家的前路上，侵佔新進作家的上昇空間，周毓英對此深

〔註125〕《編者隨筆》，《現代小說》第 3 卷第 1 期，1929 年 10 月。

〔註126〕《編後》，《樂群月刊》，第 2 卷第 12 期，1929 年 12 月 1 日。

〔註127〕潘漢年：《內奸與周毓英》，《現代小說》第 3 卷第 4 期，1930 年 1 月 15 日。周毓英的短篇小說集《在牢中》、《苦囚雜記》均由樂群書店出版。其中，《在牢中》爲「新進作家叢書」之一。

〔註128〕高明：《作家成名術大綱》，《文藝新聞》第 7 期，1931 年 4 月 27 日。

惡痛絕：「一輩資產階級移交過來的機會主義者的文學家們又對馬克斯主義全無瞭解，做著換湯不換藥，甚而至於連湯也沒有換，只換了一個稱謂的作品；或則嚷出許多迷眩的使人無從捉摸的神秘的空想的文學理論。」〔註129〕

　　其實，周毓英並不能算是嚴格意義上的「新進作家」。作爲創造社的「小夥計」，他的「出道」並不算晚。但時乖運蹇，命運的播弄使他兩次無辜入獄〔註130〕，人生困頓失意，文壇也籍籍無名。他出獄後投入張資平麾下開書店、辦刊物才獲得了在文壇嶄露頭角的機會，因此他自稱「新進作家」似乎也並不過分。如布爾迪厄分析的：「由於文學場和權力場或社會場在整體上的同源性規則，大部分文學策略是由多種條件決定的，很多『選擇』都是雙重行爲，既是美學的又是政治的，既是內部的又是外部的。」〔註131〕周毓英儼然以新進作家的代言人自居，除了對新進作家受壓制的地位和普羅文學的發展現狀確有不滿之外，主要是想以此「說事」，一面爲他的老闆張資平吶喊助威〔註132〕；一面也藉此發泄胸中壓抑已久的憤懣之氣，撈取文壇聲名。「周『子』的用心，究竟何在？曰：唯恐人家不知道周『某』其人亦懂得普羅文學運動也！」〔註133〕

三、新進作家的身份優勢與話語策略

　　儘管周的主觀動機十分複雜，但他以「新進作家」問題爲中心所展開的對普羅文學的批判卻有十足的典型性。周、潘之間的論戰集中顯示了一批新進作家在文壇話語轉型過程中的文化姿態與心態；揭示出的是新進作家如何

〔註129〕周毓英：《馬克斯主義文學論》，《新興文藝論集》，勝利書局 1930 版，第 4 頁。著重號爲原文所有。

〔註130〕詳情見潘漢年：《給獄中的毓英》，漢口《中央日報》副刊第 65 號，1927 年 5 月 28 日。

〔註131〕〔法〕皮埃爾·布迪厄：《藝術的法則——文學場的生成和結構》，劉暉譯，中央編譯出版社 2001 年版，第 248 頁。

〔註132〕在周毓英出版《新興文藝論集》之時，他和老闆張資平已經決裂。張創辦樂群書店時做出的送他去日本留學的承諾沒有兌現，這令周十分不滿。在《新興文藝論集》中，他用「磨盤下底悲鳴」來形容自己的生存狀態；在《我的自白》中，他詳述了數年來他顛沛流離、寄人籬下、成爲苦囚、艱辛備嘗的經歷，也揭露了他的老闆張資平對他的欺凌與壓迫，讀來令人動容。見周毓英：《新興文藝論集》，勝利書局 1930 年版，第 163～196 頁。

〔註133〕秋士（李偉森）：《周毓英的廣告術》，《巴爾底山》旬刊第 1 卷第 5 號，1930 年 5 月 21 日。

通過確立自己「革命話語」的優越性、正統性，通過質疑、否定其他作家話語生產的「革命性」，達到爭奪社會資本的最終目的。

新進作家有無與倫比的身份優勢。他們是新時代的產兒，他們沒有因襲的重負，不需要「轉變」。如蔣光慈所指出的，新作家是「被革命的潮流所湧出」的，「他們自身就是革命」。〔註 134〕因此，他們可以大膽地宣稱：「舊時代已經死去了，成名作家的時代也已經死去了，現在的時代是我們的！」〔註 135〕這種極強的身份優越感可以使他們以強者姿態和正統的普羅文學家的面目去質疑那些舊有作家的身份，將他們命名爲「資產階級『移交』過來的註冊的普羅作家們」〔註 136〕，也正是這些作家「藉了一點封建的餘蔭，大做其爛污貨，胖子吃了巴豆粉，大瀉特瀉著。橫擋著新興作家的前路，不讓新興作家擡頭」。〔註 137〕

和後期創造社、太陽社一樣，周毓英也採用「四面出擊」的話語鬥爭策略。魯迅自然首當其衝。他稱「魯迅的『轉變』的客觀條件不具備。但大家卻歡迎他『轉變』，他待相當恢復了地位以後，便大肆其報復手段了」，他對魯迅的「轉變」不屑一顧：「曾記當年魯迅在北新書局顧盼一世，因爲反對普羅文藝，所以能出入華界表示勇敢，以不滿現狀的『革命觀』號召青年。但曾幾何時，魯迅搖身一變變成左翼作家了。從前對著普羅文藝狂吠，現在卻躲藏在普羅文藝的旗幟之下來了。」〔註 138〕不惟魯迅一人，郁達夫、郭沫若等老牌作家也都受到了周的批判。〔註 139〕周毓英一副全然爲普羅文學運動的將來憂慮萬分的模樣，他指出，中國的普羅文學運動出現了右傾和反動的危機，造成這種危機的原因是因爲她犯了兩個「滔天大錯」，而「這錯誤非但犧牲了整個的『中國普羅文學運動』，並且製造了一個極惡劣的影響給與全盤的革命」。這兩個錯誤是對「革命要有組織」和「革命之門是廣大地開著的」兩

〔註 134〕蔣光慈：《現代中國文學與社會生活》，《太陽月刊》創刊號，1928 年 1 月 1 日。

〔註 135〕鐵郎：《致未成名者——〈作家成名術大綱〉之反攻》，《文藝新聞》第 10 期，1931 年 5 月 18 日。

〔註 136〕周毓英：《中國普羅文學運動的危機》，《新興文藝論集》，勝利書局 1930 年版，第 152 頁。

〔註 137〕周毓英：《忠誠的批判——讀三卷一期〈現代小說〉》，《樂群》月刊，第 2 卷第 12 號，1929 年 12 月 1 日。

〔註 138〕周毓英：《新興文藝論集》，勝利書局 1930 年版，第 78 頁、第 136～137 頁。

〔註 139〕周毓英：《機會主義者與文藝大眾化》，《新興文藝論集》，勝利書局 1930 年版，第 51～74 頁。

個眞理的曲解和誤用，「因循苟且，以至釀成目前普羅文學運動幾將滅落的危機！」說的直白點，罪責仍舊在那些老牌作家的虛偽的「轉變」：「這些登在寶殿上的普羅作家們，資產階級『移交』過來的註冊的普羅作家們，他們之喊這個『普羅文學運動』的口號，……希冀僥倖保存行將毀滅的榮冠。他們並沒有什麼自覺，他們則是受著普羅運動的高潮的威逼，才厚著臉皮來僥倖於萬一。他們把持了普羅文學運動的戰場，他們除排擠了青年英勇的鬥士於戰場之外，還本著資產階級文學的本色向統治階級作出絕對的妥協和乞憐相。對待青年英勇的鬥士，他們用『革命才子』『革命佳人』的所謂戀愛的革命文學來麻醉著，用支離破裂或廣義的革命口號來迷眩著。」最爲要緊的是周毓英發現：「鬧了幾年的普羅文學運動，結果還是由資產階級『移交』過來的文學作家執掌著大旗，撐持著普羅文學運動的外場面，青年英勇的鬥士擁上來，他老先生提著雙腿朝後踢。」〔註140〕他將「新興作家」不能「擡頭」的原因全盤歸咎於老牌作家的壓制，並通過身份質疑來獲得對他們權威性的顛覆，在發洩不滿的同時，確立自己的普羅文學在階級意義上的合法性和正統性。

但僅有身份質疑是不夠的，要將自身的「革命話語」建構爲正宗與權威，還需要指陳對方的「革命話語」的本質缺陷。周毓英把葉靈鳳的《神迹》說成「是一篇沒有靈魂的作品」，把潘漢年的《例外》評價爲「主題則渺茫得很」。〔註141〕在周毓英看來，這些創作根本算不上是什麼普羅文學，他評價的立足點是作品的「靈魂」與「思想」。他質疑《例外》的兩點：「A《例外》有沒有 Tema？B《例外》除了表現一些混統的革命者的意識的幻象以外，還有什麼呢？」〔註142〕他認爲衡量作品的「革命性」的最佳方法就是看作品所反映的意識，這才是作品的「靈魂」。不能不承認，周毓英對葉、潘作品的攻擊可謂命中要害，因爲階級意識確是普羅文學創作之核心：「要緊的是你站在哪個階級說話。」〔註143〕周毓英向普羅文學界的發難恰恰表明了普

〔註140〕周毓英：《中國普羅文學運動的危機》，《新興文藝論集》，勝利書局1930年版，第151～154頁。

〔註141〕周毓英：《忠誠的批判——讀三卷一期〈現代小說〉》，《樂群》月刊第2卷第12期，1929年12月1日。

〔註142〕周毓英：《內奸與潘漢年》，《樂群》月刊第3卷第13期，1930年3月1日。原文中的「Tema」有誤，應爲「Thema」，「主題」之意。

〔註143〕麥克昂（郭沫若）：《桌子的跳舞》，《創造月刊》第1卷第11期，1928年5月1日。

羅文學在創作上的隨意性和理論上的蕪雜性，也正因此，潘漢年才提出要進行普羅文學運動的自我批判。周的聰明在於，他所關注的並不是作品的優劣，這只是他的敲門磚，他所看重的是通過對作品進行權威評判所展現出來的理論上的正統性和優越性，這正是他可以非議其他成名作家進而確定自己在普羅文學陣營中的地位的得力武器。周毓英正是用這種武器對魯迅、郭沫若和錢杏邨等作家進行非難和批判的。〔註 144〕

　　與這些作家的不正宗的「革命性」相比，周毓英自己的《最後勝利》則「是完全以馬克斯主義的理論聯繫著的長篇創作」〔註 145〕，「外間乃以『真正的普羅作品』相加」，這「大的產物」，「也會使流行作家眨眨眼的吧」。〔註 146〕他十分自信地對潘漢年說：「如你敢對全國的大眾說《最後勝利》比你們的作品沒有價值，那樣你才是個勇敢的馬克斯主義者……《最後勝利》早已送過你一本，不至遺失把？你能賜我一點指謫嗎？」〔註 147〕這讓周頗為自信的《最後勝利》以男主人公克西和女主人公莉蕾到上海後的不幸遭遇為線索，試圖勾畫出一幅帝國主義者及其走狗資產階級欺壓、剝削普通民眾的罪惡圖。其「思想」無疑是明顯的：「出賣氣力者的出路只有一條：『和資產階級鬥爭，奪得最後的勝利的一條出路！』」〔註 148〕若說《最後勝利》有什麼過人之處的話，那就是他有意壓抑男主人公對女主公的性愛意識，使愛情潛隱在強大的革命話語之下。但敘事重心的遊移不定，情節的支離破碎，大量議論與說理的插入，都使《最後勝利》幾乎成了一張「說明書」，絲毫沒有鼓動人心的力量。

　　對於普羅文學的發生問題，周、潘的認識也大不相同。周毓英強調的是普羅文學發生的外部因素，更注重國際性革命潮流和翻譯的作用，他說：「中國的普羅文學運動受了國際性的沖激，這是毫無疑義的。至少在未成功的初

〔註 144〕在周毓英的《新興文藝論集》中，特設有一章《機會主義者與文藝大眾化》，在這一章裏，周討論評判了從魯迅、沈端先、馮乃超到錢杏邨、郭沫若、陶晶孫、洪靈菲等諸多作家的文藝大眾化理論。在周看來，他們均各有錯失，由此，周在普羅文學理論上的優越感展示殆盡。見周毓英：《新興文藝論集》，勝利書局 1930 年版，第 51〜74 頁。

〔註 145〕《出版預告·最後勝利——三十萬字的長篇巨構》，《樂群》月刊第 2 卷第 12 期，1929 年 12 月 1 日。

〔註 146〕周毓英：《校後》，《最後勝利》（第 1 卷），樂群書店 1930 年版。

〔註 147〕周毓英：《新興文藝論集》，勝利書局 1930 年版，第 176、190 頁。

〔註 148〕周毓英：《最後勝利》，樂群書店 1930 年版，第 324 頁。

期的普羅文學運動是完全在鬧著翻譯的把戲。」〔註149〕而潘漢年則認為「它的動力不是外國『沖進』來的，是中國現存的生產關係，對於無產階級的生產力，起了不可抑止的衝突，遂有無產階級的革命運動，因為這一關係，無產階級革命的意識，不可免的要反映到文藝上，於是不可免的產生了中國的無產階級的文藝運動」。〔註150〕不難看出，周、潘兩人所強調的是一個問題的兩個方面。他們之所以各執一端，是因為，周毓英想通過揭示中國無產階級文藝運動產生的外部原因來質疑並削弱國內普羅文學理論家的權威性，從而為「新興作家」開路；而潘漢年強調普羅文學運動產生的「不可免」即客觀必然性，則是用以說明「『新起作家擡頭的日子』不在『戰潮沖進了中國』的時候，一定是在中國『新起作家』把握得正確的無產階級革命正確的觀念形態之後」。〔註151〕也就是說，周將新進作家不能發展、前進的原因歸咎於成名作家的阻攔，而潘漢年則更多地從新進作家自身尋找原因。

　　周毓英試圖通過否定成名作家的「革命性」來否定其先進性，由此對他們進行猛烈的抨擊，用以達到為自身成長掃清道路的話語策略頗具代表性。無論是前期創造社、後期創造社還是太陽社乃至其他一些文壇的新生勢力，都無一例外的採用了主動出擊、四面樹敵的話語策略進入文壇，周毓英也沿襲了這一策略。這其中自有其必然性。一種新生的力量若按照文學場的正常邏輯成長，就需要各種資本的日積月累，路途無疑十分漫長；而若以「打架」的方式衝入文壇，一通「左砍右殺」所引起的轟動效應就足以贏得無數關注。論戰的開始實際上就是這種新生勢力獲得社會資本積累的開始。但毫無疑問，批判並不能使新生力量在文壇立於不敗之地，無論是創造社還是太陽社，都從未放棄「創造」的工作，這才是在文壇立足的根本。

　　正是強烈的功利心的驅使，使新進作家常常免不了試圖推倒文化傳統的虛無主義態度，這對新文化的建設也並無益處。就周毓英而言，他狂傲的理論自信、惟我獨尊的蠻橫態度，對普羅文壇的建設有害無益。他後來很快投身「民族主義文藝」陣營，在日軍佔領上海後又墮落為漢奸文人〔註152〕，這

〔註149〕周毓英：《我的自白》，《新興文藝論集》，勝利書局1930年版，第176～178頁。
〔註150〕潘漢年：《內奸與周毓英》，《現代小說》第3卷第4期，1930年1月15日。
〔註151〕潘漢年：《內奸與周毓英》，《現代小說》第3卷第4期，1930年1月15日。
〔註152〕1931年8月5日，左聯機關刊物《前哨（文學導報）》的第一卷第二期刊出了《開除周全平，葉靈鳳，周毓英的通告》。其中，關於周毓英是這樣的：「周毓英，三月以來，完全放棄了聯盟的工作，組織部屢次派人和他談話，

才讓我們見識到了什麼才是眞正的「機會主義者」。〔註153〕而這「頭銜」，是他曾盛氣凌人地冠之於別人頭上的。以「革命正統」自居的文壇新生力量，若沒有崇高的革命理想和追求，也不致力於文學建設，借批判性、攻擊性的「革命話語」生產來樹立自己的「革命權威」，試圖撈取社會資本和政治資本，最終只能走向革命的反面。

　　需要特別指出的是，周、潘在論戰中都極力獨霸「革命性」，試圖將對方排除出「革命」之外。這種惟我獨「革」、扣帽子式的革命話語無疑是一個極端危險的先例。它的回響在「十七年」文學中被愈放愈大，革命話語就具有了單維突進、促狹排他的反現代性特質。中國現代文學的多樣性、包容性和眾聲喧嘩的多元格局也就不復存在了。

表示極端的動搖，不久並參加反動民族主義文藝運動，及在日報上公開發表反聯盟言論，常會認周毓英已明顯的爲無產階級革命文學的叛徒，絕對不能使其留存在我們的隊伍中，就此決議將周毓英除名，並由秘書處在左聯機關雜誌《前哨》上宣佈。」在抨擊以魯迅爲首的左聯之際，周毓英在「民族主義文藝」的刊物《現代文學評論》上發表文章。值得一提的是，似乎是一語成讖，論戰的另一位主人公潘漢年，三十年後再次與「內奸」遭逢，他於1963年1月9日被最高人民法院以「內奸」罪判除有期徒刑15年，剝奪政治權利終身——歷史的弔詭也許正在這裡。

〔註153〕馬寧曾回憶說他不同意周毓英加入左聯，原因是他窺破了周的眞面目：「看準了他們不是爲了革命文藝，而是爲了左傾投機，欺騙讀者，發左傾財。其中，周毓英的所謂『革命』小說便最有代表性。」見馬寧：《回憶「左聯」五記》，《中國現代文學研究叢刊》1980年第1期。而在左聯成立之際，馬寧就寫信給錢杏邨警告說：「切不要讓一部分自知墮落而又不表明態度的分子參加，因爲這團體裏面，切不能讓機會者活動。」所謂的「機會者」，就包括周毓英在內。見馬寧：《文藝通信——馬寧來信》，《拓荒者》第4、5期合刊，1930年5月。

第二章　正統與異端：政治權力與革命話語生產

　　政治權力對革命話語的控制，不會只局限在生產與流通領域；對作爲話語生產者的作家進行「規訓與懲罰」，是政治權力進行話語控制的最有效的手段之一。對作家及其話語的控制，是通過「正統」與「異端」兩種截然對立的「區隔」原則來實現的。所謂「正統」與「異端」，實際上就是能否滿足政治權力及其意識形態再生產的需要。政治權力會對「正統」的「革命話語」的生產者進行資本獎勵。而對於「異端」，則會設法進行話語清除，並對其身份進行質疑，由此取消其話語生產的「合法性」及生產權力。有意思的是，中國現代文學的發展證明了，所有的「正統」隨時都可能會變成「異端」；或者說，沒有永遠的「正統」，只有永遠的「異端」。新中國文學史上一次次文學運動正是運用「正統」與「異端」的交替反覆來推動的。其原因在於，「正統」與「異端」不是一種本質性的文學評價，而是一種漂移性的政治評價，其如何裁定完全出自政治的需要。

　　在政治權力的作用下，通過「正統」與「異端」的區分，從個體需要出發的革命話語生產，逐漸被政治權力整合、清除，溶入了話語大生產的洪流。中國現代文學中的革命話語就呈現出了從零散化、多元化向整體化、單一化發展的趨勢。

第一節 「蔣光慈現象」〔註1〕：個體性革命話語生產的困境與失敗

作爲最早以文學實績建立社會聲名的共產黨人，蔣光慈身上凝聚著太多的矛盾與悖論。他的小說，一邊經受著藝術性上的質疑與非難；一邊卻在讀者那裡見證著生命力與銷售奇迹：一版再版，甚而十數版，且不斷被盜版，風靡一時。〔註2〕他的革命文學作品，雖然被革命文學陣營內部判定爲「非馬克思主義的」；卻依然產生了極大的社會影響，實現了革命文學所要追求的目標：「許多的青年，因著他的創作的鼓動，獲得了對於革命的理解；走向革命。」〔註3〕他早年即投身革命，遠涉蘇俄，艱辛備嘗，深情謳歌革命；卻在革命的浪潮中主動遞交了退黨申請，進而被黨開除。在他生命的最後時光裏，不僅遭受著來自「左聯」內部的劇烈批判；還要躲避國民黨的抓捕，其作品也不斷爲國民黨所查禁。他陷入了經濟、身體、精神的多重困境，極度痛苦，終至在貧病交加中死去。這種種矛盾與悖論盤根錯節，交叉縱橫，複雜深刻而又耐人尋味，形成了中國現代文學史上的「蔣光慈現象」。

「蔣光慈現象」是一個極爲典型的文學史現象。它牽連著革命文學「革命性」與「文學性」的深層悖論，革命文學家作爲「革命家」還是「文學家」的身份尷尬，作家個性與黨性的激烈衝突，以及組織之外的革命言說何以可能的諸多文學史命題。「蔣光慈現象」顯示出，蔣光慈對革命作家的「組織化」所做的抗爭，對革命作家「寫作行爲」的獨立性的維護和價值肯定；它更表明了，革命話語的爭奪是黨際權力鬥爭極其重要的一維。在激烈的文化權力爭奪中，游離的個體性革命話語生產注定會被「規訓與懲罰」，要麼走向「組

〔註1〕 美籍學者夏濟安在其名著《黑暗的閘門》中專闢一章，名爲「蔣光慈現象」，見 Tsi-an Hsia. *The Gate of Darkness: studies on the Leftist Literary Movement in china*, University of Washington Press, 1968, pp.55-100.

〔註2〕 一個最富說服力的事件是茅盾的短篇小說集《野薔薇》於 1929 年 7 月在開明書店出版後就被專門的盜版書店上海「愛麗書店」改頭換面爲《一個女性》，署名「蔣光慈」於 1930 年 1 月出版。關於蔣光慈作品的暢銷和盜版情況請參見曠新年：《1928：革命文學》，山東教育出版社 1998 年版，第 95～96 頁。更爲詳細的情況可參見劉震：《蔣光慈作品的暢銷與盜版》，《新文學史料》2007 年第 2 期。

〔註3〕 方英（錢杏邨）：《在發展的浪潮中生長 在發展的浪潮中死亡（1901～1931）》，《文藝新聞》「追悼號」，1931 年 9 月 15 日。另，陳荒煤、陶鑄、胡耀邦等人都曾回憶說是受了蔣光慈《少年漂泊者》的影響而投身革命。見吳騰凰：《蔣光慈傳》，安徽人民出版社 1982 年版，第 74 頁。

織化」、「整一化」之路；要麼就會被無情放逐，失去言說的空間與自由。

一、尷尬的追求：革命與文學的交錯

幾乎在投身政治運動的同時，蔣光慈開始了他的文學實踐。〔註4〕政治與文學的雙重選擇使他的文學實踐一開始便打上了深深的政治烙印，但二者之間的兩難仍讓他備受困擾。他的理想是「要圓成一個文學家的夢」，是成爲一個「東方詩人」〔註5〕；可在他看來，他所從事的具有政治意義的工作〔註6〕使他離理想越來越遠，他爲此而頗感「苦痛」：「我想做一個偉大的文學家，但是這恐怕是一個妄想啊！大部分的光陰都費在編講義上，沒有多餘的時間爲文學的創作，這也是我很感受苦痛的地方。」「我現在苦於無多時間創作，眞是苦極了！」〔註7〕

這種對實際工作的抱怨並不意味著蔣光慈想放棄他的政治立場與追求，他口中的「文學」也並不是排除了政治因素的所謂「純文學」。在他的個性中，固然有對文學的熱望，但同樣伴有對國家飽受欺凌的憤恨與改造社會的衝動，憂患意識與政治責任是蔣光慈個性中不容忽視的一個方面，也正是政治與文學的交融鑄就了蔣光慈的文學觀念。在蔣光慈看來，文學追求與政治責任在實際行動中的矛盾雖然難以緩解，但並非水火不容；二者在理論與觀念層面可以得到調和。這樣，使文學政治化，承擔起政治使命就成了蔣光慈的必然選擇。因此，他所追求的，不可能是純粹藝術意義上的文學，只能是與時代緊密相連、展現時代新貌的「革命文學」；他口中的「詩人」與「文學家」也不會是在象牙塔中不問世事、閉門著書的學究先生，而只能是感受時代精神、把握時代脈搏、表現社會情緒的「革命文學家」。於是，呼籲並從事「革命文學」創作，成爲「革命文學家」，就能一肩擔起文學與政治的雙重使命，這幾乎成了蔣光慈的宿命。

正是在革命與文學的交錯中，蔣光慈的「革命文學」成了一種「不徹底」的革命文學。所謂「不徹底」是說他雖然不追求文學的獨立而純粹的藝術價

〔註4〕　蔣光慈在莫斯科留學期間便寫下了許多熱情洋溢的詩歌，這些詩作大部分收入詩集《新夢》，1925 年 1 月由上海書店出版，是其第一部詩集。
〔註5〕　宋若瑜、蔣光慈：《紀念碑》，亞東圖書館 1928 年版，第 143 頁、196 頁。
〔註6〕　1924 年，蔣光慈回國後在上海大學教授所謂的社會學，其實就是宣揚馬克思主義。
〔註7〕　宋若瑜、蔣光慈：《紀念碑》，亞東圖書館 1928 年版，第 138 頁、143 頁。

值，但也不將文學完全視作政治的工具和革命的宣傳，他在一定程度上堅守著文學的底線。即便他曾強調文學的社會功能，認為「文學是社會生活的反映，一個文學家在消極方面表現社會的生活，在積極方面可以鼓動，提高，奮興社會的情趣」，〔註 8〕但他的立場卻不是為了謀求或推動社會的發展；而是出於為文學的發展「診脈」之動機。當蔣光慈剛剛踏入中國，就發現「……現在的文學界太紊亂了，不但內容方面是如此，技術方面也是如此」〔註9〕，造成這種局面的原因在於文學家們無視國家命運和社會現狀，不能表現時代精神、刺激社會情緒。他稱我們如今似生活於「糞堆裏」一般，面對這樣內外交困的社會現實，作家們卻無動於衷，依然沉浸在「愛」與「美」的迷夢中，「商女不知亡國恨，隔江猶唱後庭花」。〔註 10〕而他有責任也有義務改變這個局面：「無論如何，我們要努力地振作中國的文學界，我們要努力地使中國的文學趨於正規，走向那發展而光輝的道上去！」〔註 11〕這樣，「革命文學」、「革命文學家」就成了醫治「現代中國的文學界」之重疾的靈丹妙藥，「誰個能夠將現社會的缺點，罪惡，黑暗……痛痛快快地寫將出來，誰個能夠高喊著人們來向這缺點，罪惡，黑暗……奮鬥，則他就是革命的文學家，他的作品就是革命的文學。」〔註 12〕直到 1928 年，蔣光慈依然認為，「現代的文學」對於「現代的社會生活」，「是太落後了」。他指出：「我們的時代是黑暗與光明鬥爭極熱烈的時代。現代中國的文學，照理講，應當把這種鬥爭的生活表現出來。可是我們把現代中國文壇的數一數，有幾部是表現這種鬥爭生活的著作？有幾個是努力表現這種鬥爭生活的作家？我們只感覺得這些作家是瞎子，是聾子，心靈的喪失者，雖然我們的時代有如何大的狂風狂雨，而總不能與他們以深刻的，震動的，警覺的刺激。他們對於時代實在是太落後了。」〔註 13〕因此，創造社李初梨對他的批評就不無道理：「我們分析蔣君犯了這個

〔註 8〕 光赤：《現代中國社會與革命文學》，上海《民國日報》「覺悟」副刊，1925年 1 月 1 日。

〔註 9〕 蔣光赤：《現代中國的文學界》，上海《民國日報》「覺悟」副刊「文學專號」第 1 期，1924 年 11 月 16 日。

〔註 10〕 蔣光赤：《現代中國的文學界》，上海《民國日報》「覺悟」副刊「文學專號」第 2 期，1924 年 11 月 23 日。

〔註 11〕 蔣光赤：《現代中國的文學界》，上海《民國日報》「覺悟」副刊「文學專號」第 1 期，1924 年 11 月 16 日。

〔註 12〕 光赤：《現代中國社會與革命文學》，上海《民國日報》「覺悟」副刊，1925年 1 月 1 日。

〔註 13〕 蔣光慈：《現代中國文學與社會生活》，《太陽月刊》創刊號，1928 年 1 月 1 日。

錯誤的原因，是他把文學僅作爲一種表現的──觀照的東西，而不能認識它的實踐的意義。」〔註14〕

　　蔣光慈的「不徹底」還表現在他從未明確強調文學的階級性，「光慈忽略了文學的階級背景，尤重要的是他忽略了作家的實踐的要求。」〔註15〕而階級屬性的定位正是革命文學的理論基礎。他也從未如李初梨等人那樣宣稱「一切的文學，都是宣傳。普遍地，而且不可逃避地是宣傳；有時無意識地，然而常時故意地是宣傳。」〔註16〕他將革命視爲文學應該表現的素材，而且還是極佳的素材；只有通過表現革命，文學才能獲得其生命力。毋寧用李初梨的話說，他是「爲文學而革命」，而不是「爲革命而文學」。他在《十月革命與俄羅斯文學》中說：「而革命這件東西能給文學，或寬泛地說藝術，以發展的生命；倘若你是詩人，你歡迎它，你的力量就要富足些，你的詩的源泉就要活動而波流些，你的創作就要有生氣些」，「……否則，你是一定要被它送到墳墓中去的……」。那些舊的作家之所以「取不出來藝術的創造力」，「乾枯了自己的詩的源流」，走向滅亡之途的原因就在於他們沒有將自己的「心靈」與「革命」混合起來。〔註17〕與之相反的是那些新作家，「他們的前途有非常大的發展」，就在於「……這一批新的作家被革命的潮流所湧出，他們自身就是革命，──他們曾參加過革命運動，他們富有革命情緒，他們沒有把自己與革命分開……」，「……關於材料一層，簡直不成問題。……革命該給與了他們多少材料！就是在這一方面講，他們已經較舊的作家爲幸福了」。於是，「振興中國文壇的任務，不得不落到這一批新作家的身上來了。」〔註18〕蔣光慈之所以對「革命」充滿了浪漫的嚮往和熱情的讚頌，某種意義上就是因爲「革命」帶給「文學」以發展的生命；同時也帶給他自己以成爲文學家的素材與資本。書寫「革命」成了他圓成文學夢的最佳途徑。正如高利克所指出的：「對他而言，革命眞的是一種力量，這種力量自己能夠創造出文學藝術作品，能夠賦予文學以生命或者剝奪其生命，能夠發掘或埋沒天才。」〔註19〕

〔註14〕李初梨：《怎樣地建設革命文學》，《文化批判》第2號，1928年2月15日。

〔註15〕李初梨：《一封公開信的回答》，《文化批判》第3號，1928年3月15日。

〔註16〕李初梨：《怎樣地建設革命文學》，《文化批判》第2號，1928年2月15日。

〔註17〕蔣光赤：《十月革命與俄羅斯文學》，《創造月刊》第1卷第2期，1926年4月16日。

〔註18〕蔣光慈：《現代中國文學與社會生活》，《太陽月刊》創刊號，1928年1月1日。

〔註19〕Marián Gálik, *The Genesis of Modern Chinese Literary Criticism（1917~1930）*, Curzon Press, 1980, p.150.

而他，毫無疑問就是這天才中的一個。

因此，在蔣光慈的文學理論中，並不存在兩種現代性的張力。他根本沒有追求獨立的審美現代性的意識，對社會現代性的追求也僅僅停留在反映論和促進論的基礎層面。這就不能不使他陷入尷尬的境地：雖然有一定的藝術追求，但仍因缺少藝術性而備受指責；雖然也強調文學的社會價值，但又因革命性不足而遭到批判。其根本原因並不在於有的研究者所指出的：「蔣失敗的文學實踐是他的文學觀的外在體現，這種觀念認爲文學應該服務於革命宣傳且能即時喚起讀者的行動與鬥志，文學的政治功用而不是藝術價值是蔣所著重關注的。」〔註 20〕而在於蔣光慈文學修養的缺乏，他「幼稚」而單一的文學觀念不得不歸咎於他的知識結構和政治化的人生之路。〔註 21〕

如前所述，「革命文學家」對蔣光慈而言是個極富誘惑的身份，這身份同時容納了文學身份與革命身份的優長，使他暫時超越了二者的兩難之境。之前以「詩人」自居的他，開始了明確的身份轉變：「我不過是一個粗暴的抱不平的歌者，而不是在象牙塔中慢吟低唱的詩人。……我只是一個粗暴的抱不平的歌者，我但願立在十字街頭呼號以終生！朋友們，請別再稱呼我爲詩人，我是助你們爲光明而奮鬥的鼓號，當你們得意凱旋的時候，我的責任也就算盡了……」〔註 22〕由「詩人」到「歌者」的轉換，並不意味著蔣光慈拋棄了自己的文學追求，走向了革命道路；他可以爲社會的不公「抱不平」，可以立在十字街頭「呼號」，卻不會走上十字街頭與這黑暗力量做直接的鬥爭。「革命文學家」的身份使他滑動於「革命」與「文學」之間，對於革命的行動者而言，他是文學家；而對於文學家而言，他又是革命家，這無疑又是一個極其曖昧的身份。魯迅後來對此形象地諷刺道：「『革命』和『文學』，若斷若續，好像兩隻靠近的船，一隻是『革命』，一隻是『文學』，而作者的每一隻腳就站在每一隻船上面。當環境較好的時候，作者就在革命這一隻船上踏得重一點，分明是革命者，待到革命一被壓迫，則在文學的船上踏得重一點，他變

〔註 20〕 Jianmei Liu. *Revolution Plus Love: Literary History, Women's Bodies, and Thematic Repetition in Twentieth-Century Chinese Fiction*, Honolulu: University of Hawai'i Press, 2003, p.46.

〔註 21〕 就現有的資料來看，蔣光慈的閱讀面僅限於雪萊、拜倫等浪漫主義詩人的作品和蘇俄現實主義作家的理論與創作，與同時代的其他作家相比，他的知識結構相當單一，這與他早年即留學蘇聯、投身政治運動、缺乏文學教養有密切關係。

〔註 22〕 蔣光赤：《鴨綠江上的自序詩》，見《鴨綠江上》，亞東圖書館 1927 年版。

了不過是文學家了。」〔註23〕

　　關於蔣光慈所指出的文學不能跟上時代步伐的兩點原因，茅盾以為「還有個重大原因，便是文藝的創造者與時代的創造者沒有極親密的關係。文藝的創造者，沒有站到十字街頭去；他們不自覺的形成了文藝者之群，沒有機會插進那掀動天地的活劇，得一些實感。」〔註24〕茅盾對「實感」的強調與魯迅當時對「革命人」的強調本質上一樣，缺乏實際革命工作的人生體驗，怎麼可能寫出真正的「革命文學」來？

　　但蔣光慈並不這麼看，他認為革命文學家與革命的行動者在對於時代的貢獻上，並沒有絲毫差別，「文藝的創造者應認清自己的使命，應確定自己的目的，應把自己的文藝的工作，當作創造時代的工作的一部分」，「倘若一個從事實際運動的革命黨人，當他拿手槍或宣言的當兒，目的是在於為人類爭自由，為被壓迫群眾求解放，那嗎我們的文藝者當拿起自己的筆來的時候，就應當認清自己的使命是同這位革命黨人的一樣。若如此，所謂實際的革命黨人與文藝者，不過名稱有點不同罷了，其實他們的作用有什麼差異呢？所謂文藝的創造者與時代的創造者，這兩個名詞也就沒有對立著的必要了。」〔註25〕小說《野祭》實際上是蔣光慈對此問題的形象化展示，但具有諷刺意味的是，主人公陳季俠雖然在情感上最終傾向章淑君，卻不可能踩著她的血迹奮勇向前。錢杏邨看出了《野祭》的題中之義，他贊同蔣光慈的觀點，並為此辯護道：「文學工作也是實際工作的一種，在我們看來，是沒有什麼軒輊的……做實際工作的要去做運動要去領導群眾；做文藝工作的也要有思想的修養技巧的修養，也要去採取材料去剪裁去布局去寫作的，嚴格的說，他們的工作也是繁難的，和做實際工作的是一樣的困難。就革命的利益一方面說，都是不可缺少的人才……文學家能站在時代前面去創作，才是文學作家的真正的革命生活，我們不必有什麼內疚。」〔註26〕

　　革命文學家從事文學工作，與從事革命實際工作的價值毫無二致，只不過是分工不同罷了。蔣光慈等人的觀點雖然帶著為自己的行為謀求合理性的

〔註23〕魯迅：《上海文藝界之一瞥——八月十二日在社會科學研究會講》，《魯迅全集》（第4卷），人民文學出版社2005年版，第305頁。

〔註24〕方璧（茅盾）：《歡迎〈太陽〉》，《文學周報》第5卷第23期，1928年1月8日。

〔註25〕華希理（蔣光慈）：《論新舊作家與革命文學——讀了〈文學周報〉的〈歡迎太陽〉以後》，《太陽月刊》四月號，1928年4月1日。

〔註26〕錢杏邨：《〈野祭〉》，《太陽月刊》2月號，1928年2月1日。

色彩，也因缺乏實際體驗使創作具有了主觀性、想像性的特徵；但卻在一定程度上保持了文學與政治之間的距離，也在一定意義上維護了文學工作者創作行爲的獨立性。

另外，蔣光慈所謂的「革命文學家」與創造社等人的「革命文學家」也有著本質的差別。他口中的「革命文學家」並沒有明顯的階級意識和階級觀念，或者說缺乏「無產階級的意識形態」；而在創造社等人看來，「革命文學」是「無產階級的意識形態」，「革命文學家」固然不需要由無產階級來承當，但「階級意識」對「革命文學家」來說卻至關重要：「普羅列塔利亞文學的作者，不論是普羅列塔利亞或是非普羅列塔利亞，他必須高揚普羅列塔利亞的意識。」﹝註 27﹞既然「無產階級意識」如此重要，那麼小資產階級知識分子就存在世界觀改造的問題，原有的階級意識必須否定：「我們還得把自己否定一遍（否定的否定），我們要努力獲得階級意識」，要「克服自己的小資產階級的根性，把你的背對向那將被奧伏赫變的階級，開步走，向那齷齪的農工大眾！」﹝註 28﹞而在蔣光慈那裡，卻不存在這樣的「身份焦慮」所引發的對自己的否定，依他頑固而孤傲的個性和革命文學的「拓荒者」地位，怎麼可能否定自己呢？

二、「危險」的堅守：個體的革命言說

「革命的羅曼蒂克」或「革命＋戀愛」，這種對蔣光慈創作的評價不僅指出了他創作的公式化、模式化特徵，也包含著某種道德評價。這裡所要做的，並不是重複論證這種判斷，而是剖析「革命的羅曼蒂克」之個體性本質；以及蔣光慈如何借這一模式想像革命，勾連革命與個體；最爲重要的，還是這種模式產生了怎樣「異質」的東西而爲左翼文壇所不容。

郭沫若在《〈創造十年〉續編》中對蔣光慈做了如許評價：「古人每愛說『文如其人』，然如像光慈的爲人與其文章之相似，在我的經驗上，卻是很少見的。凡是沒有見過光慈的人，只要讀過他的文章，你可以安心地把你從他的文章中所得的印象，來作爲他的人格的肖像。」﹝註 29﹞確實如此，蔣光慈

﹝註 27﹞ 石厚生（成仿吾）：《革命文學的展望》，《我們月刊》第 1 期，1928 年 5 月 20 日。
﹝註 28﹞ 成仿吾：《從文學革命到革命文學》，《創造月刊》第 1 卷第 9 期，1928 年 2 月 1 日。
﹝註 29﹞ 郭沫若：《〈創造十年〉續編》，北新書局 1938 年版，第 143 頁。

的創作風格與他本人的性格氣質密切相連，他富於激情，耽於想像，崇拜「拜倫式的英雄」〔註30〕，又頗有點「自大」與「不遜」。郭沫若也曾回憶蔣光慈對於「浪漫主義」的解釋：「有理想，有情熱，不滿足現狀而企圖創造出些更好的什麼的，這種精神便是浪漫主義。具有這種精神的便是浪漫派。」〔註31〕蔣光慈作品的「浪漫主義」其實就是以「我」為中心，深深打上創作主體個性和情感烙印的寫法與風格。

　　蔣光慈的小說篇篇堪稱有「我」之文。不僅僅在敘事視角上採用全知視角，使「我」參與故事，並充當置身事外的理性評判者的角色；而且常常充當蔣光慈本人生活或情感的代言人。王任叔就曾指出他的作品「主觀色彩太濃，每以篇中第三稱的人物作第一稱的述說，使讀者看去覺得個個都是篇中的主要人物」。〔註32〕《少年漂泊者》汪中「漂泊」的人生體驗及對家和愛情的渴望，《菊芬》中江霞做一個革命文學家還是拿起槍來的困惑，無不是蔣光慈自我的投影。他小說中大部分主人公可以看作他自己的化身，或者乾脆就是他真實的自我（如《弟兄夜話》中的「江霞」）。但蔣光慈將「我」置身於革命的大背景中，展現「我」情感的波瀾和內心的裂變，致使「革命」淡化為布景，「我」凸現於臺前。這自然與蔣光慈所提倡的「表現社會生活」相矛盾，其長處自不待言，為人所詬病的卻是漫溢其間的「小資產階級意識」。他的好友錢杏邨就曾經指出他的「缺陷」：「所表現的意識，不是純無產階級的，《哭訴》就不免是一個小資產階級革命者的口語，《罪人》的主人翁的心理大部分都沒有表現到最深刻的地步；仍然有小資產階級的風味。」〔註33〕無論是與自己身份相合的知識者，還是與自己身份不符的工人、農民，都帶上了蔣自己的意識特徵。這自然與他自身的文學修養有關，但也與他輕視「階級意識」的表現不無關係。不表現「無產階級的階級意識」的作品怎能算是無

〔註30〕蔣光慈早年曾自號「俠僧」、「俠生」，自言「幼時愛讀游俠的故事」。關於革命志士的「游俠」心態可參見陳平原《中國現代學術之建立——以章太炎、胡適之為中心》第七章「晚清志士的游俠心態」，北京大學出版社 1998 年版，第 210～238 頁；關於共產革命者對自我的英雄式想像，Hung-Yok Ip 有細緻的研究，參見其 *Intellectuals in Revolutionary China（1921~1949）: leaders, heroes and sophisticates*, Routledge Curzon, 2005, pp.87-143.

〔註31〕郭沫若著：《〈創造十年〉續編》，北新書局 1938 年版，第 145 頁。

〔註32〕王任叔：《評〈短褲黨〉》，原載《生路》月刊第 1 卷第 1 期，見方銘編：《蔣光慈研究資料》，寧夏人民出版社 1983 年版，第 315 頁。

〔註33〕錢杏邨著：《現代中國文學作家》（第 1 卷），泰東圖書局 1928 年版，第 185 頁。

產階級文學呢？無怪乎有人指出：「……我們批評一個作家，並不是只看技巧的優美，應當注重作品中所反映的階級意識，技巧與題材，是由階級意識所決定的。光慈文學的功過，不在技巧上，而是在他描寫的對象，大半是帶有小資產階級的行動，不是普羅階級的生活，所以他的成功，只作了普羅文學的先驅。」〔註34〕

　　蔣光慈的小說又帶有強烈的主觀色彩和濃鬱的情感氣息。這與他採用「我」的視角敘事有關，但起決定作用的還是他的性格因素。他「感情太重」的性格使他的創作常常不知含蓄，由之滑入主觀的泥淖，無意識地流露出「錯誤」的傾向。《麗莎的哀怨》就為此而備受褒貶。以一個俄羅斯貴族婦人麗莎為視角，蔣光慈讓其自述她在十月革命的洪流中被迫逃離故土，來到上海，迫於生活壓力淪為娼妓，最終染上梅毒，進而對愛情和生活徹底絕望，終至自殺的悲慘經歷。用蔣光慈自己的話來說，這確實是一個「很大膽的嘗試」。〔註35〕他的大膽，不僅在於選擇了一個敏感的表現對象，更在於讓這個對象自我展示其心路歷程。《麗莎的哀怨》將蔣光慈善於抒情的特質展露無遺，馮憲章評價道：「當我們讀《麗莎的哀怨》的時候，卻宛如讀一首抒情的長詩，是那樣的纏綿，是那樣的健麗！……與其說《麗莎的哀怨》是一部小說，無寧說它是一部散文的詩，詩的散文。」〔註36〕但讓一個女人自述其悲慘經歷，不可能不帶上自傷自憐的味道。即便蔣光慈本意可能並非如此，而且也做了情節上的安排，但當他陷入敘事的邏輯和情感的洪流，對於這樣一個不能主宰自己命運而又不是自甘墮落的女性，將她生活和心理的細節徐徐展開的時候，人類共通性的情感超越了階級關係，不可抑制的憐憫自會油然而生。對俄羅斯落魄貴族的憐憫無疑是一種危險的情感，它將暴露作者內心隱秘的階級立場，進而顛覆整個文本的敘事指向。華漢對馮憲章的讚賞頗不以為然，他發現了文本中潛藏的微妙的情感轉變，指出其「可怕」的後果：「因此《麗莎的哀怨》的效果，只能激起讀者對於俄國貴族的沒落的同情，只能挑撥起讀者由此同情而生的對於『十月革命』的憤感，就退一步來說吧，即使讀者不發生憤感，也要產生人類因階級鬥爭所帶來的災害的可怕之虛無主義的信

〔註34〕賀凱編著：《中國文學史綱要》，斌興印書局 1933 年版，第 358 頁。著重號為原文所有。

〔註35〕光慈：《〈新流月報〉第一期編後》，《新流月報》第 1 期，1929 年 3 月 1 日。

〔註36〕馮憲章：《〈麗莎的哀怨〉與〈衝出雲圍的月亮〉》，《拓荒者》第 1 卷第 3 期，1930 年 3 月 10 日。

念。」〔註 37〕實際上，若蔣光慈打破敘事的邏輯，置身故事之外，這種後果也不是不能避免。但這樣有違蔣光慈的文學追求，他從未想過單單爲了革命宣傳去「製造」藝術，他的「革命文學家」的獨立立場使他不得不按照故事本身的脈絡去敘述，對他「標語化」、「口號化」的批評已經夠多了。

蔣光慈將自我意識注入文本，使文中人物受到他思想和情感驅遣，性格與作風或多或少、或隱或顯都帶上了蔣光慈的個體特徵。他小說中的主人公，常常是一個自足的存在，很少受外在的觀念或理念的束縛，呈現出個人主義與英雄主義的風貌。《菊芬》中菊芬的刺殺行動，完全出於自我的決定；《最後的微笑》中阿貴的復仇舉動，帶有強烈的英雄色彩；即便是「描寫群像」的《短褲黨》，應該聽從指揮的邢翠英爲丈夫李金貴的死卻也走上了極端的個人復仇之路；《衝出雲圍的月亮》中的王曼英，行動與思想完全是個人的，即使受到革命者李尙志的感召，走向了工人群眾，獲得了新生，但外在的力量並不起決定作用。王曼英的轉變實際上仍舊是自我救贖。正如錢杏邨指出的：「就是他的創作裏的人物，個人的行動很浪漫，往往的不受指揮，短褲黨最犯這個毛病。菊芬次之，……」〔註 38〕蔣光慈小說中人物的「革命」動機往往出於個人仇怨，行動也是個人化的，帶有幾分「江湖氣」，他的「革命文學」就因此而受到創造社的否定：「又如他們的作品裏的主人翁，往往只是小資產階級的革命領袖的活動，而且情緒方面，有時竟好像某某大報所鼓吹的『俠義的革命精神』一樣，無產階級的文學應該這樣的麼？」〔註 39〕蔣光慈並非不知道「集體主義」的重要，他在《關於革命文學》中批評「舊式的作家……成爲了個人主義者，……他們以個人爲創作中心，以個人生活爲描寫目標，而忽視了群眾的生活。他們心目中只知道有英雄，而不知道有群眾，只知道有個人，而不知道有集體」。而「革命文學應當是反個人主義的文學，它的主人翁應當是群眾，而不是個人；它的傾向應當是集體主義，而不是個人主義。……以英雄主義爲中心的作品，也不能算做革命文學。在革命的作品中，當然也有英雄，也有很可貴的個性，但他們只是群眾的服務者，而不是社會生活的中心。」〔註 40〕而且蔣光慈也曾爲「集體主義」傾

〔註 37〕 華漢：《讀了馮憲章的批評以後》，《拓荒者》第 1 卷 4、5 期合刊，1930 年 5 月 10 日。

〔註 38〕 錢杏邨著：《現代中國文學作家》（第 1 卷），泰東圖書局 1928 年版，第 185 頁。

〔註 39〕 鍾員：《普羅列搭利亞特意識問題》，《文化批判》第 3 號，1928 年 3 月 15 日。

〔註 40〕 蔣光慈：《關於革命文學》，《太陽月刊》2 月號，1928 年 2 月 1 日。

向努力過，但遺憾的是，他似乎總是難以克制自己的個體意識，《短褲黨》如此，《衝出雲圍的月亮》也是如此。錢杏邨也爲此而「相當的遺憾」：「……曼英對於革命的認識是從英雄主義的個人主義轉變到集體主義，關於曼英的集體化的意識，蔣光慈君沒有把它充分的指出。」〔註 41〕劉劍梅更指出了此間所存在的悖論：「無論是在實際生活還是在小說中，他都不願個體的存在附屬於群眾運動，這種不情願與他致力於促進群眾運動的意圖相牴觸。」〔註 42〕與此相關，蔣光慈還需要面對的一個悖論是人物塑造的問題。既然革命文學要表現出「集體主義」傾向，反對「個人主義」，那是否意味著小說不再致力於個人的描寫，而著重於「群像」的塑造？《短褲黨》就在此方面做了嘗試，但被王任叔批評爲「沒有特別側重的人物」，「缺少個性的描寫」。〔註 43〕錢杏邨卻說王任叔的指責是因爲頭腦裏有「英雄主義」的思想，「作者所希望的革命，仍然是英雄主義的革命，說不上什麼爲民眾，爲壓迫階級」，我們現在需要的不是「側重一個人物」的革命，而是群眾的革命。「像《短褲黨》這樣以群眾爲主體的小說，就是我們祈求而難以得到的小說。」〔註 44〕而對於《衝出雲圍的月亮》中的李尙志，錢杏邨卻說：「……是足以作爲當時的典型人物李尙志，（當然，他是沒有完全成長的新型）蔣光慈君描寫他是不很著力的，這樣的尖端的人物，新寫實主義作家應該特別的加以注意。」〔註 45〕致力於描寫「群眾的革命」，就會忽視「個性的描寫」；而著力描寫「典型人物」，又很可能落入「英雄主義」、「個人主義」的陷阱。這個難題不惟蔣光慈難以破解，他以後的革命作家一樣爲此犯難。但他們是幸運的，在他們的時代，描寫「英雄人物」反而成了具有壓制性的文學主流。

　　高利克如此評價蔣光慈對革命的認識：「蔣光慈從未親歷實際的革命。正是這點規定了他批評文章的形式，並在一定程度上決定了他的創作風貌。在其創作中，他顯得較爲嚴謹，但是在他的關於文學的理論思考中，他的想像

〔註 41〕錢杏邨：《創作月評》，《拓荒者》第 1 卷第 2 期，1930 年 2 月 10 日。

〔註 42〕Jianmei Liu. *Revolution Plus Love: Literary History, Women's Bodies, and Thematic Repetition in Twentieth-Century Chinese Fiction*, Honolulu: University of Hawai'i Press, 2003, p.51.

〔註 43〕王任叔：《評〈短褲黨〉》，原載《生路》月刊第 1 卷第 1 期，載方銘編《蔣光慈研究資料》，寧夏人民出版社 1983 年版，第 315 頁。

〔註 44〕錢杏邨：《關於〈評短褲黨〉──讀王任叔〈評短褲黨〉以後》，《太陽月刊》2 月號，1928 年 2 月 1 日。

〔註 45〕錢杏邨：《創作月評》，《拓荒者》第 1 卷第 2 期，1930 年 2 月 10 日。

佔據了支配權，以至於他對革命的想像如此主觀、與現實格格不入，不能被視為是馬克思主義的概念。」〔註46〕實際上，蔣光慈因未親歷革命而對革命產生的隔膜在其創作中也異常明顯。他小說中的「革命」，大多來自主觀想像，而不是來自深刻的生命體驗。他對「革命文學家」的身份定位限制了他對革命的理解，致使他看不到革命內部風雲詭譎的變幻，革命鬥爭的複雜性、艱苦性，以及革命所展現出的前所未有的秩序顛覆和生存狀態的大變動。他描繪「革命」，多從個人的視角出發，將革命納入個體認知與情感的樊籬，「革命」事實上成了附屬品。他最後的作品《咆哮了的土地》〔註47〕，雖然想極力表現出「革命性」，正面去展示農民運動，將男女之愛壓抑在革命話語之下，但其「革命」仍舊失之簡單與主觀。一個極端的例子是夏濟安指出的，為了突出小說的「革命性」，蔣光慈讓李傑通過同意燒死自己的母親和妹妹來完成其革命者的形象，雖然他也經過了內心痛苦的抉擇，但這樣的結果會使「他的同志們可能對（李傑的）個人困難並不感興趣，卻為他所表現的『歪曲的革命』感到驚恐。如果燒死自己的母親和妹妹是加入革命的代價，蔣的作品當然會產生惡劣的影響。」〔註48〕這無異於弄巧成拙。無怪乎郁達夫會說他不是「一個真正的普羅作家」，「我總覺得光慈的作品，還不是真正的普羅文學，他的那種空想的無產階級的描寫，是不能使一般要求寫實的新文學的讀者滿意的。」〔註49〕

「革命＋戀愛」模式對蔣光慈是極富魅力的模式，這個模式把他的政治責任與個體需要合二為一；或者還不止這些，商業利益的追求也在為這個模式的泛濫推波助瀾。但無論怎樣，蔣光慈將這個模式發揚光大，就得為此承擔責任。在這個模式中，他對愛情的癡迷似乎比對革命的癡迷更甚，對「革命」行為起主導作用的，常常是「愛情」的動機。革命提供給蔣光慈的，是實現個體追求的舞臺；他將革命與戀愛雜糅在一起，實際上將革命美化了。儘管小說中人物往往最終傾向於選擇革命者作為自己的愛人，如《野祭》中

〔註46〕 Marián Gálik, *The Genesis of Modern Chinese Literary Criticism*（1917~1930）, Curzon Press, 1980, p.149.

〔註47〕 《咆哮了的土地》一開始在《拓荒者》連載，但未及登完《拓荒者》就被迫停刊。蔣光慈死後改題為《田野的風》，由湖風書局1932年4月出版。

〔註48〕 Tsi-an Hsia, *The Gate of Darkness: studies on the Leftist Literary Movement in china*, University of Washington Press, 1968, p.90.

〔註49〕 郁達夫：《光慈的晚年》，《現代》第3卷第1期，1933年5月。

陳季俠對沒有選擇章淑君的悔恨,《衝出雲圍的月亮》中王曼英最終投入了堅定的革命者李尚志的懷抱;但令人難以判斷的是,無論是第一次受柳遇秋的感召而投身革命,還是這次在李尚志影響下重歸革命陣線──這種選擇究竟是出於戀愛的動機還是革命的動機,是出於對革命的嚮往還是爲了塡補戀情的空白?華漢對此批判道:「……曼英的轉變,完完全全是以他的愛人李尚志爲前提條件,她爲了『要領受他的愛』,所以不能不到工人群眾中去『改造一下自己的生活』,然後才好來見她的愛人──李尚志的。我們試設想,假如沒有李尚志其人,曼英的轉變恐怕要成問題吧。」〔註50〕但華漢可能沒有想過,曼英爲何要拒絕柳遇秋的追求而單單領受李尚志的愛?難道不是因爲李尚志是革命者?李尚志實際上是作爲革命符號而不是作爲愛情符號存在的,他對王曼英的吸引,源自他作爲革命者的優良品質。看來問題的關鍵是:爲什麼非要寫愛情?在蘇汶看來,「戀愛這成分在新興文學中是最容易發生危險的,一件極端感情的東西,從這個上發出的好的意志,往往不過是建築在沙堆上的宮殿。爲了這個原故,戀愛故事便常會破壞了一件好的新興文學作品」,而王曼英「……雖然經過了許多轉變,曼英之所以爲曼英卻依然如舊──還是一個爲戀愛所左右的女性罷了。」〔註51〕因此,即便蔣光慈的「革命+戀愛」模式通過愛情選擇來表現革命和革命者的魅力,但將表現的重心幾乎完全落在對愛情的描繪上模糊了他的動機。而拋卻對愛情的追逐,獻身於革命事業,爲將來的幸福而犧牲當下的個人享樂,才是共產革命者的正途。但蔣光慈似乎對此充耳不聞,夏濟安指出了蔣光慈執著於愛情表現的原因:「他堅持將『愛情』包涵在他的革命作品中是爲了滿足他自己的情感需要。」〔註52〕王德威更指出這種題材本身的特性:「如果『新寫實主義』指的是作家必須捨棄個人才情,迎合普羅大眾的需要,或者將歷史的偶然等同於歷史的必然,那麼蔣光慈的作品幾乎與他的理論背道而馳。因爲他所寫的都是浪漫愛情故事,而這些題材本身強調的就是自我表達、創造的能力,以及內爍的自主權。」〔註53〕這種從自我需要的個體性立場來渲染愛情、

〔註50〕 華漢:《讀了馮憲章的批評以後》,《拓荒者》第 1 卷第 4、5 期合刊,1930 年 5 月 10 日。

〔註51〕 蘇汶:《〈衝出雲圍的月亮〉》,《新文藝》第 2 卷第 1 號,1930 年 3 月 15 日。

〔註52〕 Tsi-an Hsia., *The Gate of Darkness: studies on the Leftist Literary Movement in china*, University of Washington Press, 1968, p.90.

〔註53〕 〔美〕王德威:《歷史與怪獸──歷史,暴力,敘事》,臺北麥田出版社 2004

書寫革命，必然會遭到來自革命文學陣營內部的否定與批判，《咆哮了的土地》中李傑與毛姑、何月素之間三角戀情的隱而不彰就是蔣光慈對此做出的回應。

三、無力的抗爭：在「革命」的夾擊中

蔣光慈站在個人立場融彙文學與革命，確立並肯定自己「革命文學家」的身份與價值，從自我需要出發想像並書寫革命，這種個體性的革命話語生產除了招致一些藝術性上的批評外，並沒有對蔣光慈的生活產生任何影響。但自 1928 年始，變化開始發生了。

1928 年是中國現代文壇大轉折與大變動的一年。大革命失敗後中國現代作家的聚散重組引起了文壇的劇烈變動，也引發了文化權力的再分配和文人之間文化資本的爭奪。自 1928 年始，革命話語已經成為現代文壇競相爭奪與利用的文化資本，「轉換方向」，書寫革命，提倡革命文學成了文壇的主流風尚。創造社、太陽社等一批文壇的新生力量之所以能霸氣十足地展開對魯迅等文壇名宿的劇烈批判，就在於他們掌握了新的話語工具，這種新的話語就是革命話語，「革命文學」實際上是它的載體。文學與革命的聯姻是時代的產物，革命話語的能量與權力是時代所賦予的。在這種語境中，作為革命文學的早期提倡者與實踐者，1928 年的蔣光慈已今非昔比，他開辦了《太陽月刊》，組織了「太陽社」，儼然成了「革命文學」的一代宗師。創造社李初梨等人對他的「革命文學」的正統性的質疑就從反面印證了他在革命文壇中的地位。郁達夫對此變化深有體會：「在一九二七年的前後，革命文學普羅文學，還沒有現在那麼的流行，因而光赤的作風，大為一般人所不滿，他出了那兩冊書後，文壇上竟一點影響也沒有，……在一九二八，一九二九以後，普羅文學就執了中國文壇的牛耳，光赤的讀者崇拜者，也在這兩年裏突然增加了起來。」〔註54〕文壇地位的提升意味著蔣光慈的革命話語生產的影響力的擴大。

革命話語作為一種特殊的政治話語，它以「主義」話語為理論依託，主要功能是為政治共同體提供合法性論證，並為政治共同體實現奪取政權征集並整合社會資源。一方面，革命話語為政治共同體謀求合法性；而另一方面，政治共同體也為革命話語的生產提供政治支持，使革命話語的生產「主流

<hr />

年版，第 49 頁。
〔註54〕郁達夫：《光慈的晚年》，《現代》第 3 卷第 1 期，1933 年 5 月。

化」，從而獲得政治上的正當性。「作為一種政治實踐的話語，不僅僅是權力鬥爭的場所，而且也是權力鬥爭的一個至關重要的一個方面。」〔註55〕這樣，政治共同體必然在革命話語的生產領域展開激烈的鬥爭。而作為政黨意識形態滲透方式的宣傳就是以革命話語為主要內容的，革命話語的爭奪定會引發對宣傳工作的極端重視。當文學被理解為革命話語的生產方式，其「革命性」就會得到張揚，「文學性」就會受到壓制甚至被取消，宣傳意義上的「標語化」、「口號化」的文學樣式必然流行起來。在革命話語生產的意義上，「文學」與「宣傳」並沒有太大不同。文學的「宣傳化」是黨際鬥爭的必然結果；可以說，在黨際鬥爭激烈的政治文化語境中，只有在宣傳意義上存在的「文學」才有其合理性與存在的價值。

因此，同樣以「革命」的名義，國共兩黨在文化領域展開了激烈的競逐。政黨介入文壇紛爭的主要原因就是出於對革命話語生產的重視，這意味著，文化領域中的革命話語生產已經開始受到政治權力的干涉與控制；這對中國現代文學的發展意義非凡、影響深遠。國共兩黨都表現出對宣傳工作的極端重視。要提高「宣傳工作」的效能，就必須將「宣傳工作」組織化、統一化，不容許有個人化的異質聲音存在。正如福柯所言：「在每一個社會中，話語的生產都會根據一定數量的程序而被迅速控制、選擇、組織和再分配。這些程序的功能就在於消除它的權力和危險，處理偶發事件，躲避它沉重而可怕的物質性。」〔註56〕作為革命話語生產方式的「宣傳」包括「文學宣傳」，尤其要受到政治共同體的嚴格控制。一方面國民黨依靠其國家機器，不斷審查、查禁革命刊物和革命書籍，查封出版此類書刊的書店，妄圖扼殺異質性的革命話語生產；另一方面，革命文學的刊物也不斷改頭換面，禁而又出。在嚴峻的政治鬥爭形勢下，中国共產黨不斷強調黨的「組織紀律」：「組織嚴密與鐵的紀律，這是布爾塞維克黨的組織的最基本原則。尤其當尖銳的階級鬥爭的時代，成為加強黨的戰鬥力，鞏固黨的組織的重要原則。如此，才能排斥一切不正確傾向，鞏固黨的一致性，動員全黨為黨工作。」〔註57〕將「組織

〔註55〕〔英〕諾曼·費爾克拉夫：《話語與社會變遷》，殷曉蓉譯，華夏出版社 2003年版，第 62 頁。

〔註56〕Michel Foucault. *The Archaeology of Knowledge and The Discourse on Language*, Trans by A .M. Sheridan Smith, Pantheon Books, 1972, p.216.

〔註57〕《目前政治形勢與黨的組織任務》（1930 年 7 月 22 日全國組織會議通過），載中央檔案館編《中共中央文件選集》（第 6 冊），中共中央黨校出版社 1983 年

嚴密與鐵的紀律」視爲「鞏固黨的組織的重要原則」，目的是爲了集中力量，增強戰鬥性。當這種組織原則應用於宣傳時，就只能容許「一種聲音」的存在。

在黨際鬥爭的政治文化視域中來審視蔣光慈個體性的革命話語生產，就會發現，在激烈的政治鬥爭和革命話語權力的爭奪中，個體性的革命話語生產影響越大，就越是面臨著被「組織化」、「整一化」的命運。因爲，個體性革命話語是從自我的立場言說革命，它爲政治共同體的革命言說提供了一個相對甚至是相反的視角；尤其是政治共同體內部的個體性革命話語生產，若是堅守自己的立場，就必然會成爲一種對抗性的力量，渙散其戰鬥能力，甚而威脅到政治共同體的生存。

對政治共同體而言，影響甚廣的蔣光慈的個體性革命言說無論在理論層面還是在實踐上都包涵著許多「危險」的元素。在國民黨看來，蔣光慈「宣傳共產主義及階級鬥爭」、「宣傳階級鬥爭，煽惑暴動」〔註58〕，因此陸續將他的作品全部查禁，「他是編、著、譯被反動派查禁最多的現代作家之一」。〔註59〕而在共產黨看來，想做「革命文學家」的共產黨員蔣光慈，他的「革命文學」在宣傳上不僅不能滿足目前形勢的需要，反而產生了有害的影響；在組織原則上，蔣光慈堅守「革命文學家」的立場，不去參與「實際鬥爭的生活」，已經喪失了「革命性」，必定難爲組織所容納。

《麗莎的哀怨》將蔣光慈革命言說的個體性發揮到了極致，源自個體生命而不是階級意識的情感引發了共產黨黨內人士的強烈不滿，馮憲章對它無原則的讚揚反而加重了這種不滿，華漢對此十分憤慨：「《麗莎的哀怨》，對於我的感印，卻絕對不像憲章所說的那樣。它，不僅不是一部什麼××主義ABC，倒反而是一部反××主義的ABC，不僅不是一種有力的形式，倒反而是一種含有非常危險的毒素的形式！」〔註60〕對《麗莎的哀怨》的批判在蔣光慈的生命中無疑是一樁標誌性事件，它顯示出共產黨對蔣光慈這種個體性

版，第 158 頁。
〔註58〕《國民黨中執會檢送〈查禁刊物表〉〈共產黨刊物化名表〉致國民政府函》，國民政府檔案，見中國第二歷史檔案館編：《中華民國史檔案資料彙編》第五輯第一編文化（一），江蘇古籍出版社 1994 年版，第 211 頁。
〔註59〕倪墨炎：《現代文壇災禍錄》，上海書店出版社 1996 年版，第 142 頁。
〔註60〕華漢：《讀了馮憲章的批評以後》，《拓荒者》第 1 卷第 4、5 期合刊，1930 年 5 月 10 日。

的革命話語生產的難以容忍，在 1930 年 10 月 20 日《紅旗日報》刊登的《沒落的小資產階級蔣光赤被共產黨開除黨籍》的通告中，對《麗莎的哀怨》做出了這樣的評價：「《麗莎的哀怨》，安全從小資產階級的意識出發，來分析白俄，充分反映了白俄沒落的悲哀，貪圖幾個版稅，依然讓書店繼續出版，給讀者的印象是同情白俄反革命後的哀怨，代白俄訴苦，污蔑蘇聯無產階級的統治。經黨指出他的錯誤，叫他停止出版，他延不執行……」〔註 61〕蔣光慈對這樣的評價並不能理解，他覺得他深受誤解，陷入了痛苦之中，「藝術家的作品就是藝術家的生命，如果他的作品的真價被人所誤沽了，或者竟爲人所完全不瞭解，那他該是多末苦痛呵！」〔註 62〕他似乎覺得自己對「革命文學」的「藝術性」追求並無不可，爲什麼「革命文學」非要做「留聲機」？爲什麼「革命文學家」不能有一定的文學追求？他用列寧來爲自己鳴不平：「Lenin 的案頭時常放著 Pushkin，Nekrasov，Tolstoy 等人的作品，這是很奇怪的事情嗎？不，這並不足奇，偉大的社會改造者，不但要在藝術中找出社會學的資料，而且要在藝術中得著美學的感覺，以豐富自己的精神的生活。如果有些人以爲讀了點文學書，就無異於是反革命，那我們又將如何來批評 Lenin 呢？」〔註 63〕但同志與組織的批判又不能不在意，他開始收斂自己的個人作風〔註 64〕，由此陷入了寫作上的焦慮：「今天所寫的一節，真是太把我難爲住了：又要顧及讀者，又要顧及自己的藝術，又要顧及許多別的……我想，就使有一個很大的天才，在現在的中國社會環境之中，也不能將這一節寫好呵。唉，苦痛呵，苦痛……！」〔註 65〕由此可見，政治共同體中對個體性革命話語生產的堅持何其艱難。除了政治上的壓力外，來自個體心靈的自我否定就可能使個體性的革命話語生產歸於失敗，個體的「主義」信仰和對組織的依賴會很容易使其放棄個人立場而服膺於集體德性，蔣光慈的個性真是太「強固」了。

〔註 61〕 《沒落的小資產階級蔣光赤被共產黨開除黨籍》，《紅旗日報》，1930 年 10 月 20 日。載方銘編《蔣光慈研究資料》，寧夏人民出版社 1983 年版，第 183 頁。

〔註 62〕 蔣光慈：《異邦與故國》，現代書局 1930 年版，第 75 頁。本書爲蔣光慈旅居日本時的日記，部分曾以《東京之旅》爲題刊於《拓荒者》第 1 卷第 1 期。

〔註 63〕 蔣光慈：《異邦與故國》，現代書局 1930 年版，第 127 頁。

〔註 64〕 1929 年 6 月，蔣光慈將《新夢》《哀中國》中個人化色彩太濃，表達內心苦悶與頹廢的詩作刪去，合爲一冊，改題《戰鼓》，由北新書局印行。

〔註 65〕 蔣光慈著：《異邦與故國》，現代書局，1930 年版，第 88 頁。

　　1930 年 6 月 11 日，中国共產黨政治局會議通過了有名的「立三路線」。在「立三路線」的指引下，黨的文化工作者雖然面臨著國民黨政治上的高壓政策，隨時會有生命危險；但仍然被命令到街頭散發、張貼傳單，參加飛行集會，爲新的革命高潮而做「宣傳煽動工作」。他們雖滿腹牢騷，卻迫於日益嚴密的組織原則的約束和「反革命」的質疑而不得不服從。〔註 66〕既然蔣光慈認定自己從事「革命文學」創作和從事實際革命工作並無二致，那他就沒有必要走向街頭，「不過是暴露了自己，沒有意思」〔註 67〕，革命者爲什麼不能有安定的生活？蔣的這種對抗仍舊是出於個體的立場。但這樣的舉動在黨看來是一種「懼怕犧牲，躲避艱苦工作」的「最後的小資產階級最可恥的行爲」，蔣光慈就成了「要堅決肅清的」，「投機取巧」的，「畏縮動搖的分子」。〔註 68〕除了以革命的名義徵用個體的身體外，政治共同體還會侵奪個體的生存空間和日常生活。面對要佔用他的房間開會的要求；以及要他停止寫作、到無產階級大眾中去鍛鍊的命令，蔣光慈堅決拒絕，他強調自己的身份定位：「黨組織說我寫作不算工作，要我到南京路上去暴動才算工作，其實我的工作就是寫作。」在黨員的身份與「革命文學家」的身份之間，他更傾向於後者：「既然說我寫作不算革命工作，我退黨！」〔註 69〕在蔣光慈心中，退黨並不意味著對黨的不忠，更不意味著退出革命，他堅信自己的選擇：「我沒有什麼，我做學者好了，我對黨一向忠誠的。」〔註 70〕這話固然有些憤激，但亦反映出蔣光慈對自己的「革命文學」價值的自信和「革命文學家」身份認同的堅持。

　　1931 年 8 月 31 日，蔣光慈在「身心交病」中逝去。除了身體和精神上的苦痛外，國民黨對他作品的查禁切斷了他所有的經濟來源，他生命的最後時光至爲凄苦，他在離世前大喊：「痛苦啊！痛苦啊！人間所有的痛苦，都在我身上！」〔註 71〕

〔註 66〕夏衍的《懶尋舊夢錄》對這種情況有較爲詳細的描述，參見夏衍：《懶尋舊夢錄》，生活・讀書・新知三聯書店 1985 年版，第 178～183 頁。

〔註 67〕吳似鴻回憶說錢杏邨來通知蔣光慈去南京路參加集會，蔣光慈說了這番話。見吳似鴻、傅建祥整理：《我與蔣光慈》，廣西教育出版社 1992 年版，第 77 頁。

〔註 68〕《沒落的小資產階級蔣光赤被共產黨開除黨籍》，《紅旗日報》，1930 年 10 月 20 日。載方銘編《蔣光慈研究資料》，寧夏人民出版社 1983 年版，第 182～183 頁。

〔註 69〕吳似鴻、傅建祥整理：《我與蔣光慈》，廣西教育出版社 1992 年版，第 77～78 頁。

〔註 70〕吳似鴻、傅建祥整理：《我與蔣光慈》，廣西教育出版社 1992 年版，第 79 頁。

〔註 71〕吳似鴻、傅建祥整理：《我與蔣光慈》，廣西教育出版社 1992 年版，第 110 頁。

蔣光慈的「痛苦」折射出個體性在革命中的生存困境，也揭示出個體性革命話語生產在革命年代的悲劇命運。個體對革命的言說權和闡釋權注定了要被政治共同體控制與剝奪，「蔣光慈現象」就這樣宣告了書寫革命的個體行為的永恆失敗。可問題是：個體性革命話語生產顯示了歷史個體對革命的理解與接受，為中國現代文學營構、認識革命歷史圖景提供了別一種視角，展現了歷史的多樣性與複雜性；另一方面，書寫革命的個體立場在一定程度上承續並堅持了五四文學的「個人」觀念和審美追求，它豐富了中國現代文學的思想內涵，有助於提升其審美品格。個體性革命話語在歷史與文學中的消弭，使歷史與文學趨於單一化與平面化，其思想、文化境界也收縮、沈降，由此而走向黯淡。

第二節　革命與性別奴役：女作家的革命話語生產

與諸多男性作家的革命「轉向」不同，女作家由對情愛話語的熱衷轉向革命話語生產是其追求更深層次解放的必然結果。對於這些走出家庭的「娜拉」而言，封建父權、夫權的鉗制並未消除；她們奮力追求的所謂自主的愛情也沒有使她們得到徹底解放，反而在物質世界的欲望法則、金錢法則的侵蝕之下，成了一張新的束縛她們、奴役她們的大網。從家庭革命走向社會革命，顯現出的是諸多女作家反思愛情進而走向與外部世界相對抗的心路歷程。現代女作家的革命話語從謀求女性獨立自主出發，經歷了一個「去女性化」與反抗新的性別奴役纏繞相伴的歷史過程。前者以女性自我的異化和喪失為代價來換取革命權利，使女性的「革命話語」不斷向男性話語靠攏，失去了自身的特性；後者在政治權力的整合與改造中也彙入了革命話語大生產的滾滾洪流。女性特有的革命體驗終於消失在中國現代文學中。女作家革命話語生產的特性與命運，揭示了革命與女性解放之間複雜而深刻的悖論關係；也說明了中國婦女的解放，尤其是性別意義上的解放，遠遠不是革命所能完成的。

一、精神危機：被腐蝕的「愛情」

丁玲、白薇等女作家的早期文本中漫溢著感傷、迷惘的情緒，女主人公或者陷入「愛網」不能自拔，或者在物質世界和欲望世界中沉淪，或者走向

自我毀滅之路，被紅塵俗世放逐、吞沒。其原因一方面在於她們將愛情視作目的將之等同於幸福本身，失去了主體性。一旦愛情的迷夢破碎，她們便失去了人生的意義與歸宿。另一方面，在男性所主宰的物質世界中，女性要麼淪為欲望的對象，要麼被當作物質籌碼用於交換，被欲望腐蝕的「愛情」已不能給女性帶來解放。這種被支配的不自主狀態，是女作家探尋婦女解放之路中遭遇精神危機的徵兆。

伴隨著「五四」個性解放的呼聲，對自由、自主的愛情的追求逐漸成為一股不可逆轉的時代潮流。廣大青年從封建家庭的羅網中沖決而出，在自築的愛巢中流連、沉醉。愛情的意義在於，它不僅使個體從舊禮教的專制中解脫出來，邁出了個性解放的第一步；也為從封建的網絡式情感關係中衝出的漂浮而孤獨的個體提供慰藉與依靠。「戀愛至上」便成了諸多青年男女的人生信條。白薇筆下的琳麗高喊道：「我這回只是為了愛生的，不但我本身是愛，恐怕我死後，我冷冰冰的那一塊青石墓碑，也只是一團晶瑩的愛。離開愛還有甚麼生命？」「生命？我還有什麼生命！女子是以愛為生命的，離愛什麼生命也沒有了。」〔註72〕這種近乎歇斯底里的對愛情的追求並沒有給琳麗帶來幸福的歸宿，當她的愛人琴瀾離世，她全部的人生意義也就隨之崩塌，只能以自戕的方式結束自己的生命。從追求個體解放出發的愛情最終卻帶來了個體的覆亡，其中意味自然值得深長思之。白薇借劇中「死神」之口說道：「別人的戀愛都是為人生而戀愛的，她的戀愛是為戀愛而戀愛的。」〔註73〕愛情只是尋求人生意義的手段而非目的，更不是人生的出路。沉溺於愛情，將之等同於生命本身，恰恰會使個體墜入被奴役的深淵，成為被愛情玩弄與操縱的對象。

白薇在她如泣如訴的自傳《悲劇生涯》中寫道：「這篇東西，是寫一個從封建勢力脫走後的『娜拉』，她的想向上，想衝出一切的重圍，想爭取自己和大眾的解放，自由，不幸她又是陷到甚麼世界，被殘酷的魔手是怎樣毀了她一切，而她還在苦難中掙扎，度著深深地想前進的長長的悲慘生活。」〔註74〕這「殘酷的魔手」除了女性自身的將愛情與個體生命合二為一的情愛觀念之外，還指涉男性社會通行的男權法則，這法則從未被質疑而潛藏在文化的深

〔註72〕白薇：《琳麗》，商務印書館 1925 年版，第 50 頁、139 頁。

〔註73〕白薇：《琳麗》，商務印書館 1925 年版，第 118 頁。

〔註74〕白薇：《悲劇生涯·序》，見《悲劇生涯》（上），文學出版社 1936 年版，第 1 頁。

處。二者本質上的相同之處在於都將女性視作被支配、被控制、被役使的客
體存在，也正是二者的合謀釀就了白薇血淚斑斑的「悲劇生涯」。肉體和精神
備受摧殘的白薇從封建家庭的魔掌中逃離，不幸又啜飲了愛情釀製的人生鴆
酒，除了自我舔舐傷口之外，她又振聾發聵地揭示出了女性「被決定」的命
運：「在這個老朽將死的社會裏，男性中心的色彩還濃厚的萬惡的社會中，女
性是沒有真相的！甚麼真相，假相，假到犧牲了女子一切的各色各相，全由
社會，環境，男人，獎譽，詆謗或謠傳，去決定她們！」〔註75〕

　　如白薇般明確而尖銳的性別立場在丁玲的《在黑暗中》〔註76〕已經內化
為人物審視世界的隱蔽的價值原則。雖然文本聚焦於人物內心世界的描繪，
但其社會意義並不因此而有絲毫銳減。相反，與白薇相比，丁玲對男性社會
物質化、欲望化的本質的揭露要更為深刻，也更為具體。「在黑暗中」這一名
稱所隱喻的，正是女性生存狀態的真相。《在黑暗中》的女主人公「完全脫離
不了一個『固定的傷感的型』，對社會表示絕望，只生活在生的乏味與死的渴
求的兩種心理之間，甚至放上一個死亡的結束……」。〔註77〕她們多處在與外
部世界的緊張關係當中，孤獨卻又渴望擺脫孤獨，不為人理解卻又期待被理
解。正是這種與他人、社會之間的關係的悖論與張力導致了女主人公內心的
深度分裂。

　　《夢珂》中的鄉村姑娘夢珂自踏入都市便開始了內心的交戰，她一方面
嚮往「自由的，坦白的，真情的，毫無虛飾的生活」；一方面又不得不按照都
市中那種虛偽矯情的方式待人接物，「當她回憶到自己的那些勉強裝出來的樣
子，做得真像是非常自然的夾在那男女中笑談著一切，不覺羞慚得把眼皮也
潤濕了」。〔註78〕儘管內心拒斥這樣的生活，但這樣的生活畢竟包圍著她。在
她熟悉了都市生活後，她也開始學著用華美的衣物來妝扮自己。但這並不意
味著她迷失了純真的天性，實際上都市社會的物質原則所改變的，僅僅是夢
珂的外表而已；對真誠的堅守使她能夠冷眼審視周圍的人和世界，正是這種

〔註75〕白薇：《悲劇生涯·序》，見《悲劇生涯》（上），文學出版社 1936 年版，第 5 頁。
〔註76〕《在黑暗中》為丁玲的第一部小說集，收丁玲發表於《小說月報》上的《夢
　　　珂》、《莎菲女士日記》、《暑假中》、《阿毛姑娘》四篇小說，由開明書店於 1928
　　　年 10 月初版。以下論述所引原文，均據《小說月報》。
〔註77〕黃英（錢杏邨）：《現代中國女作家》，北新書局 1931 年版，第 190 頁。
〔註78〕丁玲：《夢珂》，《小說月報》第 18 卷 12 號，1927 年 12 月 10 日。下文所引《夢
　　　珂》原文皆出於此，不再另行標注。

警醒使她時時處於內心的矛盾之中。但愛情美夢的破碎使夢珂被物質世界徹底吞沒。她不想成為表哥曉淞的虛偽愛情的犧牲品和欲望的對象，更不想成為曉淞和澹明之間討價還價般的商品；她可以選擇逃離姑母家擺脫這種命運，但她卻逃不脫這個物質化的世界；她要獨立，要生存，就只好去做演員；她試圖從一個深淵跳出，結果又跳入了另一個深淵。夢珂從反抗物質化、欲望化出發，其結果仍舊成了物質籌碼和欲望對象。夢珂的命運不僅僅是「一個從封建奴役走向資本主義式性別奴役的過程」和「女性從男性所有物被一步步出賣為色相商品的過程」〔註79〕，還是女性不願被奴役卻又不得不接受奴役的無奈過程，更是純真的心靈、獨立的主體意識被物質世界的欲望法則、金錢法則無情吞噬的過程。

　　莎菲女士同樣是一個內心充滿分裂與矛盾的形象，她在舊有的道德規範、本能的欲望以及物質法則這三者的支配之間左奔右突，疲憊不堪，焦慮萬分。她內心的衝突首先是舊有的道德規範與本能的欲望之間的衝突，外表「豐儀」的凌吉士使莎菲產生了情愛的衝動，她渴望凌吉士的撫愛卻又感到這欲望的罪惡，認為這是「一個正經的女人所做不出來的」〔註80〕。其次是這種出自本能的欲望與物質世界的金錢法則之間的衝突。莎菲明白，凌吉士「豐儀的裏面是躲著一個何等卑醜的靈魂」。凌吉士的卑醜在於他津津樂道於享樂原則以及「賺錢和花錢」的人生意義。金錢法則的奉行使他可以將所有的真誠與美麗包括他自己作為商品用於交換。因此，莎菲一方面「看不起他，嘲笑他，暗罵他」，另一方面又狂熱地渴望著他。舊有的道德規範難以戰勝欲望的衝動，當莎菲決定「佔有他」且即將得到之時，反而覺得他如此虛偽，果斷地拒絕了他。莎菲的決絕不僅顯示出她窺破了凌吉士試圖用甜美的誓言所掩蓋的逢場作戲的實質，還表達了對凌吉士所代表的那種虛偽做作的物質法則、欲望法則的厭惡與拒斥。她不願將自身交給欲望，「我的生命只是我自己的玩品」。與夢珂一樣，莎菲可以拒絕凌吉士，卻很難逃脫這物質世界的無形大網，她只能自我放逐，「在無人認識的地方」，「悄悄地活下來，悄悄地死去……」

〔註79〕 孟悅、戴錦華：《浮出歷史地表——現代婦女文學研究》，中國人民大學出版
　　　　社 2004 年版，第 114 頁。
〔註80〕 丁玲：《莎菲女士的日記》，《小說月報》第 19 卷第 2 號，1928 年 2 月 10 日。
　　　　下文所引《莎菲女士的日記》原文皆出於此，不再另行標注。

在《暑假中》和《阿毛姑娘》中一以貫之的，仍舊是女主人公和外部世界的對立。《暑假中》所描繪的同性情感表面上意味著對男性世界的失望和抗拒，但彌漫的感傷情調實際上又暗示著男性支配力量的無處不在﹝註81﹞；《阿毛姑娘》中的阿毛在物質欲望的支配下經歷了幻夢破碎的歷程，其生命也因夢想的破滅而消亡。﹝註82﹞

淪落或者死亡，是被支配、被奴役的女性的悲劇命運，也是受「五四」洗禮的女作家的精神危機的體現。某種程度上，這種個體反抗的失敗，爲後來清算「五四」式的個人主義提供了依據。

二、「去女性化」：另一重性別枷鎖

個人抗爭之路的晦暗前景，預示了女作家轉向的可能。一己力量的貧弱，使她們將希望寄託於革命，試圖藉助革命的集體力量摧毀奴役女性的黑暗勢力。從封建婚姻的火坑跳入愛情的泥潭，由對愛情近乎歇斯底里的追求到對革命如癡如醉的嚮往，由沉浸於革命落潮後的幻滅到重新鼓漲起革命的熱望，這不僅是白薇自傳式主人公的經歷﹝註83﹞，也是諸多女作家所走過的道路。正是背負著封建專制的魔手烙下的累累傷痕，在反抗中體驗了個體力量的無助，才使這些女作家對革命抱有了強烈的認同。

女性需要藉助革命打破身上的枷鎖，革命也同樣需要女性增光添彩。因此，女作家的革命話語生產在革命年代備受恩寵，《從軍日記》的命運就是明證。1929 年，謝冰瑩在林語堂的鼓動下，將她連載於武漢《中央日報・副刊》上的「行軍日記」﹝註84﹞結集爲《從軍日記》出版。結果受到普遍追捧，不停再版﹝註85﹞。謝冰瑩也以「女兵」形象在現代文壇一炮走紅，「……爲了這

﹝註81﹞ 丁玲：《暑假中》，《小說月報》第 19 卷第 5 號，1928 年 5 月 10 日。

﹝註82﹞ 丁玲：《阿毛姑娘》，《小說月報》第 19 卷第 7 號，1928 年 7 月 10 日。

﹝註83﹞ 參見楚洪（白薇）：《愛網》，北新書局 1930 年版。

﹝註84﹞ 在連載的文章中，日記有《行軍日記》和《行軍日記三節》，分別刊於「中副」第 61 號和第 69 號，1927 年 5 月 24 日、6 月 1 日；其餘《一個可喜而又好笑的故事》（第 62 號，5 月 25 日）、《寄自嘉魚》（第 73 號，6 月 6 日）、《說不盡的話留待下次再寫》（第 87 號，6 月 21 日）、《從峰口到新堤》（第 88 號，6 月 22 日）則是謝冰瑩寫給「中副」主編孫伏園的信。

﹝註85﹞ 《從軍日記》初版由上海春潮書局 1929 年 3 月 15 日印行，封面和扉畫由豐子愷設計，前有《編印者的話》，冰瑩的《幾句關於封面的話》和林語堂的序。正文除發表在「中副」上的六篇日記和書信外，還增加了《寫在後面》、《給 KL》

本《從軍日記》這位怪生疏的冰瑩，終於像埋在冷灰裏的一顆熟火，像在黑暗的溪畔飛著的一枚流螢般被人發現了，被人欣賞而傾倒了」。〔註86〕值得注意的是，《從軍日記》還得到了國際文壇的廣泛關注。林語堂將其中的部分譯成英文，「登英文《中央日報》，過了兩月，居然也有美國某報主筆函請英文《中央日報》多登這種文字」。〔註87〕據《讀書月刊》的「國內文壇消息」稱更有汪德耀將其譯成法文在法國出版，「法國文學家羅曼・羅蘭讀過此書後，甚為讚賞」，「德文已有夏之華在譯」，「並聞日文，俄文，世界語都有人在譯，不日即可出版」，「中國底作品在國際上得到如此的光榮底稱譽者，除了魯迅先生以外，謝女士實為第一人」。〔註88〕此語雖有些誇張，但《從軍日記》之受重視、受歡迎的程度可見一斑。

　　《從軍日記》無疑被過高評價了，這一點謝冰瑩自己很清楚：「確實的，這幾篇東西我越看越不喜歡它，越讀越覺得它沒有一點意義、一點文學的意義。沒有價值，根本就沒有發表的價值。」〔註89〕今天再讀《從軍日記》，就會發現謝冰瑩的自知之明。雖然《從軍日記》被視為「道地的革命文學」〔註90〕，但它缺乏革命場景的正面描繪和所謂的階級意識，躍動於紙上的只是一個少女鮮活而興奮的革命體驗，因此連謝冰瑩自己也反對稱它為革命文學。〔註91〕《從軍日記》的出版與熱銷，除了它的真實性與現場感之外，還與它特有的輕快、活潑、粗礪的風格有關。最為重要的，是《從軍日記》符合了革命時代特有的文化心理與審美需要。

　　兩篇文章。此書9月即再版。1932年4月由上海光明書局出第三版，封面重新設計，扉頁正面是謝冰瑩身著軍服，手拿長槍的照片；背面則是林語堂英譯和汪德耀法譯的文字圖片。去掉了《幾句關於封面的話》，增加了冰瑩的《再版的幾句話》和附錄，包括《出發前給三哥的信》、《給女同學》、《革命化的戀愛》、《〈從軍日記〉的自我批判》四篇文章。1934年10月出至第七版。不僅是《從軍日記》，謝冰瑩隨後出版的「女兵自傳」系列也不斷改版、再版，大受歡迎。

〔註86〕荔荔：《讀了〈從軍日記〉後的閒話》，見黃人影編：《當代中國女作家論》，大光書局1936年版，第80頁。

〔註87〕林語堂：《冰瑩從軍日記序》，載冰瑩女士《從軍日記》，春潮書局1929年版。

〔註88〕群：《〈從軍日記〉底榮譽》，《讀書月刊》第2卷第3期，1931年6月10日。

〔註89〕冰瑩女士：《寫在後面》，《從軍日記》，春潮書局1929年版，第54頁。

〔註90〕衣萍：《論冰瑩和她的〈從軍日記〉》，載黃人影編《當代中國女作家論》，大光書局1936版，第91頁。

〔註91〕冰瑩女士：《〈從軍日記〉的自我批判》，《從軍日記》，光明書局1932年版，第135頁。

　　可以說，《從軍日記》的最大賣點是「革命」和「女性」。《從軍日記》中的「革命」力量所向披靡，勢不可擋，所到之處風捲殘雲。「革命」明顯被一種革命崇拜心理美化了。因此，《從軍日記》通篇洋溢著歡快、樂觀的情緒、昂揚的鬥志和對暴力的傾慕。這份獨特、新奇的革命體驗既滿足了人們對革命的美好想像，也帶給他們以審美的驚奇。《從軍日記》中的「革命」是一個「女兵」眼中的「革命」，這「女兵」是「少不更事，氣概軒昂，抱著一手改造宇宙決心的女子」。〔註 92〕「『女兵』這一奇特的形象，在激發人們對新時代新女性的好奇與想像之時，也隱含了革命時代人們重新塑造和想像『新女性』的強烈期待」。〔註 93〕「新女性」的「新」並不在於她勇於走向革命戰場，而在於她的「去女性化」帶來的陽剛之氣。或許正是這一「氣概軒昂」的女兵形象引發了國際文壇的關注。

　　女兵、女革命者的形象無疑是革命話語中最特異、最亮麗的風景。在她們身上，女性的溫柔、脆弱、羞怯、細膩等性格品質幾乎蕩然無存，而強悍、粗暴、雄健、勇猛等男性品格卻被特意加以彰顯。

　　應該認識到，這種「去女性化」的形象的出現有其歷史必然性，它是女性投身革命與男性一樣獲得相應地位及相關權利的實際需要。男女關係的進化史表明，正是因爲男性代表著先進的生產力，才使得男性成爲社會的主導力量。婦女的解放只有借助男性的力量才有可能實現。女性投身革命，某種意義上就是投身男性社會。只有削弱女性特徵強化男性特徵，從穿著、言行、語言甚而心理趨同於男性，才能使自己強大起來，才能適應於暴力革命的需要。所謂的柔性、母性等女性特質只能妨害革命中的女性自身。因此，只要女性投身革命，就會被男性化；女性參與革命的程度越深，男性化的程度就越高。從這一點來看，革命的女性很難逃脫被「男性化」的命運。革命浪潮中的謝冰瑩就體會到了革命帶給她情感上的無法阻擋的影響：「可惜我的情緒不是從前那種幽美的綿綿的，而是沸騰騰的革命熱情，殺敵衝鋒的革命熱情，我再也寫不出什麼美的文章美的詩歌來了。」〔註 94〕而「左聯」五烈士之一的馮鏗則「狀貌如男子，濃眉巨眼，不喜修飾。平時雖與同志同居，但誓不

〔註 92〕林語堂：《冰瑩從軍日記序》，載冰瑩女士《從軍日記》，春潮書局 1929 年版。

〔註 93〕楊聯芬：《女性與革命——以 1927 年國民革命及其文學爲背景》，《貴州社會科學》2007 年第 10 期。

〔註 94〕冰瑩女士：《從軍日記》，春潮書局 1929 年版，第 27 頁。

生育，用各種方法免避懷孕，恐妨革命工作……」〔註95〕其他的革命女性也少有例外。

1944 年，重慶《新民報》主筆趙超構隨中外記者團參觀西北，他的通訊稿後來以「延安一月」之名結集出版。在《延安一月》中，趙特意在《共產黨員》這一篇中寫到了延安的女共產黨員：

> 所有這些「女同志」，都在極力克服自己的女兒態。聽她們討論黨國大事，侃侃而談，旁若無人，比我們男人還要認真。戀愛與結婚，雖然是免不了的事情，可是他們似乎很不願意談起。至於修飾，服裝，時髦……這些問題，更不在理會之列了。

> 有一次我曾放肆地向那邊一位 C 女士說：「你們簡直不像女人！」她反問道：「我們為什麼一定要像女人？」

> 政治生活粉碎了她們愛美的本能，作為女性特徵的羞澀嬌柔之態，也被工作上的交際來往沖淡了。因此，原始母權中心時代女性所有的粗糙面目，便逐漸在她們身上復活了。〔註96〕

革命女性的語言特點是「粗糙」，感情特點是「粗放」，行為特點是「粗暴」。這無不顯示出女性革命話語盡力向男性靠攏的傾向。《從軍日記》通篇洋溢著對革命暴力的驚歎和「陽剛之氣」；馮鏗《紅的日記》中的女紅軍試圖忘記男人女人的分別，但她粗暴的行為，口中不斷冒出的「鳥男人」、「鳥女人」、「他媽的」等字眼分明是屬於男性的，她所謂的抹平男女界線其實就是將自身男性化。〔註97〕男性化的「革命」女性在革命話語中構成了一個形象譜系，其男性化特質不斷得到加強，在「十七年」文學的革命話語中被大批量生產出來。《青春之歌》中「那個埋頭書案溫文爾雅的」王曉燕在樹立堅定的革命信仰後也變得勇敢、潑辣起來，她在眾目睽睽之下勇猛地打著國民黨特務王忠的耳光。〔註98〕是否具有男性氣質及外在特徵儼然成了衡量女性是否「革命」的重要標準之一。

這種「去女性化」一方面通過削弱、否定甚至消除女性特徵，強化男性特徵來凸顯女革命者的堅強、勇敢；另一方面將女性對外在妝扮的注重界定

〔註95〕《被難同志傳略‧馮鏗》，《前哨（文學導報）》第 1 卷第 1 期，1931 年 3 月 5 日。
〔註96〕趙超構：《共產黨員》，《延安一月》，新民報館 1946 年版，第 90 頁。
〔註97〕馮鏗：《紅的日記》，《前哨（文學導報）》第 1 卷第 1 期，1931 年 3 月 5 日。
〔註98〕楊沫：《青春之歌》，人民文學出版社 1960 年第 1 版，第 610 頁。

爲對男性欲望的迎合，並將之視爲革命的障礙而大加貶斥。女性對男性化氣質的追求不僅是革命的實際需要，也暗含著女性拒斥性別奴役、抵制異（物）化的努力。馮鏗《重新起來》中的革命女性小蘋就「憎厭這些把汗血染成的燦爛的飾物」，「她尤其痛恨那些勾住男性的手腕，豔妝濃抹的徘徊在窗飾前的時髦女子」。〔註 99〕在馮鏗看來，「眞正的新婦女是洗掉她們唇上的胭脂，舉起利刃來參進偉大的革命高潮，做成一個錚錚鏘鏘，推進時代進展的整個集團裏的一分子，烈火中的鬥士；來找求她們眞正的出路的」，那些注重外表修飾以取悅男性的「新婦女」只是「一團肉」，絲毫沒有一個「人」所需要的靈魂！〔註 100〕馮鏗的這種觀念後來在楊沫的《青春之歌》中得到了繼承和發揚。林道靜昔日的好友陳蔚如，曾經革命的白莉蘋，其「不革命」的墮落首先顯露在外表上。白莉蘋更是「眉毛描畫得幾乎要碰到鬢角」，她們最終都淪爲資產階級男性的玩物。林道靜更告誡北大「花王」李槐英：「一個人有漂亮的外形是幸福的；要是同時再有一個美麗的靈魂，那就更美了。」〔註 101〕李槐英「漂亮的外形」恰恰給她帶來了災難，在被日本軍官侮辱之後，她才走向了革命道路。

在丁玲那裡，女子美麗的外貌構成了革命的阻力。《韋護》中韋護一開始沉溺於愛情懈怠了工作，又在愛情和革命的衝突中備受煎熬，其原因就在於麗嘉的美貌、溫柔對他的強大吸引力〔註 102〕；《一九三〇年春上海（之二）》中的瑪麗雖然嬌媚動人，但革命者卻視若無物；她用了各種典型的女性招數去與革命爭奪愛人望微，但終以失敗而告終。〔註 103〕相反，《田家沖》中「穿著男人的衣裳」登場的革命者三小姐則與麗嘉和瑪麗絕不相類，她贏得了麼妹全家的喜愛。〔註 104〕《水》〔註 105〕更因拋棄了女性意識正面描寫勞苦大眾

〔註 99〕馮鏗：《重新起來》，《重新起來》，花城出版社 1986 年版，第 286 頁。

〔註 100〕馮鏗：《一團肉》，《重新起來》，花城出版社 1986 年版，第 427～428 頁。

〔註 101〕楊沫：《青春之歌》，人民文學出版社 1960 年版，第 130 頁、496 頁。

〔註 102〕丁玲：《韋護》，《小說月報》第 21 卷 1～5 號連載，1930 年 1 月 10 日～5 月 10 日。於 1930 年 9 月 15 日由上海大江書鋪出版單行本。

〔註 103〕丁玲：《一九三〇年春上海（之二）》，《小說月報》第 21 卷第 11 號～12 號連載，1930 年 11 月 10 日～12 月 10 日。後收入《一個人的誕生》，新月書店 1931 年 5 月初版。

〔註 104〕丁玲：《田家沖》，《小說月報》第 22 卷第 7 號，1931 年 7 月 10 日。後收入《水》，新中國書局 1933 年 2 月初版。

〔註 105〕丁玲：《水》，《北斗》第 1 卷第 2 期，1931 年 10 月 20 日。同收入《水》。

的覺醒與反抗而獲得了「新小說」的美譽。

女性投身革命，固然從革命中獲得了諸多權利和某種意義上的解放；但這種權利和解放又不得不以喪失女性自身的特質為代價。女性放棄自己在性別上的獨特性，否定先天給定的與男性相異的特殊性，其結果必然是丟掉自身固有的天性的美，造成從外貌到內心的異化，由之套上了新的「性別枷鎖」。這就是女革命者不得不遭遇卻又無法解決的歷史悖論。

三、自我改造：投身話語大生產的洪流

值得注意的是，革命帶給女性的性別異化既有外部的權力因素，也是女性自身認同的結果。這種新的「性別枷鎖」又往往被女性在革命中獲得的種種權利所掩蓋；因此它又是隱蔽的。當事人對此幾乎毫無察覺，甚至還為由此帶來的變化而感到驚喜。

1936 年秋，丁玲輾轉來到延安，嶄新的生活畫卷在她面前徐徐鋪開。在一封名為「游擊生活」的信裏，丁玲對這種新生活的喜愛坦露無遺：「我的起居飲食，生活習慣，自然也一洗從前的模樣了。我現在已穿上士兵的衣服，跟他們一樣地可以在壕溝裏，伏上三兩夜：不刷牙齒，不洗臉；而且你還想不到的是我還能赤足爬山。」「這種日子，過得真是有味，因為我們已負起了女人所不能負的責任。」〔註 106〕革命帶給丁玲的不僅是全新的生命體驗，也帶給身為女人的她創造一個美麗新世界的衝動與幸福，她在給朋友的信中說：「……這真偉大，每天隊伍出去，站在荒山上，可是回來時，就多成為被開墾的處女地，踏著那些翻開了的泥土，真有說不出的味。」「所以我是太滿意我的生活了……」〔註 107〕

丁玲忘情而主動地投入革命的結果是不可避免的男性化。許多見到她的人都特別注意到了這一點。朱正明（L. Insun）這樣描述他第一次見到的丁玲：「……若是我從後面望去，定會當她是個青年男子。」〔註 108〕男性化的丁玲在許多人的記憶中都是一個十分特出的景象，趙超構回憶道：「她今天的態度非常自然，一坐下，很隨便的抽起煙捲來，煙抽得很密，大口的吸進，

〔註 106〕丁玲：《游擊生活》，載天行編《丁玲在西北》，華中圖書公司 1938 年版，74～75 頁。此篇未收入《丁玲全集》，應為佚文。

〔註 107〕丁玲：《致樓適夷》，載張炯主編《丁玲全集》（第 12 卷），河北人民出版社 2001 年版，第 27 頁、29 頁。

〔註 108〕L.Insun：《丁玲在陝北》，《女戰士丁玲》，每日譯報社出版 1938 年版，第 30 頁。

大口的吐出，似乎有意顯示她的豪放氣質。」〔註 109〕這無疑滿足了毛澤東
1936 年 12 月對剛到延安不久的丁玲的性別期待：「昨天文小姐，今日武將
軍。」〔註 110〕

　　嶄新的革命生活帶給丁玲的影響是多方面的。她在《游擊生活》中寫道：
「我已有一年不曾寫作了，只在編一點講義以教這般沿途隨來的陝籍女子，
爲想他們多明白一點國家大事。」〔註 111〕創作上的停滯固然是由於工作的性
質，但最爲重要的原因還是她由此引發的情感上的變化：「感情因爲工作的關
係，變得很粗，與初來時完全兩樣，也就缺乏追述的興趣。」〔註 112〕實際的
革命生活使丁玲「擺脫了早期細膩敏感的形態和心態而顯現出強健而生機勃
勃的活力」。〔註 113〕

　　革命對女性的異化錘鍊出了新的「革命」精神。這種「革命」精神以女
性未革命前的強烈的反抗意識爲基礎，增添了堅強、剛毅、不屈不撓等新的
精神特質，尤爲重要的是以「集體主義」置換了原來個人反抗的精神內核。
但這種置換決不是一蹴而就的。從個體反抗出發的「革命」精神更多的是一
種個人品質，要將這種個人品質納入「集體」的革命軌道爲集體服務則需要
一個漫長而又艱難的過程。正如賀桂梅所分析的：『『革命』精神是很難被制
度化的，而被革命政權鼓動起來的革命熱情與革命政權本身將處於一種悖論
情境。革命的號召力在其對於現實批判的有效性，並提出一種關於生存現實
的更完美的想像；但革命政權本身卻是現實的，而且是有無數的問題存在的，
這種理想／現實、精神／體制之間的衝突，成爲革命政權必須面臨的悖
論……」〔註 114〕

　　對革命女性而言，假設她們可以忽略革命政權中「無數的問題」，惟獨不
能忽視的是女性問題。革命政權中的性別秩序往往成爲女作家關注的焦點。

〔註 109〕趙超構：《端午節訪丁玲》，《延安一月》，新民報館 1946 年版，第 133 頁。

〔註 110〕毛澤東：《臨江仙·給丁玲同志》，載中共中央文獻研究室編《毛澤東詩詞集》，
　　　　　中央文獻出版社 1996 年版，第 174 頁。

〔註 111〕丁玲：《游擊生活》，載天行編《丁玲在西北》，華中圖書公司 1938 年版，第
　　　　　75 頁。

〔註 112〕丁玲：《我怎樣來陝北的》，載張炯主編《丁玲全集》（第 5 卷），河北人民出
　　　　　版社 2001 年版，第 130～131 頁。

〔註 113〕賀桂梅：《轉折的時代——40～50 年代作家研究》，山東教育出版社 2003 年
　　　　　版，第 226 頁。

〔註 114〕賀桂梅：《轉折的時代——40～50 年代作家研究》，山東教育出版社 2003 年
　　　　　版，第 238 頁。

白薇《炸彈與征鳥》中的余玥從封建婚姻的荼毒中逃入革命的中心，美好的夢想被現實一擊而碎，女子仍舊是男子尋芳獵豔的對象，「她懷疑革命是如此的不進步嗎？革命時婦女在社會的地位，如此不自由，如此盡做男子的傀儡嗎？哼！革命！……革命！……把女權安放在馬蹄血濺下的革命！……女權是這樣渺小嗎？」〔註115〕儘管她發出了「現在誰都不能奴隸我底『個性』壓殺我底『個性』」〔註116〕的呼聲，但為了「革命」的利益，她又不得不成為革命鬥爭的工具，犧牲自己的身體向 G 部長那裡探出秘密。革命並沒有改變余玥在性別秩序中受支配、受奴役的客體地位，只不過這種「支配」掛了一種「崇高」的名目而已。盧隱的《曼麗》通過曼麗的革命經歷所展示的，是「革命」中各黨派的爭權奪利，是革命領袖的中飽私囊，是女子（蘭芬）利用「敵黨」對自己美色的貪戀來換取秘密情報。革命帶給曼麗的，不是「光大的新生命」，而是「腐朽！一切都是腐朽的……」深長悲歎。〔註117〕

這種理想與現實的衝突在丁玲身上表現得更為複雜。與白薇、盧隱等人筆下衰朽的大革命不同，延安的革命模式提供給丁玲的是令人傾慕的新奇的革命圖景和前所未有的話語生產空間。就婦女的地位而言，「在邊區，婦女的地位比中國任何地方提高了些，革命的理論是要使男女平等的，也正是在實際上人們所努力想做到的。在客觀方面，法律上，教育上，經濟上……女子是受到平等待遇的」。〔註118〕但這並不意味著，女性在性別意義上獲得了與男性平等的地位。正如陳學昭所體會到的，男女之間不顧性別差異的絕對平等又引發了新的不平等。大量的離婚悲劇在上演。而離婚往往是以女性的「落後」為理由。女性因為生育和家務的拖累又不可能不「落後」。擁有權力的「軍事老幹部」求婚時簡單粗暴、近乎強迫，離婚時又冷酷無情、蠻橫無理。「政治優位」的社會環境仍舊支持權力的擁有者享有性和婚姻的主動權、決定權。〔註119〕趙超構也指出，雖然延安的「新女性」已經「消滅」了「因依賴男人

〔註115〕白薇：《炸彈與征鳥》（1～5），《奔流》第 1 卷第 6 期，1928 年 11 月 30 日。
《炸彈與征鳥》1～26 章首先在魯迅主編的《奔流》連載，作者並未完稿。
後由北新書局於 1929 年 12 月出版單行本，單行本沒有將第 21～26 章收入。
〔註116〕白薇：《炸彈與征鳥》（21～23），《奔流》第 2 卷第 3 期，1929 年 7 月 20 日。
〔註117〕盧隱：《曼麗》，古城書社 1928 年版，第 82 頁。
〔註118〕陳學昭：《延安訪問記》，北極書店 1940 年版，第 183 頁。
〔註119〕陳學昭不無諷刺地寫道：「在邊區，對於男女平等，的確是做到了，在任何方面都平等了。」她接著敘述男性如何對待這種「平等」：「每一個過渡的浮橋上罷，大家擠著，男先生們盡力擠女子，推女子……並不需要像上海大光明

生存而產生的『太太』生活」，而「農村婦女卻依然停留在舊日的生活形態裏。共產黨人是尊重實際的，他們知道在陝北的農業環境，家庭仍然是生產的堡壘，破壞了家庭，也就妨礙到生產……現在呢，家庭仍是神聖的」。〔註120〕恩格斯在論及婦女解放時說：「……婦女解放的第一個先決條件就是一切女性重新回到公共的勞動中去；而要達到這一點，又要求個體家庭不再成爲社會的經濟單位。」〔註121〕對延安的「新女性」而言，恩格斯所說的「第一個先決條件」似乎實現了，但生育將會使她們重回家庭；而大量的農村女性仍未從封建的家庭體制中解脫出來，所謂的「解放」根本談不上。

將丁玲的《「三八節」有感》與陳、趙的描述相比照就能發現它們之間的「互文性」。這種「互文性」針對的恰恰是延安「革命」名義下的性別秩序。對丁玲而言，她一方面親眼見證了革命所帶來的諸多可喜的巨大變化，另方面又深刻體會出這變化中潛在的婦女悲劇命運的歷史即將重演的趨勢。《「三八節」有感》揭示了女性不想「落後」卻又不得不「落後」的尷尬，充滿了對被以「落後」的「口實」拋棄的「回到家庭的娜拉」的理解與同情。她呼籲男子們，「尤其是有地位的男子，和女人本身都把這些女人的過錯看

電影院裏的男觀客，穿著燙得挺挺的西裝，當散場的時候，在門口，站在一邊，讓太太們先走。」陳學昭反問道：「如果一切都平等，可是爲什麼他們不擔負生育的天職，像我們女子一樣？」對於女子生育的受輕視，陳學昭憤憤不平：「男子是不應當也無權力卑視女子的生育，如果男子不重視女子的母權，盡把女子看成感情與本能的發泄對象，或附屬物，這將是十分卑劣的！」她十分隱晦地寫到「八路軍裏的軍事老幹部」在感情方式上的「粗糙」與「激烈」，他們「從沒有見過資本主義社會，也更沒有接觸過資本主義社會裏的女子，不用說，更沒有戀愛過，他們也不會知道資本主義社會裏的女子會玩些什麼把戲」，由此造成了「帶一點原始性的悲劇」──因求愛不得開槍殺死女方！她更舉了一個被強迫結婚七個月後，懷孕五個月的女子被丈夫以「落後」爲藉口無情拋棄的典型例子來說明當時婦女在婚姻上的不自主狀態。詳細情況參見陳學昭：《延安訪問記》第八章「兩性與戀愛」，北極書店1940年版，第185～189頁。趙超構在《延安一月》中寫到了延安「特殊的婚姻法」規定：「女方在懷孕其間，男方不得提出離婚，具有離婚條件者，亦須於女方產後一年始能提出」。這應該是對陳學昭所述情況的糾正，但這「特殊的婚姻法」對「軍事老幹部」的約束力有多大，則不得而知。載趙超構：《延安一月》，新民報館1946年版，第176頁。

〔註120〕趙超構：《延安的新女性》，載《延安一月》，新民報館1946年版，第168頁、171頁。

〔註121〕〔德〕弗·恩格斯：《家庭、私有制和國家的起源》，《馬克思恩格斯選集》（第4卷），人民出版社1966年版，第65～66頁。

得與社會有聯繫些」。她指出「女人要取得平等，得首先強己」。〔註122〕

　　《「三八節」有感》應該是丁玲對延安革命中暴露出來的諸多問題的不滿情緒的總爆發。在此之前的 1941 年，她發表了《我們需要雜文》、《幹部衣服》、《什麼樣的問題在文藝小組中》等為代表的一系列雜文，筆鋒指向革命中的封建積習、等級制度和文藝方針；《在醫院中》、《夜》、《我在霞村的時候》等短篇小說更為深刻也更為形象地展示了延安革命中方方面面的問題。這些鋒芒畢露的文章與王實味、艾青、羅烽等人的雜文實踐匯流在一起，掀起了一個「雜文時代」，堪稱延安革命中一個重大的「話語事件」。

　　《在醫院中》以陸萍特有的女性敏感挖掘出革命所不能蕩滌的人性深處的自私、冷漠、猜疑，而這些陰暗面會以各種各樣的形式展露在革命機構和人際關係之中，並不是「革命同志」的身份就能化解的〔註123〕。《我在霞村的時候》中的貞貞被鬼子強姦後以身體為代價為我方刺探情報，她非但沒有贏得村裏人的同情和敬重，反而成了她們冷眼旁觀、鄙夷歧視的對象；她自強，不願接受憐憫她的愛人的求婚，得到的卻是親人的不解和鄉人更甚的蔑視與痛恨，她成了鄉村的「異物」。〔註124〕《夜》的名字就是一個象徵，強大的政治力量如暗夜一般籠罩著全篇，無處不在，支配著人物，壓抑著性欲望。指導員何華明的妻子年老色衰、政治「落後」，丈夫對她的關注遠遠及不上對即將生產的母牛的關注；但她的「落後」卻是由於她的多病和丈夫常年在外的政治生活，家庭的重擔都壓在她身上。她想得到丈夫的重視，但卻只能引起丈夫更深的「嫌惡」。何華明對土地的喜愛、對鄰居侯桂英的性衝動以及和妻子離婚的念頭統統都在政治的巨大壓力下以「壓抑」的方式（「咱們都是幹部」、「鬧離婚影響不好」）得以解決。〔註125〕若說「革命」帶給何華明妻子的是性壓抑的痛苦；那何華明則是以政治壓抑來緩解性的壓抑，但這種緩解只能是暫時的，他將隨時處於內心的分裂之中。由此可見，「在『革命』的名義下，『壓抑』已成為一種合理的生存方式」。〔註126〕「革命」非

〔註122〕丁玲：《「三八節」有感》，《解放日報》，1942 年 3 月 9 日。

〔註123〕丁玲：《在醫院中》，原題《在醫院中時》，載《穀雨》創刊號，1941 年 11 月
　　　　15 日。

〔註124〕丁玲：《我在霞村的時候》，《中國文化》第 2 卷第 1 期，1941 年 6 月 20 日。

〔註125〕曉菡（丁玲）：《夜》，《解放日報》，1941 年 6 月 10～11 日。

〔註126〕杜霞：《從革命女性到女性革命——淺析丁玲對女性解放的探求》，載《丁玲
　　　　與延安》選編小組編《丁玲與延安——第八次丁玲文學創作國際研討會論文

但沒有改變性別秩序中男性的獨佔統治，還造成了性際關係的異化。

可以說，丁玲此時小說中的人物幾乎都是「不正常的人」。而這些「正常的人」被視爲「不正常」，是因爲裁定「正常」與否的權力握在「不正常的人」手中。這折射出的是社會的「不正常」。這個時候，我們會發現，「莎菲時代」一直和外部世界處於緊張關係之中的敏感而又孤獨的女主人公又回來了。綿密、細膩、富於張力的語言又重現在這些文本之中。丁玲的深刻與犀利在於，她不僅揭示出延安革命並未改變性別秩序中的性別奴役的現實；而且藉此開掘出了深潛在性別奴役背後的封建餘毒和政治專制。這一點非同小可。

革命需要的是「同」，而不是「異」。革命女性男性化的過程，實際上就是融入力量強大的「集體」之中的過程。女性試圖在革命中保持自己的性別特色，就是將自身「標出」，就必然會成爲「異數」。就話語生產而言，革命政權需要的是一體化的革命話語大生產，任何與此相悖、相異的話語生產都會被改造、整合或放逐。毛澤東的《在延安文藝座談會上的講話》針對的正是延安文藝中的「話語混亂」。關鍵在於，革命話語的大生產以「大眾」的名義獨佔了「革命」的合法性資源。獨立於革命話語大生產之外的女性革命話語生產試圖以「婦女解放」爲合法性支撐，而「婦女解放」在理論上恰恰就囊括在革命話語的大生產之中。這就使得女性的革命話語缺乏合法性資源的支撐，「革命性」尚待質疑，其力量自然就不堪一擊。

對丁玲而言，她對革命所做的性別意義上的抗爭是以對革命目標的強烈認同爲前提的。因此，她對主流革命話語的抗拒只能是暫時的偏離，她從根本上並不反對革命話語的大生產。《夜》、《我在霞村的時候》和《在醫院中》雖截然相異於革命話語的大生產模式，但又帶上了這種模式的明顯特徵：一個光明的尾巴。暗夜終於過去，「映在曙光裏的這窯洞倒也現得很溫暖和舒適。天漸漸的大亮了」。貞貞也可以去延安「再重新作一個人」。陸萍「真真用迎接春天的心情」離開了醫院。

正是自身話語的脆弱和對毛澤東及其話語的崇拜，丁玲在受到批判之後的「轉向」是快速的。她隨後發表的《關於立場問題我見》和《文藝界對王實味應有的態度及反省》與此前的話語的差別是「鴻溝」式的。她明顯在「學說話」。正如李陀所指出的「讀《關於立場問題我見》，我們不難看出丁玲是

集》，陝西教育出版社 2001 年版，第 233 頁。

怎樣在努力學習《講話》，怎樣把毛澤東的詞語系統化進自己的語言」。〔註 127〕
拋棄原有的話語，用新的話語來「武裝自己」，就得自我改造，這個過程既
艱難又痛苦。丁玲對此有深刻的認識：「這種苦，不是看得見，說得清的，
是把這一種人格改造成那一種人格的種種磨煉。」〔註 128〕事實也證明，不
管丁玲如何努力向革命話語的大生產靠攏，也曾經成了革命話語大生產的主
力和監督者；卻總難以擺脫「異質」話語的困擾。對她而言，話語完全而徹
底的轉型似乎永無可能。即便「《太陽照在桑乾河上》標誌著她的女權主義
的終結」〔註 129〕，在黑妮身上卻仍舊可以依稀看到夢珂、莎菲、陸萍的影
子；對文采這一形象的描繪也展現了丁玲既有的細膩、敏銳與尖利。從《牛
棚小品》和《杜晚香》中，我們看到的是兩個丁玲——這正是丁玲的複雜性
所在。〔註 130〕

　　整風運動創造的「思想改造」模式實際上是話語生產的監督和改造機
制。這種機制將一種外在的話語規範內化為心靈的自我約束，其顯在的權力
意識就被遮蔽起來。它的意義在於，促使所有的話語生產者都成為話語大生
產中的一員，都成為主流革命話語的複製者。在這個意義上，丁玲的《「三
八節」有感》就成了女性革命話語的「絕響」。丁玲的「話語命運」典型代
表了女性革命話語生產在革命組織中的結局：走向男性話語，投身革命話語
大生產的行列。從反抗性別奴役、追求自身解放出發投身革命的女性，在革
命中不僅失去了自身的性別特徵，也失去了表徵自我的權力，女性在性別秩
序中的客體地位依舊巋然不動。

〔註 127〕李陀：《丁玲不簡單——革命時期知識分子在話語中的複雜角色》，《北京文學》
　　　　　1998 年第 7 期。
〔註 128〕丁玲：《關於立場問題我見》，《穀雨》第 5 期，1942 年 6 月 15 日。
〔註 129〕〔美〕白露：《〈三八節有感〉和丁玲的女權主義在她文學作品中的表現》，載
　　　　　孫瑞珍、王中忱編《丁玲研究在國外》，湖南人民出版社 1985 年版，第 298
　　　　　頁。
〔註 130〕對丁玲話語「轉向」所透露出的與主流話語的裂痕和「難於彌合的縫隙」，賀
　　　　　桂梅有很好的研究，參見其著《轉折的時代——40～50 年代作家研究》，山
　　　　　東教育出版社 2003 年版，第 264～287 頁。

第三章　革命信仰：精神秩序的整一化

「無論一場革命的起源是什麼，除非它已經深入大眾的靈魂，否則它就不會取得任何豐富的成果。」〔註1〕勒龐的論斷幾近箴言。社會、政治秩序的重組和權、利的再分配往往並不意味著革命最後的成功。這是因為，無論怎樣的權力，如果沒有贏得最大多數的合法性認同，缺少足夠多的自願維護者，都不可能持久，都埋藏著被顛覆的危險。因此，革命的成功需要一場翻天覆地的精神巨變，需要轉換個體的人生觀與價值觀，改變其思維方式和心理、認知結構。〔註2〕也就是說，生產出新的歷史主體。

新的革命歷史主體的誕生主要是通過革命信仰的植入來實現的。革命中的「信仰」問題之所以萬分重要，是因為它與權力秩序之間存在著悖論關係：既相生相成，又相背相離。「當革命行動能夠制度化並轉化成一種權力秩序的時候，這種革命信仰能夠配合、適應這個權力秩序，甚至維繫這個權力秩序。而當這個權力秩序已經失去了合法性或正當性的時候，這個革命信仰就會對這個既成的權力秩序構成一種再度革命的威脅。」〔註3〕作為一種群體信仰，革命信仰的基本功用在於，它「武裝」起個體的精神、意志，為新的權力秩序的實現提供不竭的自我犧牲性力量，並為其穩固提供一種整一化的歸附性

〔註1〕　〔法〕古斯塔夫・勒龐：《革命心理學》，佟意志等譯，吉林人民出版社2004年版，第4頁。

〔註2〕　在亨廷頓的定義中，「革命」首先意味著對「一個社會據主導地位的價值觀念和神話」的根本性變革，這也是「革命」與叛亂、起義、造反、政變的區別。參見〔美〕塞繆爾・P.亨廷頓：《變化社會中的政治秩序》，王冠華等譯，上海人民出版社2008年版，第220頁。

〔註3〕　李向平：《信仰、革命與權力秩序——中國宗教社會學研究》，上海人民出版社2006年版，第6頁。

精神秩序。與這一過程相伴隨的，是對異質精神力量、精神秩序的清算與排除。

　　革命話語生產的一個重要內容就是革命信仰的再生產。一方面，革命話語借助宗教的基本形式，試圖通過世俗與神聖的二元對立來凸顯革命信仰拯救靈魂的神奇力量；另一方面，它通過營造大量的革命儀式或儀式化的革命場景，以情感為中介將革命信仰廣布、深植於個體的意識深處，由此而實現精神秩序的整一化。

第一節　「革命」的宗教形式：神聖與世俗的二元對立

　　革命與宗教之間的複雜關係一言難盡。毋庸置疑的是，反對宗教一直是中國革命的現代性目標之一〔註4〕，共產主義革命更將宗教視作人類的「精神鴉片」；但同樣毋庸置疑的是，歷史發展的結局證明了，革命最終卻成了另一種形式的「宗教」，它所引發的全民族的狂熱比宗教狂熱有過之而無不及。這一革命歷史的悖論無疑蘊涵著太多發人深思的東西。本節無意也無力去解決這一歷史的大題目，而是以革命話語中的「轉換」模式為主要研究對象，展現「革命」如何借助宗教的形式轉化為一種堅不可摧的精神信仰。

　　1930 年前後，以洪靈菲的《轉變》、華漢的《地泉》等小說為代表，湧現出了一大批描寫小資產階級知識分子由彷徨歧路到投身革命、重獲新生的小說。楊沫的《青春之歌》則在二十多年後與它們形成了呼應。這顯現出的是「轉換」題材的強大生命力。然而，對於這一「轉換」，批評家卻往往以「突變」命名之，質疑其「真實性」，將之與小資產階級的浪漫根性相聯繫，把它歸入「革命的羅曼蒂克」這種產生了不良影響、需要清算的創作方法當中。實際上，這其中包藏著歷史的誤會。其原因在於，在作家們看來，「轉換」實際上是獲得革命信仰的神秘過程。因此，他們無意也無法將這一過程展開。相反，他們對知識青年「突變」前後精神面貌上的巨大差異卻極力突出，其

〔註4〕　一個歷史事實是，自 1922 年至 1927 年，中國曾掀起過影響甚巨、波及甚廣的「反基督教運動」。關於這一運動和共產主義思想之間的關係，可參見：山本達郎、山本澄子：《中國的反基督教運動（1922～1927）》，張玉法主編：《中國現代史論集‧第六輯五四運動》，臺北聯經出版事業公司 1981 年版，第 191～210 頁。

用意就在於凸顯革命信仰宗教般的神奇力量。對個體而言，「突變」就是從世俗世界進入神聖世界，成為「革命」的「聖徒」。「突變」背後的動力是神聖世界與世俗世界的二元對立，革命話語正是藉助這一宗教形式將革命信仰與個體生命的再生緊緊連在了一起。

一、突變：信仰的神秘力量

　　1932 年，借《地泉》重版之機，華漢邀請瞿秋白、錢杏邨等人為其作序，用意並不單在審視《地泉》；乃是以此為契機，與「文藝大眾化」討論相攜手，清算《地泉》所代表的革命文學的「羅曼蒂克」傾向。在名為「革命的浪漫諦克」的「序言」中，瞿秋白指出：「林懷秋是一個頹廢的青年，以前曾經是革命者，但是已經墮落了，過著流浪的無聊的貴公子生活，後來莫名其妙的，一點兒也沒有『轉換』的過程，忽然振作了起來，加入軍隊，從軍隊裏轉變到革命的民眾方面去。」無疑，這種「莫名其妙」的「轉換」正是革命文學之「革命的浪漫諦克」特徵之一，它把「醜陋的現實神秘化了」。因此，「這種浪漫主義是新興文學的障礙，必須肅清這種障礙，然後新興文學方才能夠走上正確的路線」。〔註5〕

　　《地泉》具有的這一「革命的浪漫諦克」特徵之所以引起瞿秋白等人的關注，原因在於這種創作傾向並非個例，如林懷秋一樣的「突變式的英雄」〔註6〕活躍在許多革命小說之中。尤為重要的是，這種「突變」常常與「戀愛」糾纏在一起，衍化為「革命＋戀愛」模式。將現實「神秘化」、「理想化」，彌漫著濃重的浪漫情調。因此，「文藝大眾化」將它列為要肅清的障礙自有其道理。

　　從寫作手法上看，「轉換」之所以成為「突變」，是因為，作家們沒有將敘事的焦點集中在「轉換」本身，而是將之放在「轉換」前後，造成文本「兩頭大，中間小」，「轉換」過程自然就得不到展開。《地泉》花費了大量筆墨去鋪陳林懷秋的墮落生活。他悲觀頹廢，意志消沉，整日在跳舞場中花天酒地、尋歡作樂，麻醉自己的靈魂，耗費自己青春的生命。正如夢雲所看到的：「他

〔註5〕　易嘉（瞿秋白）：《革命的浪漫諦克——〈地泉〉序》，載華漢《地泉》，湖風書局 1932 年版，「序文」第 6～7 頁。

〔註6〕　起應（周揚）：《關於文學大眾化》，《北斗》第 2 卷 3、4 期合刊，1932 年 7 月 20 日。

的面色是那樣的陰鬱，他的神態是那樣的頹喪，而他的意志又是這樣的消沉，這就是他！在酒精中尋求剎那的陶醉，在肉色中追求剎那的快感，麻醉自己的神經，毀滅自己的靈魂的他呀！」這樣的林懷秋「只不過是一個心灰意冷的行屍，一塊冰涼冷木了的走肉！」〔註7〕而「轉換」後的林懷秋也得到了作者的精心描摹，其用意在於和「轉換」前的林懷秋進行對比：「那時的懷秋是慘敗瘦削，頹喪失神，就單說那對眼睛來說吧，隨時都是那樣似睡非睡似醒非醒的不蘇活，少神采，醉迷迷的簡直可以象徵他遊魂似的全生活，現在呢，他身體是很壯健的了，氣色是很健康的了，他的靈魂真像馳騁在光明的園野裏似的，敏捷，活躍，矯健，等崇高的戰士的特徵，都全可以在他的全身上發現，就單拿他臨別前的最後一瞥眼光來說吧，那是多麼的機警敏活！多麼的奕奕有神，一月前的懷秋和一月後的懷秋，真成了一個出奇的鮮明的對照，真是前後判若兩人啊！」〔註8〕

實際上，華漢對這一「轉換」刻意做了不少鋪墊。夢雲和寒梅的勸誡，兄長來信揭露的家鄉所受的經濟壓迫，跳舞場中受到的外國兵的欺辱，都在促使他重燃革命的熱焰。但這只能是「轉換」的原因，並不能代替「轉換」的過程。「轉換」應該是精神上的裂變，是靈魂的重生。瞿秋白之所以說它一點也沒有「轉換」的過程，所指的應該就是《地泉》沒有將「轉換」落實在精神領域，並將其複雜性和深刻性展露出來，僅僅用幾句話就一帶而過：「他大大的下了個決心，要重新創造他的有意義和有價值的新生活——總而言之，他是決心要朝好的那條光明大道上走！走！走！」〔註9〕

不僅僅是《地泉》。這一「兩頭大、中間小」，沒有「轉換」過程的「突變」模式可以在當時的許多文本中找到。《轉變》如此描繪李初燕的「轉變」：「過了一年的光景，李初燕完全變成一個革命家了。」〔註10〕《前夜》中的趙楠在愛情失意後也過「行屍走肉般的活著」，生活的空虛與淒涼促使他走向了街頭，於是猛然驚醒：「這時代是甚麼時代呢？我的生活又爲甚麼生活呢？……啊！這是光明和黑暗鬥爭著的時代了！是窮人和富人爭回自由的時代了！同時，也是青年人的生活開始緊張起來的時代了！我可不能再過著

〔註7〕 華漢：《地泉・轉換》，湖風書局 1932 年版，第 24 頁。
〔註8〕 華漢：《地泉・轉換》，湖風書局 1932 年版，第 204 頁。
〔註9〕 華漢：《地泉・轉換》，湖風書局 1932 年版，第 84 頁。
〔註10〕 洪靈菲：《轉變》，亞東圖書館 1928 年版，第 216 頁。

這種空虛的，悲感的生活了啊！」〔註11〕「突變」的主人公往往是小資產階級的知識分子，爲目下自暴自棄、靈魂沉淪、空虛無聊的生活焦慮萬狀，由此而「轉向」革命，去追尋有意義、有價值的人生。因此，主人公由「自省」而發生的「轉換」，是個體的靈魂救贖與自我超越，實際上正是革命信仰的獲得過程。

問題的關鍵在於：將「轉換」過程省略眞的是作家們創作方法上的失誤，抑或是其小資產階級浪漫習氣作崇的結果？若一兩個作家出現這種失誤尚在情理之中；但作爲一種集體創作傾向，其產生則定有其必然性，決不是「失誤」所能解釋的。將之視作小資產階級的浪漫根性更是不得要領。其原因在於，在一個「革命」風行、幾近神話的時代，投身「革命」還需要條件和論證嗎？在這些作家心目中，投身「革命」無需過程，也無需理由，自然而然，順理成章。「革命」是解放之路，也是精神歸宿，更是強大的意念和信仰。因此，「突變」一詞所概括的，實際上是個體獲得革命信仰這一過程的特徵，它發生在意識領域，可能就在一念之間；它本身就是神秘的、「莫名其妙」的，根本無法言說，也無需言說。

卡萊爾認爲，信仰是「一個人頭腦的健康活動」，「獲得信仰是一個神秘的不可描述的過程，就像一切生命活動一樣不可描述」。〔註12〕勒龐更將革命信仰的非理性、神秘主義特徵誇大到無以復加，他在分析法國大革命時指出：「更準確地講，這些革命人物服從於某種不可避免的邏輯過程，這一進程甚至連他們自己也不能理解。……他們甚至從未覺察冥冥之中有一種力量，鬼使神差地左右著他們的一舉一動。……他們以理性爲標榜，聲稱受理性的支配，但實際上，推動他們行爲的卻根本不是理性。」〔註13〕勒龐的觀點雖不無偏激，但他對革命信仰所蘊含的非理性神秘力量的揭示卻讓我們認識到了「突變」得以產生的主要原因。

「突變」問題在「文藝大眾化」討論中的浮現，其背後隱藏著一個十分重要的問題：革命究竟是一種「信仰」，還是一種「資格」？對以華漢爲代表的作家們而言，「革命」的歷史必然性是一個不言自明的前提。也就是說，「轉

〔註11〕戴萬葉（戴平萬）：《前夜》，亞東圖書館11933年版，第185頁。
〔註12〕〔英〕托馬斯・卡萊爾：《英雄和英雄崇拜——卡萊爾演講集》，張峰等譯，上海三聯書店1988年版，第283頁。
〔註13〕〔法〕古斯塔夫・勒龐：《革命心理學》，佟意志等譯，吉林人民出版社2004年版，「導論」第5頁。

換」是必然的,「革命」的願望與行爲無需論證。革命作爲「信仰」,是個體自我拯救與超越的自然要求,是個體精神上的必然趨向和認同;因而,「轉換」只是一種精神的運動,其物理過程無法展開。這就意味著,「革命」對任何個體都是開放的、平等的,只要願意,就可以馬上擁有。作家們所著力要證明的,是革命信仰的神力,是應該信仰革命;而不是革命信仰因何獲得。可對瞿秋白們而言,作家們將「轉換」想得過於簡單了。他們希望將「轉換」過程的難度與複雜性展示出來,其用意是爲了說明,眞正的「革命」不是天上掉下來的,更不是想得就得;它只有在與大眾相結合的鬥爭中才能產生。那種脫離了大眾鬥爭的「革命」只能是神秘的和虛僞的。因此,要糾正「突變」的浪漫主義錯誤,「作家要向群眾去學習」〔註 14〕,實行文學的「大眾化」。「我們要在錯誤中學習,要在大眾化問題的開展中把這些傾向克復過來,也只有大眾化問題的開展,才能克服這些錯誤的傾向。」〔註 15〕由此可見,瞿秋白、錢杏邨將「轉換」等諸多嚴肅的問題提出,其目的是爲了強調「文藝大眾化」的必要性。但是,他們對革命「現實」的區分已經包含著對眞假「革命」的審核,只有在「大眾化」中才能產生眞「革命」,也才能產生正確表現「革命」現實的「唯物辯證法的現實主義」——文學問題與政治問題就是如此相互交會的。

然而,瞿秋白對作家的這一要求顯然大而無當,且不說作家無意如此,單就信仰獲得的神秘性、非理性而言,要對其做歷時性的展開談何容易?從這一角度來考慮,「轉換」成爲「突變」,應該是一種必然;它雖然「神秘化」了「革命」現實,卻對革命信仰進行了大書特書,其「革命」價值可能是作爲當事者的瞿秋白們所沒有意識到的。

二、革命:靈魂拯救與自我超越

對「轉換」的主人公而言,「革命」之所以是「信仰」,是因爲它從未在物質層面上被理解和考慮,而往往被界定在精神領域,成爲拯救個體靈魂的靈丹妙藥,被認定爲人生的唯一價值與終極意義。藉由它,生命可以獲得重生。

〔註 14〕史鐵兒(瞿秋白):《大眾文藝的現實問題》,《文學》半月刊第 1 卷第 1 期,1932 年 4 月 25 日。

〔註 15〕錢杏邨:《地泉序》,載華漢:《地泉》,湖風書局 1932 年版,「序文」第 26 頁。

　　「轉換」前的主人公往往處於悲觀、頹廢之中，在靈魂沉淪與自救的衝突中掙扎。他們或因爲革命落潮，或因爲情場失意，或深感人生之空虛無聊。由此而自甘墮落、苦悶彷徨，深陷於意義缺失的焦灼之中，生命漂泊無依，人生失去了航向。林懷秋如此，趙楠（《前夜》）如此，李初燕（《轉變》）、霍之遠（《前線》）如此；美琳（《一九三〇年春上海（之一）》）、素裳（《到莫斯科去》）等女性也概莫能外。當他們試圖擺脫這種精神的無政府狀態時，都理所當然、毫不猶豫地選擇了「革命」而不是任何別的。由此可見，在他們的意識深處，「革命」就是靈魂之光，就是意義，就是價值；信奉「革命」，一切的心靈陰翳都會煙消雲散，人生的意義與生命的價值亦可由此實現。

　　《前線》中的霍之遠「本來很浪漫，很頹廢，是一個死的極端羨慕者」，「他對於人生充分的懷疑，但不至於厭倦；對於生命有一種不可調解的憎怨，但很刻苦地尋求著它的消滅的方法」。他投身革命，就是爲了「銷除他的悲哀」。但一開始，他只把「革命」看作一件「消遣品和藝術品」，因此仍舊在多角戀愛的怪圈中奔逐，精神上的焦慮與痛苦並未消除。唯有當他樹立了革命信仰，加入眞正的「最革命」的團體之後，他的「悲哀」才蕩然無存：「我是多麼快樂！我的快樂比較情人的接吻，比較詩人得到的桂花冠，比較騎士得到花后，比較匹夫得到王位，比較名儒得到在孔廟廊下吃生牛肉都還要快樂萬倍啊！」由此，他獲得了生命的新生，品嘗到了發自內心的大歡喜：「啊！啊！這才是我的生活呢！我的生活一向都在無意義的傷感，無意義的沉淪裏面消磨過，那實在是不對的！啊！啊！這才是我應該走的光明大道呢！我一向的呻吟，一向的到墳墓之路去的悲觀色彩，一向的在象牙塔裏做夢的幻想，統統都是不對的！……啊！啊！快樂！快樂！我今晚才覺得『眞』的快樂呢！……」〔註16〕

　　愛人的無情離去使趙楠感到一種莫名的「屬於環境的和內心的壓迫」，他深深體味到了自己之前「爛漫的反抗」所帶給他的疲倦、幻滅、空虛與恐怖，其原因在於「從前只知道反抗！反抗！而不知道整個的向甚麼東西反抗，才會感到疲乏和悲哀呢；而且也不知道反抗的主力軍！」在革命者老張的開導下，他認識到，他的個人式的反抗「所掘的不是新的生活的途徑，」「卻是在替自己掘著墳墓」。這一行爲的最終結局「除了裝得滿懷愁苦之外，還有甚麼呢？……啊！還有死那一條路罷！」趙楠終於從靈魂深處爆發出自我拯救的

　　─────────────
　　〔註16〕以上所引見洪靈菲：《前線》，曉山書店1928年版，第2頁、118頁、121頁。

呼喊：「……死！我願意死嗎？一個青年的希望是死嗎？……不！我不願意！」在趙楠看來，這是他「生命復活的一個轉機」，「革命」就像「一線黎明的紅光」，使他興奮，令他狂喜，「不獨會把過去的無限的悲哀忘卻，而且會增加許多新生的力量」。在「一本偉大的書」的導引下，趙楠堅定了革命信仰，他也「跟著時代的需要」，把自己「獻給偉大的革命了」。因為「這才是生活！這才是不空虛的，著實的現代生活」。趙楠從此「完全變了」，獲得了新生。〔註17〕

　　革命信仰使個體迅速擺脫幻滅感，從意義缺失的苦痛中，從自我毀滅的淵藪中振拔而出，它是個體靈魂的自我拯救。不僅如此，「革命」還為個體提供自我實現的空間，賦予個體生命以崇高價值。這是革命信仰超越性特質的體現。個體生命不僅需要靈魂安頓的精神家園，需要追尋確定的人生意義與生命價值，還需要將之昇華，尋求自我的超越。「信仰的超越性在於它能把人從他處身的物質世界提升到精神世界，從現實世界提升到理想世界，讓人從一種事實存在變為一種價值存在。」〔註18〕信仰的價值追求使它與現實世界處於一種否定性關係之中，而革命信仰對現實世界的否定無疑是最為強烈的。

　　在美琳、素裳等女性那裡，革命信仰對現實世界的否定主要表現為對「二人世界」的背棄。對她們而言，安逸、甜蜜的「二人世界」之所以成為囚籠，就是因為它阻斷了她們與社會之間的聯繫，將她們拘圍在私人的空間，去經營只有個人意義或者根本毫無意義的愛情和家庭生活，使她們找不到生命的意義與自我的價值，同時也失去了快樂與幸福。而革命信仰則將她們從私人空間召喚出來，引領她們去追求更高的人生境界，充分滿足她們自我實現的需要。美琳以前可以為愛情捐棄一切，她自從愛了子彬，「便真的離了一切而投在她懷裏了。且糊糊塗塗自以為是幸福的快樂的過了這末久」。換來的代價卻是「失去了她在社會上一切的地位」，除愛人子彬外她一無所有。她不能滿足於子彬的愛帶給她的幸福，「她還要別的！她要在社會上占一個地位，她要同其他的人，許許多多的人發生關係。她不能只關在一間房子裏，為一個人工作後之娛樂」。她終於棄掉子彬，「隨著大眾跑去了」。〔註 19〕素

〔註17〕以上所引見戴萬葉：《前夜》，亞東圖書館 1933 年版，第 206～208 頁。

〔註18〕馮天策：《信仰導論》，廣西人民出版社 1992 年版，第 15 頁。

〔註19〕丁玲：《一九三○年春上海（之一）》，《小說月報》第 21 卷第 9 號，1930 年 9 月 10 日。

裳的心靈體驗與美琳大致相同，她對革命的嚮往也出自對目下家庭生活的不滿。資產階級的物質生活讓她備感寂寞、閒暇、無聊，她不願意在這樣的生活中耗費自己的生命，想從中「解放出來」，過上一種新的生活，這新生活「是應該包含著更大意義的範圍」。而「如果她的生命開始活躍，她一定要趨向於唯物主義的路，而且實際的工作，做一個最徹底的『康敏尼斯特』，這才能夠使她的生存中有了意義呵」。〔註20〕

「從空虛到充實」，這一小說題目極好地概括了革命信仰帶給人精神生活的根本轉變。主人公李荊野找不到生活的目標，過著一種頹廢彷徨的生活。他因受革命者戈平的連累被抓進牢房，親眼目睹了戈平的被慘殺，神經受到了強烈的刺激。與堅貞不屈的戈平相比，他「發現自己是個卑鄙的弱者，耽於安樂，意志薄弱」。自我反思的結果使他認定，他正是由「空虛」產生了「痛苦、彷徨、苦悶」，「要是他再不努力從空虛中救出他自己，將來還許會有什麼所謂大悲劇的……」於是，他決定走向一條新路。這時，悲慘的牢屋，戈平的被殺，「這些這些，是在將他從空虛引渡到充實去。他預備像老惠所說的，『站在別人前面去』。他找到了時代。他要給人類做點事。『我要做個人類的人，不鳥地替自己做人』」。〔註21〕

可以看出，無論是林懷秋、霍之遠等人還是美琳、素裳，哪怕是「不替自己做人」的李荊野，他們將革命作為信仰，都源自人生意義缺失的痛苦和自我實現的需要，其原始動機都是「為己」的。他們之所以對「革命」本能般的癡迷，是因為他們將「革命」視作謀求個體解放尤其是精神解放的不二法門。這種革命信仰中實際上還迴蕩著「五四」個性解放的餘韻。如果說此時的「革命」信仰尚能容納個體解放的追求，那到了「十七年」時期，「革命」信仰則表現出對個體欲求的強烈排斥。在《青春之歌》中，盧嘉川就質問林道靜：「你想想，你的動機是為了拯救人民於水火呢？還是為了滿足你的幻想——英雄式的幻想，為逃避你現在平凡的生活？」〔註22〕這話無疑一語中的。由此看來，「革命」信仰背後的動機也需要審查，從自我精神需要出發的「革命」信仰不僅是不堅定的，而且與革命「無私」的崇高與神聖相違背。因此，林道靜雖然篤信革命，但要成為真正的革命戰士，還有一段很長的路要走。

〔註20〕胡也頻：《到莫斯科去》，《胡也頻選集》，開明書店1951年版，第61～62頁。
〔註21〕張天翼：《從空虛到充實》，《萌芽月刊》第1卷第2期，1930年2月1日。
〔註22〕楊沫：《青春之歌》，人民文學出版社1960年版，第120頁。

三、重生：由世俗走向神聖

　　如前所述，革命信仰所具有的重生意義是通過兩種截然相反的個體生存狀態的反差而顯現的。如果將「轉換」前個體的生活狀態稱爲「物質化生存」，那「轉換」後的則可稱爲「精神化生存」。前者指向世俗生活層面，後者則引領個體邁入了神聖世界。

　　「轉換」前的個體實際上處於一種「精神危機」的狀態。個體精神上的焦灼與痛苦外化爲他在世俗生活的深淵中沉淪、掙扎的生存狀態。人生之所以毫無意義，生命之所以毫無價值，精神力量之所以一天天萎頓、貧弱，就因爲個體被困在世俗生活的大網之中不能解脫。革命話語中的世俗生活是一種庸常生活，它的出發點是現世生活的功利考慮，是個人化的物欲需求，它只爲個體提供最基本的物質需要和感官欲求的滿足。物質化、欲望化是它的主要特徵。對個體生命的發展而言，它只具有時間意義，是個體生命最簡單的本能延續。在世俗生活中，青春被浪費，生命被空耗，個體的價值與自我超越更是無從談起。它往往成爲個體精神的麻醉劑，意味著個體的沉淪與墮落。

　　林懷秋在革命落潮後遇到了精神危機，他不知進取反而自甘墮落，試圖在酒精與肉欲的追逐中麻醉自己。但這無異於飲鴆止渴，物質化、欲望化的世俗生活不僅不能緩解他的焦慮，反而使他愈加痛苦，瀕臨靈魂毀滅的絕境。與林懷秋相類，無論是霍之遠還是李初燕，一開始都深陷在情慾的泥淖中，性與酒精成爲他們麻醉神經的主要方式。霍之遠或者在妓女張金嬌身上排遣青春的愁苦，或者在情場中奔突，但結果仍舊是悲觀頹喪、心力交瘁。李初燕則受制於包辦婚姻，與嫂子的不倫之戀也只能半途夭折。他爲此而痛恨人類，痛恨他自己。他把「任情恣性」作爲人生的基本原則，沉醉於酒精和痛苦的幻想之中，在折磨自己的苦痛中尋求「一種銷魂的，迷醉的，超塵世的快感」。但這種「自我消滅」的反抗方式卻只能使「他一天一天地覺得他沉淪下去，沉淪到無底的深淵裏去」。〔註23〕《衝出雲圍的月亮》中的王曼英更是在肉體復仇與肉體快感的「二律背反」中痛苦、迷惘，找不到人生的方向。素裳與美琳之所以對丈夫的愛和物質的享受產生厭棄，原因就在於這種家庭式的世俗生活淡乎寡味，了無生趣，生命的激情就在日常性的重複中消磨掉了。

〔註23〕洪靈菲：《轉變》，亞東圖書館 1928 年版，第 147～148 頁。

　　因此，「轉換」前的世俗生活要麼成爲主人公麻醉自我、走向沉淪的要素，要麼是個體產生價值虛無之焦慮的根源。總之，世俗生活帶給個體的，不是幸福，不是自我的認同；恰恰是痛苦，是幻滅，是自我的放逐，是靈魂的萬劫不復。對個體而言，世俗生活猶如罪惡的黑手，它引領個體走向的是自我毀滅之路。不僅如此，對世俗生活的沉溺往往與小資產階級的浪漫習氣或資產階級的享樂主義緊密相連，於是，對世俗生活的厭惡、擯棄就成了革命信仰獲得的前提。

　　與「轉換」前的世俗生活相比，「轉換」後的生活則是一種神聖生活。這兩種生活格格不入，絕不相類。後者將個體靈魂從黑暗中拯救出來，賦予其光明的前途。對世俗生活的徹底棄絕使個體消除了塵煙氣、凡俗氣，由此而走向神聖。當李靜淑下定決心「犧牲一切幸福和享樂」，來爲家庭、爲自己「向人民贖罪，來幫助人民」之時，「一種崇高的理想開始在她底心中燃燒著。兩隻大眼射出了強烈的光芒，這裡面只含著無限的純潔。她底臉上現出了一種從來不曾有過的光輝」。在她的哥哥李冷看來，妹妹的微笑是「不尋常的，這是靈魂的微笑」，「他從沒有見過他底妹妹是如此美麗的，這時候他自然還不能瞭解爲什麼會是這樣，但在後來他卻懂得了。每個革命家在懷著崇高的理想立誓獻身於人民的一瞬間都是如此的」。〔註24〕從獲得革命信仰的「一瞬間」起，革命者身上就一直閃耀著與眾不同的奪目光彩。

　　革命信仰極端排斥物質化的生活方式，這是革命者得以從世俗生活超脫的重要途徑。因此，革命者往往過著一種清教徒式的生活，奉行一種宗教般的「苦行主義」。他們將物質欲求降到最低限度，物質的匱乏與生活的清貧往往成爲他們最爲明顯的外在特徵。原因在於，「只有克制自己的本性，反向而行，才能把自己提升到更加非凡的境界。正是通過這種方式，他把自己與其他某些盲目追求享樂的人區別開來，在世上爲自己爭得了一席之地」。〔註25〕《地泉》如此描繪女革命者寒梅的住所：「寒梅這簡單狹小的室中，並沒有什麼陳設，除了床上的毯被潔白得發光而外，全室中找不出半個花瓶，也找不出一張壁畫，擠滿在桌上的是一排整齊的書，橫蹲在屋角落裏的是那座燒飯的打氣爐。十六支柱的電燈吐出幽暗的光波，淒然的四壁都被灰色的情調充

〔註24〕巴金：《滅亡》（普及本），開明書店，1933年版，第201～202頁。
〔註25〕〔法〕愛彌兒·涂爾幹：《宗教生活的基本形式》，渠東等譯，上海人民出版社2006年版，第297頁。

滿著。」〔註 26〕不僅僅是寒梅,幾乎所有的革命者對物質的需求都只停留在吃飯、睡覺等最本能的層面,他們的生活堪稱原始或原生態,「書」這一「精神」的象徵則成爲他們唯一的裝飾品。與此相比,林懷秋沉醉在酒精和性中的物欲生活就不能不是墮落的。因此,對革命者而言,刻意追求與留戀外在的物質享受常常成爲走向「反革命」的危險信號。這種觀念在 1930 年代文學的革命話語中初露端倪,在「十七年」文學的革命話語中幾乎成了一種「常識」。《紅岩》開篇余新江與甫志高見面時就注意到了甫家經過細心布置幽香而溫馨的客廳。如果說這種生活方式是地下工作者甫志高用來做掩護的話,那泡茶這一情節則透露出他對物質生活的講究。他問余新江喜歡龍井還是香片,余對此卻毫不在意,「都一樣」,「我喝慣了冷水」。〔註 27〕這一場景無疑意味深長,甫志高最終果然因貪戀家庭的幸福生活而在被特務逮捕後做了可恥的叛徒。

對物質需求的極度拒斥並沒有帶來革命者生命力的減弱;恰恰相反,革命信仰使其從以物質爲基礎的世俗生活中超脫出來,煥發出激情與神采,變得生機勃勃、精力充沛,爆發出超乎尋常的生命力量。這一力量的獲得是以身體感覺的鈍化或消除爲前提的,革命者由此成爲「機器」,成爲「鋼鐵」。革命者似乎成了「革命」的聖徒,擁有了神性的力量,變成了「超人」、「神人」。在「轉換」後,霍之遠「因爲工作太忙,他覺得頃刻間便要斷氣的樣子。可是,他的精神卻反覺得異常的愉快,他的疲倦而憔黑的臉上時常溢著微笑」。〔註 28〕李初燕也同樣沉醉在精神世界的充實與驚喜之中,疲憊、勞累等身體的感覺對他幾無作用。革命信仰爲革命者提供了永不枯竭的精神能量,精神的興奮往往能夠戰勝身體的疲倦。緊張的革命工作令劉希堅極度疲倦而又極度興奮,革命的形勢「把他的精神燃燒著」。他徹夜未眠,雖然「他覺得他是需要睡眠的」,「他還需要吃」,「疲倦已經在他的全身上爬著,並且在擴大,在尋機向他襲擊」;但「他現在還不能就去休息」,「他覺得他還應該看看市面的現象」。〔註 29〕於是,他重新振作精神,來到大街上觀察局勢。

革命信仰將個體從世俗世界提升到了神聖世界,使前者帶來的痛苦、焦

〔註 26〕華漢:《地泉・轉換》,湖風書局,1932 年版,第 31 頁。

〔註 27〕羅廣斌、楊益言:《紅岩》,中國青年出版社 1963 年版,第 4 頁。

〔註 28〕洪靈菲:《前線》,曉山書店 1928 年版,第 220 頁。

〔註 29〕胡也頻:《光明在我們的前面》,春秋書店 1930 年版,第 119 頁。

慮、沉淪、墮落、庸俗等一掃而光；革命者由此籠罩在後者賦予的興奮、充實、進步、崇高、神聖等精神光環之中。革命信仰正是以神聖與世俗的二元對立展現出了它神秘而又神奇的魅力。需要指出的是，神聖與世俗的區分正是宗教思想的基本特徵。因此，可以說，革命信仰是以宗教的形式顯現、建立以及付諸實踐的。

迪爾凱姆（又譯涂爾幹）指出：「已知的一切宗教現象，無論是簡單的還是複雜的，都有一個共同的特徵：即把人所瞭解的全部事物（不管是現實的，還是理想的）一分爲二，劃分爲兩大類別，也就是截然不同的兩個種；這兩個類別通常可以用世俗的和神聖的這兩個詞來表達。把世界分成兩個領域，一個包括所有神聖的事物，另一個則包括所有世俗的東西，這是宗教思想獨具的特色。」神聖世界與世俗世界之間存在著異質性，「這種異質性如此格格不入以致它經常退化成一種名符其實的敵對行動。神聖與世俗兩大世界不僅被設想成是分離的，而且被設想成兩個敵對的和猜忌成性的對手。既然人只有徹底地離開一個世界，所以人被迫徹底地脫離凡俗世界，以便過一種封閉的宗教生活」。〔註30〕在「轉換」模式中，「神聖」與「世俗」成了一種非此即彼的人生選擇。個體要麼在世俗生活中痛苦掙扎，靈魂沉落，墜入自我毀滅的無底深淵；要麼信奉革命，獲得靈魂的救贖，踏入神聖世界，走上自我超越的光明大道。這其中所包含的個體對革命的情感，完全是宗教情感的改頭換面。正是這一宗教式的情感，使革命者克制著世俗的欲望，從「人」走向「神」。「革命」帶給個體生命的，不僅僅是靈魂的再生，更是一種「神性」人格。

革命對宗教形式的借用在法國大革命中可以找到先例。勒龐認爲，「只有把大革命視爲一種宗教信仰的構成，才能清晰地理解它，這一點怎麼強調也不爲過」，法國大革命之所以「會有如此驚人的擴張力」，「並且至今仍然保持著巨大的威望」，就是因爲它採取了宗教的形式。〔註31〕托克維爾也早就指出：「法國革命是以宗教革命的方式、帶著宗教革命的外表進行的一場政治革命。……它不僅像宗教革命一樣傳播甚遠，而且像宗教革命一樣也是通過預

〔註30〕〔法〕埃米爾・迪爾凱姆：《迪爾凱姆論宗教》，周秋良等譯，華夏出版社2000年版，第106頁、109頁。

〔註31〕〔法〕古斯塔夫・勒龐：《革命心理學》，佟意志等譯，長春：吉林人民出版社，2004年，第137頁。

言和布道深入人心。這是一場激發佈道熱忱的政治革命。」〔註 32〕因此，披著宗教外衣的革命信仰更富有終極關懷的意義，也更有普遍性和永恒性。它蕩滌靈魂、驅使個體的力量自然就神奇得不可思議。

「信仰作爲人的精神追求，乃是爲了擺脫他生存於宇宙中的虛無狀態，爲了擺脫他如動物一般純爲物質利益而生活的低級狀況而作的努力。一個超越物質、超越凡俗、超越個人的終極目標才是信仰者的追求對象和人生目的。一般說來，這一目標越是具有普遍的、無限的、永恒的性質就越發具有吸引力，越容易激發信徒的神聖的高尚的感情，因而迸發出全部的生命活力，去做奮不顧身、視死如歸的追求。」〔註 33〕毋庸置疑，「革命」這一現世的「彼岸世界」對個體靈魂拯救、超凡入聖的宗教許諾充滿了魅惑。它使個體從精神的無政府狀態走向統一有序的信仰狀態，爲個體提供了精神依託與靈魂皈依。但是，它以個體的精神解放、自我超越、自我實現爲旗號，實際上卻使個體在完全失去自我的狀態下，從身體到精神意志都奉獻給了革命。對個體而言，將「革命」視作人生的意義與生命的價值，藉此來實現自我的超越，追尋崇高與神聖的品格；其代價就是要遵循諸多宗教般的「禁忌」，排斥任何「人」的欲求，化身爲革命「機器」，由「人」變成「非人」。

從本質上講，革命文學對革命信仰的再生產，其用意在於借助文學敘事與審美的力量，縫合文學想像與社會現實時間的距離，並通過文學想像來改變個體的人生觀與價值觀，重塑個體的認知方式與思維方式，實現精神秩序的整一化，從而干預社會實踐，實現再造社會現實與歷史主體的宏大目標。然而，值得深思的是，當「革命」被樹立爲信仰，且借助宗教形式深深植入人的靈魂，其社會實踐效應自不待言，歷史遺毒卻頗爲深重。不得不承認，作爲謀求個體自由解放、民族獨立富強的「革命」，在一定歷史時期是必要的，是歷史發展的必然要求，具有正當性或正義性。但「革命」一旦被建構爲意義本身，成爲群體性的信仰，則可能意味著原有內容的流失和塌陷，而後演化爲宗教儀式、符咒和精神偶像。就會使「手段壓倒目的」，引發宗教般的狂熱，讓他人失去理智，釀成嚴重的社會災難。實踐證明，空心化的「革命」很容易被一些政治／利益集團所利用，偷梁換柱，暗授其奸，打著「革命」

〔註 32〕〔法〕托克維爾：《舊制度與大革命》，馮棠譯，北京：商務印書館，1992 年，第 51 頁。
〔註 33〕馮天策：《信仰導論》，南寧：廣西人民出版社，1992 年，第 8 頁。

的旗號，幹著戕害人民、滅絕人性的勾當。

另一方面，革命作爲急劇動蕩的社會狀態，只能是暫時性、過渡性的，總有終結之日。當社會歷史層面的「革命」消失了，而作爲精神信仰的「革命」卻不可能斷然終結。「革命」思維已經深嵌入人的精神領域，與人的言談舉止、思維方式融爲一體、難捨難分，甚而成爲一種集體無意識。要徹底清除歷史遺留在心理上的革命狂熱，決非一朝一夕所能完成。

第二節 革命儀式：革命信仰的深植與廣布

在諸多「革命」文本中，革命儀式頻頻出現、引人注目。但研究者卻對這一意蘊深刻的歷史場景缺乏足夠的關注。〔註 34〕從敘事層面看，伴隨著革命進程出現的遊行示威、遊街示眾、批鬥會、訴苦會、群眾大會、入黨（團）儀式等革命儀式往往成爲情節發展的結點，預示或標誌著情節的突轉與高潮。不僅如此，作爲革命話語的一個重要表現內容，革命儀式是政治權力的一種實踐方式，具有極強的意識形態功能。

革命儀式構成了一個象徵體系。有的類似「成人儀式」，爲個體成長爲革命英雄進行神聖性的確證。它展示出革命力量的崛起，並以集體暴力的形式促成個體社會地位的「逆轉」，重組了社會關係與社會秩序，最終確立了革命力量的主宰地位。這種主宰地位不僅體現在外部的社會關係中，更重要的是體現在群體性的精神歸附上。革命的慶典儀式則促使所有的參與者進入一種狂熱狀態，由此將革命信仰深植、廣布於每個參與者的心靈深處，爲新的社會秩序生產出與之相互支撐的整一化的精神秩序。因此，革命儀式既具有社會功能，又具有心理效應。這兩者相輔相成，缺一不可；後者爲前者的實現提供精神動力，前者的實現又使後者不斷得以強化。

〔註34〕 目前尚未見到對中國現代文學中革命儀式的專門性研究。郭於華、孫立平對「訴苦」這一運動做過富有啓發性的社會學實證研究。郭、孫二人將「訴苦」視作革命儀式，剖析了它在農民國家觀念形成過程中的中介作用。詳見郭於華、孫立平：《訴苦：一種農民國家觀念形成的中介機制》，載楊念群等主編：《新史學：多學科對話的圖景》（下），中國人民大學出版社 2003 年版，第 505～526 頁。另外，學界關於革命暴力的相關論述，也涉及到了作爲革命儀式的群眾大會。有代表性的是唐小兵：《暴力的辯證法——重讀〈暴風驟雨〉》，見其編：《再解讀——大眾文藝與意識形態》，北京大學出版社 2007 年版，第 111～127 頁。

一、「成人」儀式：凡人到英雄的「脫胎換骨」

革命儀式雖然名目繁多，但它的出現無不是作者特意安排、精心布置的結果，其象徵意義不言而喻。對革命的個體而言，革命儀式的出現往往具有非凡的人生意義。它一方面爲個體提供了帶有考驗性質的活動空間；另方面見證、確認了個體由凡人到革命英雄的轉變，爲其人生掀開新的一頁，標誌著個體的新生。

在《一九三○年春上海》中，丁玲用革命儀式完成了美琳、望微革命形象的塑造。在五月一日的這一天，美琳留給她頑固不化的愛人子彬一紙書信，「到大馬路做××運動」去了。〔註35〕這無疑表明「轉向」後的美琳已經徹底投身於革命的浪潮了。望微則是在群眾集會上作激情澎湃的演講時被巡捕捉住的。當他被推進囚車的那一刻，他從鐵絲網中望見了已經離他而去的愛人瑪麗，「她還是那樣耀目，那樣娉婷，恍如皇后」。而瑪麗卻已有了新的愛人，那「漂亮青年在攬著她」。〔註36〕這一戲劇化的場景將望微和瑪麗徹底分隔在了兩個世界。革命儀式不僅是美琳與望微展示自我革命品質的舞臺，也集中顯示了他們與愛人所代表的兩種人生道路、兩種人格之間的根本衝突和難以相融。

對個體而言，革命儀式爲其開啓了一個嶄新世界的大門，使其由此踏上全新的人生之路，一步步成長爲革命英雄。江濤（《紅旗譜》）身份的改變與命運的轉折源自賈老師爲他舉行的入團儀式。自此以後，他不再是一名普通的農家子弟，而是光榮的身負重任的共青團員。同樣，也正是在作爲革命儀式的反割頭稅大會上，他成爲眾人矚目的英雄：「他挺立在千萬人前面，講起話來，如同霹靂閃電，一句句劈進人的心腑，震動了人們的思想，吸住人們的視線。看他手兒一揚，繫動千萬人的眼神，滴流滴流亂轉。嘴唇一動，牽動著千萬人的心情，靜心諦聽。」〔註37〕這一前一後的兩個儀式就是江濤一生中最重要的兩個人生關口，前者爲他提供了成長的契機；後者不僅爲他創造了成長的條件，而且鍛造了他的英雄人格，並將他的新形象展示、樹立在眾人面前。

〔註35〕丁玲：《一九三○年春上海（之一）》，《小說月報》第21卷第9號，1930年9月10日。

〔註36〕丁玲：《一九三○年春上海（之二）》，《小說月報》第21卷第12號，1930年12月10日。

〔註37〕梁斌：《紅旗譜》，中國青年出版社1957年版，第369～370頁。

革命儀式所具有的個體成長意義使其成了一種名副其實的「成人儀式」，這一儀式帶有濃重的宗教意味。它既是個體由世俗走向神聖、由凡人成爲英雄的途徑，也爲這一轉換的完成提供權威性的政治認定。因此，它既是引路人，又是審核官。在宗教生活中，成人儀式的目的在於「將年輕人引入到宗教生活中來」：「人最初在純粹的凡俗世界裏度過了自己的孩童時代以後，開始脫離這個世界，邁入神聖事物的世界。在人們看來，這種狀態的轉變並沒有一種先前已經存在的萌芽，不是這個萌芽簡單的、規則的發育，而是整個存在的脫胎換骨。據說，就在此刻，這個年輕人死去了，原來的他不復存在了，另一個人代替了他。他以一種新的形式再生了。」〔註 38〕革命儀式的功能則與此相類。稍有不同的是，革命儀式淡化了成長儀式對於個體的物理時間意義，而大大強化了其政治意義與精神價值。「這儀式的場面在紅色英雄的成長歷程中，不但是一個臨界點，其本質至此已達純粹；同時還是一個分水嶺，表明他們從此後將告別過去的本質而成爲一個新質的人。」〔註 39〕《紅旗譜》中的反割頭稅大會不僅是江濤的成人禮，也是朱老忠、嚴志和等人完成精神蛻變的「成人」儀式。英勇無畏的朱老忠在這次大會上轉變爲革命英雄，與馮老蘭之間的「家族仇恨」也發生本質性的變異，由此昇華爲「階級仇恨」。隨後舉行的入黨儀式是對他們的褒獎，更是革命身份的授予和確認。

列維－布留爾在《原始思維》中指出，在原始民族中，「要使男孩達到『完全的』男子的狀態，僅有身體的成熟是不夠的」；也就是說，生理年齡不是最重要的條件，而「那些目的在於使年輕人與圖騰或部族的本質互滲的神秘因素、神秘儀式才是最重要的」。因此，「沒有行過成年禮的人，不管他是什麼年齡，永遠歸入孩子之列。」原始部族的成人儀式往往是長久而嚴酷的身體考驗，「有時就是眞正的受刑：不讓睡覺，不給東西吃，鞭笞，杖擊，棍棒夾頭，拔光頭髮，敲掉牙齒，黥身，割禮，再割禮，放血、毒蟲咬，煙薰、用鉤子刺進身體鉤著弔起來，火考驗，等等」。這些加諸身體的五花八門的酷刑，「無疑是想查明新行成年禮的人的勇敢和耐心，考驗他們的丈夫氣，看他們是不是能夠忍受痛苦和保守秘密」，但這只是「儀式的次要動機」；其

〔註 38〕〔法〕愛彌兒·涂爾幹：《宗教生活的基本形式》，渠東等譯，上海人民出版社 2006 年版，第 35 頁。

〔註 39〕方維保：《紅色意義的生成──20 世紀中國左翼文學研究》，安徽教育出版社 2004 年版，第 196 頁。

主要動機在於「在新行成年禮的人與神秘的實在之間建立互滲，這些神秘的實在就是社會集體的本質、圖騰、神話祖先或人的祖先；是通過這個互滲來給新行成年禮的人以『新的靈魂』」。〔註 40〕

依照法國民俗學家根納譜（Arnold Van Gennep）的觀點，可以將列維－布留爾所描繪的成人儀式稱爲「過渡儀式」。它包括三個階段：隔離（separation），閾限（liminal）或過渡（transition），重整（reintegration），或可稱之爲「閾限前」、「閾限期」、「閾限後」。維克多‧特納（Victor Turner）認爲，其中的第二個階段「閾限期」最爲重要，它爲受禮者提供的是「一種神聖的禮儀時空」。「第一個階段清楚地將神聖的時空與世俗的時空劃分開來。有時，一些暴烈的行爲（割包皮、敲掉牙齒、削剃頭髮、奉獻犧牲）表示受禮人先前的社會文化狀態的『死亡』。第三個階段代表受禮人精力充沛地回歸社會，所涉及的一切失去了其神聖的色彩，回歸原態。」〔註 41〕這樣，個體便經歷了一個閾限前的日常狀態到閾限中儀式的神聖狀態再到閾限後的日常狀態的過程，重新回到日常生活世界，承擔起成人的種種責任。

與這種原始的過渡性成人儀式相同的是，要迎來革命的「成人」儀式這一人生慶典，革命的個體也需要經受身體上的重重考驗。身體上的摧殘是考驗意志的主要手段，經得住來自異己的物質手段的種種折磨方能達致「成人」之境。「面對痛苦，他必須毫無懼色，從某種程度上說，他甚至只有熱愛痛苦，才能欣然履行他的各項責任。」〔註 42〕因此，革命的「成人」儀式常常伴隨著對身體痛楚的耐受力的考察，從而成爲對堅韌的精神意志的嘉獎。更爲重要的是，革命儀式還使參與者與革命信仰之間「互滲」，個體從此獲得了一個「新的靈魂」，邁入了神聖世界。與原始儀式根本不同的是，個體經由革命儀式所走過的道路並不是圓圈，而是一條不可逆轉的直線。個體通過「成人」儀式的過渡並未返回到日常生活，而是永遠停留在了神聖世界之中。

在《青春之歌》中，入黨儀式就是林道靜的「成人」儀式。在此之前，她經受了種種考驗。無論是去農村戰鬥，還是在監獄中遭受殘忍的刑罰，她

〔註 40〕〔法〕列維－布留爾：《原始思維》，丁由譯，商務印書館 1981 年版，第 340 頁、344 頁。

〔註 41〕關於根納普「過渡儀式」這一概念的分析，參見〔美〕維克多‧特納、伊迪絲‧特納：《宗教慶典儀式》，載維克多‧特納編《慶典》，方永德等譯，上海文藝出版社 1993 年版，第 256 頁。

〔註 42〕〔法〕愛彌兒‧涂爾幹：《宗教生活的基本形式》，渠東等譯，上海人民出版社 2006 年版，第 297 頁。

都沒有動搖革命的鬥志，相反卻洗去了小資產階級知識分子的劣根性，成爲一名眞正的革命戰士。入黨儀式的舉行正是以之前漫長的考驗爲前提的：「根據你在監獄裏的表現，……組織上已經同意吸收你入黨了！」這既是對她革命資格的權威性認定，又將一種神聖感與責任感轉注於她，使她倍感榮耀、興奮、幸福，由此使革命的信仰愈加堅定。對林道靜來說，入黨儀式是她新生的偉大標誌：「每個共產黨員，當他回憶起他入黨宣誓的那一霎那間，當他深深地意識到，從這一刻起，他再不是一個普通人了；當他深深地意識到，他已經高高地舉起了共產主義的大旗，他已經在解放人民、解放祖國的戰場上成了最英勇最前列的戰士時，這是何等的幸福啊；當他深深地意識到，他的運命將和千百萬人民的運命緊密地聯結在一起，他的生命將貢獻給千百萬人民的解放和歡樂，這又是何等的幸福呵！」〔註43〕

　　自入黨儀式後，林道靜的地位得到徹底改變。她不再是一個需要接受教育、鍛鍊和考察的對象，而成了引導他人走向革命道路、掀起革命浪潮的革命英雄。《青春之歌》的最後一章用更大規模的示威遊行營造了文本的高潮，這一革命儀式的象徵意蘊是多重的。對林道靜而言，她既是這個儀式的參與者，更是幕後的發動者。因此，這一文本的高潮也是她人生的高潮。從某種意義上來說，她又是這一儀式的主持者，王曉燕、李槐英等人是在她的引導下才投身於這革命的滾滾洪流的。於是，這一儀式便成了王曉燕、李槐英、王鴻賓等人的「成人」儀式，他們同樣需要經受身體上的嚴酷考驗，在與軍警的肉搏中，在劊子手們的大刀皮鞭之下，去完成他們靈魂的更新，邁入革命英雄的行列。

二、地位逆轉：外在與內在的雙重解放

　　與大多數具有虛擬性特徵的儀式〔註44〕不同，革命儀式往往是政治權力付諸社會實踐的直接結果，是革命運動不可分割的一部分。革命儀式的場景和行爲者的心理時空雖然也包含少許虛擬性，但並不佔據主流。革命儀式所

〔註43〕楊沫：《青春之歌》，人民文學出版社1960年版，第439頁、442～443頁。

〔註44〕薛藝兵指出，儀式是虛擬的世界，它的虛擬性主要包含四個方面：儀式行爲方式的虛擬性、儀式表演手法的虛擬性、儀式場景布置的虛擬性以及儀式行爲者心理時空的虛擬性。在這個虛擬的世界中，儀式行爲者的情感與心態卻是眞實的。參見薛藝兵：《對儀式現象的人類學解釋（上）》，《廣西民族研究》，2003年第2期。

呈現的場景是社會結構以及日常生活的高度濃縮與抽象，折射出的是與此相適應的心理結構與精神秩序。通過集體暴力的合法展演，革命儀式實現了群眾社會地位的逆轉，鑄造了新的社會結構。更爲重要的是，它同時也改造了群眾的心理結構和精神世界，以革命信仰將之整合爲統一的維護新的社會結構與社會秩序的現實力量。因此，它更大意義上是一場心理戰役。這一特徵在公審大會（或稱「翻身大會」）中體現得尤爲明顯。如果說成人儀式多針對個體信仰的獲得的話，公審大會則帶有極強的群體性色彩。

公審大會一開始總是難以擺脫舊的社會結構、社會關係的牽制，籠罩著長期以來以此爲基礎而形成的心理慣性與精神秩序的歷史陰影。因此，它往往成爲新舊兩種勢力精神交鋒的戰場。《暴風驟雨》中第一次鬥爭韓老六的翻身大會之所以失敗，根本原因就在於韓老六的威風尚在，人們仍舊沉迷於舊有的精神秩序之中，對鄉村權威的畏懼心、憐憫心尚未消除。這一麻木、怯懦的精神狀態和服從慣性是舊勢力、舊權威得以長存的關鍵所在。「幾千年的惡霸威風，他們曾經壓迫了世世代代的農民，農民在這種力量底下一貫是低頭的。」所以，當錢文貴（《桑乾河上》）被押到臺上的時候，還帶著昔日的做派，「牙齒咬著嘴唇，橫著眼睛」。於是，公審大會便呈現出兩種力量的此消彼長：「在這一刻兒，他的確還是高高在上的，他和他多年征服的力量，在這村子上是生了根的，誰輕易能扳得他動呢。人們心裏恨他，剛剛還罵了他，可是他出現了，人們卻迸住了氣，仇恨又讓了步，這情形就像兩個雄雞在打架以前一樣，都比著勢子，沉默愈久，錢文貴的力量便愈增長，看看他要勝利了。」〔註45〕

於是，公審大會必不可少的要經歷一個「喚醒」的過程，這一過程被蕭隊長形象地稱爲「點火」。即煽動起群眾復仇的怒火，衝破既有心理結構的限制與束縛，將代表舊的社會結構與社會秩序的權威燒掉。「訴苦」就承擔了這個「喚醒」的功能。「訴苦」凸顯了儀式所具有的「表演性」特徵，它上演的是一幕幕驚天動地的悲劇。它不僅激發了訴苦者本人的復仇情緒，而且使各個人的復仇情緒相互碰撞、激蕩，匯成了復仇的大浪。每一輪「訴苦」都會引發不可遏制的群體暴力衝動。正是在革命儀式所營構的這一群體共享的情

〔註45〕 丁玲：《桑乾河上》，哈爾濱光華書店 1948 年版，第 305、306 頁。《桑乾河上》後來被丁玲改題爲《太陽照在桑乾河上》，各章加了小標題，内容也做了不少改動，出於論述需要，本書採用的是其初版本，下同。

感空間中，所有的參與者都不由自主地被情感、情緒所驅使，個體所壓抑的零碎化的隱蔽能量被誘發出來，在「革命」的名義下得到有效整合，匯聚成強大的顛覆性力量。不僅如此，「訴苦」揭示了封建地主的罪惡，否定了現存的社會結構與社會現實，使暴力擁有了毋庸置疑的合法性。當韓老六的罪行以數字化的形式（整死十七條人命，戕害婦女四十三名）被宣佈之後，群眾立刻掀起了暴力的狂潮：

> 擋也擋不住的暴怒的群眾，高舉著棒子，紛紛往前擠。亂棒子紛紛落下來。
>
> 「打死他！」「打死他！」分不清是誰的呼喚。
>
> 「不能留呀！」又一個暴怒的聲音。
>
> 「殺人償命呀！」
>
> 「非把他橫拉豎割，不能解恨呀。」老田太太顫顫微微說。
>
> 〔註46〕

在革命儀式中，作為「群眾力量」的集體暴力不停上演，它被賦予了改天換地般的神奇力量，實際上成了被刻意塑造的「聖物」。其前提無疑是革命對「群眾力量」的頂禮膜拜。合法性的集體暴力通過在革命儀式上的展演，迅速演變為摧枯拉朽的政治力量，成為新勢力開始崛起的標誌。

　　在「群眾力量」的作用下，封建地主所具有的現實力量終於土崩瓦解。除此之外，其一貫高高在上的優越感與威嚴也必須被摧垮。要實現這一成果，就需要將其從道德人格上打倒，最常用的手段是「戴高帽子」。「戴高帽子」這一手法應該是 1927 年北伐前後農村革命運動的發明，毛澤東在《湖南農民運動考察報告》中曾有提及。〔註47〕茅盾較早在《動搖》所呈現的農村鬥爭中寫到了它。蔣光慈在《田野的風》中更對戴高帽子遊街示眾的革命儀式進行了文學化的描述。文中的鄉紳張舉人和胡根富就是被農會戴上高帽子敲鑼打鼓遊街示眾的。這一場面引發了孩子們的興趣：「小孩子要居半數，他們跳著嚷著，就是在玩龍燈的時候也沒有這麼的高興。」〔註48〕在批鬥錢

〔註46〕周立波：《暴風驟雨》，人民文學出版社 1956 年版，第 168～169 頁。
〔註47〕毛澤東在該文中說農會「動不動捉人戴高帽子游鄉，『劣紳！今天認得我們！』為所欲為，一切反常，竟在鄉村造成一種恐怖現象」。見毛澤東：《湖南農民運動考察報告》，原載漢口《中央日報》副刊第 7 號，1927 年 3 月 28 日。
〔註48〕蔣光慈：《田野的風》，湖風書局 1932 年版，第 205 頁。

文貴時，「戴高帽子」就是一個孩子的主意，也是「一個十三四歲的孩子」跳上臺來，「拿帽子往他頭上一放，並吐出一口痰去，恨恨地罵道：『錢文貴，你也有今天！』他跳下去了，有些人跟著他的罵聲笑了起來」。〔註 49〕「戴高帽子」徹底使被批鬥者淪爲被戲耍、捉弄的對象，孩子的參與更緩和了公審大會劍拔弩張的緊張氣氛，沖淡了它的悲劇色彩，使之成爲一種群體性觀賞的景觀。這樣，公審大會嚴肅的政治性在某種程度上得到消解，轉換成了類似民間慶典的儀式。民俗文化中的「高帽子」是妖魔鬼怪的外在顯著標誌之一。在民間的節日慶典中，人們通過「戴高帽子」來模擬「妖魔鬼怪」的形象，原始的動機可能是祈福避禍，後來逐漸演變成一種民間娛樂活動。在公審大會上，「戴高帽子」自然排除不了娛樂化的心態，但更爲重要的還是用這一「軟暴力」將被批鬥者強行劃入「牛鬼蛇神」的「非人」行列，加深其恥辱感，摧毀其人格與尊嚴。「文革」時期的「革命」儀式不僅將「戴高帽子」運用得出神入化，而且還發明了更多更具毀滅性的手法。

革命儀式宣佈了舊的社會結構與社會秩序的覆亡，昭示著新的社會結構與社會秩序的形成，「這是一個結束，但也是開始」。〔註 50〕因此，從這一意義上，也可以將這種革命儀式稱爲「過渡儀式」，它是兩種異質社會結構與社會秩序之間的過渡；若從個體層面衡量，這種儀式又可以稱爲「地位逆轉儀式」（rituals of status reversal），「翻身」是它的形象化表述。特納指出，最好將閾限看作一個過程而不是一種狀態，它主要包括兩種類型：地位提升的儀式（rituals of status elevation）和地位逆轉的儀式。後者是常常在周期性和年度性儀式中出現的閾限，這種閾限通常是集體性的。在文化所規定的時間點上，「那些同屬一個群體或類別，在社會結構中固定地處於低下地位的人就會積極地聯合在一起，對那些地位處在他們之上的人進行儀式性的領導。而那些身處高位的人必須心懷善意地接受這種儀式性的降卑。……那些深處高位的人常常會受到激烈的言語和身體攻擊，那些地位低下的人就是用這種方式來辱罵甚至虐待他們。」〔註 51〕在這一儀式中，地位低下的人所獲得的地位逆轉只是暫時的，甚至是象徵性的。當儀式結束，一切又都恢復原樣。它實

〔註 49〕丁玲：《桑乾河上》，哈爾濱光華書局 1948 年版，第 306～307 頁。

〔註 50〕丁玲：《桑乾河上》，哈爾濱光華書局 1948 年版，第 315 頁。

〔註 51〕〔美〕維克多・特納：《儀式過程——結構與反結構》，黃劍波等譯，中國人民大學出版社 2006 年版，第 169～170 頁。

際上起到了緩解社會衝突的作用。因此，特納又將閾限前───閾限期──閾限後的過程描述爲結構───反結構───結構的過程。不難看出，作爲革命儀式的公審大會仍帶有原始人類儀式的核心形式。但與之不同的是，公審大會所造成的地位逆轉既是社會現實，又是精神現實。在它之後出現的社會結構是全新的，與此前的社會結構有著本質的不同，是不可逆轉的。

　　表面上看，公審大會似乎是多此一舉，革命運動的領導者完全可以憑藉手中的武裝力量將舊勢力消滅。但正如蕭隊長意識到的：「如果我們不耐心地好好把群眾發動起來，由群眾來把封建堡壘乾淨全部徹底地摧毀，封建勢力決不會垮的，殺掉這個韓老六，還有別的韓老六。」〔註52〕如果思想沒有得到解放，外在的解放也決不可能持久，反動勢力仍會捲土重來。因而，作爲革命儀式，公審大會需要在雙重意義上實現地位的逆轉，一是社會現實層面，一是精神心理層面，後者是前者的基礎。從社會現實層面而言，它通過合法化的集體暴力將舊勢力的權威從現實與象徵層面打倒，徹底打破了鄉村社會的差序格局，重鑄了社會結構。然而，更爲重要的還是它的精神價值。革命儀式提供現場感又具有開放性，群眾既是其主力，又是其觀眾；他們經由它用自己的力量改變了命運，並親眼見證了這種力量的蓬勃成長與變爲主宰。這無疑可以推倒他們舊的精神世界，改變其順從、麻木、軟弱的心理狀態，強化革命信仰，從根本上搗毀舊的社會結構得以產生並穩固的心理基礎。心理上對逆轉地位的認同才能維持他們已經逆轉了的社會地位。在將張舉人和胡根富遊街示眾之後，「鄉間的空氣大爲改變了」，「鄉人們在此以前屈服於金錢勢力之下，也就把這種現象當成不可更變的運命的規律，可是從今後他們卻感覺到這金錢勢力並不是神怪（原文如此──引者）不可侵犯的，只要鄉下人自己願意將代表勢力的張舉人和代表金錢的胡根富打倒，那便不會有打不倒的情事」，「鄉下人的粗糙的手掌是很有力量的，從前這力量未被他們意識到，可是現在他們卻開始伸出這東西來了。在這東西一伸出來了之後，這鄉間的空氣便根本地改變了」。〔註53〕

三、狂歡：營造信仰的「共同體」

　　柯澤（David I. Kertzer）指出，儀式對於革命的意義十分重大：「儀式達

〔註52〕周立波：《暴風驟雨》，人民文學出版社1956年版，第77頁。
〔註53〕蔣光慈：《田野的風》，湖風書局1932年版，第210～211頁。

成重要的組織需求，它將實際的權力關係神秘化並爲其提供合法性，甚至在明顯缺乏共識的地方也有助於促進普遍的團結，它引導人們按特定的方式去構想他們的政治宇宙（political universe）。在某些方面，儀式對革命運動和革命政權，甚至比對建立已久的政治組織或政權更爲重要。要將激進的政治變動制度化，必須有強大的支持爲後盾，這就需要人們放棄根深蒂固的積習以及此前建立的關於世界的陳規陋見。」〔註 54〕實際上也是如此，革命儀式所具有的心理效應與精神價值比它的現實效用更爲重要也更爲強大。〔註 55〕在諸多的革命儀式中，慶典儀式對人精神的作用尤其不能忽視。它常常在革命取得階段性勝利之後舉行，分享革命所取得的物質成果與精神成果。人們在這一群體狂歡的空間中所獲得的，是社會與自身得以新生的大歡喜，是一種情感上的「高峰體驗」。如果說集體暴力的運用改變了原有的社會結構和精神秩序；那慶典狂歡則強化了人們對革命的信奉與崇拜，並使之成爲起支配作用的精神力量，進而營造了堅固的信仰「共同體」。

對革命組織而言，慶典儀式十分必要。慶典是一個高度濃縮化的流動性時空，它不僅勾連過去，而且接通未來；它不僅慶祝痛苦生活的結束和新的幸福生活的開始，而且進一步誘發人們對未來美好生活的想像。慶典在革命取得階段性成功之後舉行，其意義並不僅僅停留在物質生活層面，最主要的是它能起到鼓舞士氣、凝聚人心、增強團結的精神作用。因而，它是進行政治動員必不可少的有效手段之一。無論是在《地泉》還是在《大海》中，在農會領導的革命力量奪取了鄉村政權之後，都召開了規模宏大的慶祝大會，其用意不只在暢飲革命勝利的美酒，至爲重要的還是爲以後的鬥爭進行有效的社會動員：「每個持著武器的人們，都在這異常興奮和異常緊張的空氣的卷動中，憤憤然而又昂昂然的都變成了一個個將要到戰場中去肉搏的英勇的戰士去了。」〔註 56〕在《三家巷》中，新建立的革命政權更借助工農兵代表大

〔註 54〕David I. Kertzer., *Ritual, Politics, and Power*, Yale University Press, 1988, pp.152-153.

〔註 55〕布朗指出，研究儀式有三條思路，除考察儀式的目的和原因、思考它的意義之外，還要研究儀式的效果。在他看來，這一效果主要是「心理作用」，而它對社會結構的影響即它的「社會作用」則是「心理作用」的派生效果。「顯然，如果我們不考察一個儀式通常的或正常的心理作用，就不可能揭示它的社會功能。」見 A. R.拉德克利夫－布朗：《禁忌》，載史宗主編《20 世紀西方宗教人類學文選》（上卷），金澤等譯，上海三聯書店 1995 年版，第 110～112 頁。

〔註 56〕華漢：《地泉・深入》，湖風書局 1932 年版，第 165 頁。

會宣佈了民主政府的施政綱領，這誘使人們興奮地構想革命後的幸福生活，並心甘情願爲這一美好目標的實現奉獻力量：「你想實施那些政綱，你就不能不流血犧牲，爲那些政綱的實施來奮鬥！路還遠著呢！」〔註57〕

革命的慶典儀式自然免不了要借用傳統節日的一些慶祝形式，如敲鑼打鼓、載歌載舞等。它營造的也是一種「節日」的感覺。但與傳統周期性的節日慶典不同，它的狂歡不是形式化的，而有著鮮明統一的政治內涵與精神指向；它採用了更多的方式去刺激人的感官與精神，標語、口號、演說等爲參與者提供了一場感官的盛宴，使其深陷於不可抑制的精神狂熱之中。因此，它所帶來的精神上的「狂歡」，其程度要比傳統節日所引發的「狂歡」更深，其效果也更爲持久。其中，演說的煽動作用不可小視。在慶典儀式上，演說者類似於宗教儀式中的布道者，每一席話都能激起一輪群體性的情感狂潮。在演講之後的口號聲、掌聲、歌曲聲中，群眾像大海一樣「翻騰著，咆哮著，叫喊著了！」〔註58〕

在此，有必要將革命慶典儀式上的「狂歡」與巴赫金提出的民間詼諧文化中的「狂歡節」做一對比。當然，二者有本質的不同，但以此爲參照可以凸顯慶典儀式的某些本質特性。巴赫金指出，「節慶活動永遠具有重要的和深刻的思想內涵、世界觀內涵」，要使一個時間段成爲節日，就「必須把另一種存在領域裏即精神和意識形態領域裏的某種東西加入進去。它們不應該從手段和必要條件方面獲得認可，而應該從人類生存的最高目的，即從理想方面獲得認可。離開這一點，就不可能有任何節慶性」。因此，「狂歡節」的意義就在於和官方意識形態化的節日相對立，「慶賀暫時擺脫占統治地位的眞理和現有的制度，慶賀暫時取消一切等級關係、特權、過犯和禁令」，「在狂歡節期間，取消一切等級關係具有特別重要的意義」。〔註59〕表面上看，慶典儀式與「狂歡節」似乎有著相似之處：它也具有意識形態上的象徵意蘊，它與既存的社會現實以及官方認可的社會等級制度成一種敵對的關係；它也是反專制、反權威、爭自由、爭平等的；在慶典儀式中，人與人之間的不平等好像也消失了。但實際上卻並非如此，兩者的不同之處不僅在於，巴赫金描述的「狂歡節」所營構的是一個暫時性的烏托邦王國，而革命的慶典儀式則試圖

〔註57〕歐陽山：《三家巷》，廣東人民出版社1959年版，第364頁。
〔註58〕洪靈菲：《大海》（下部），《拓荒者》第1卷第3期，1930年3月10日。
〔註59〕〔蘇〕巴赫金：《拉伯雷研究》，《巴赫金全集》（第6卷），李兆林等譯，河北教育出版社1998年版，第10～12頁。

將這一烏托邦王國變爲永久的現實。尤爲根本的差異還在於，巴赫金筆下的「狂歡節」雖然反對官方的意識形態，但它自身並不形成意識形態；它反對權威話語，但它自身並不生產權威話語。作爲一個全民性自發自願參與的節日，它是人們感官欲望的自由宣泄，「代表著多元、非中心、語言雜多，而不是建立新的一元中心權威和神話」。〔註60〕因此，人與人之間是一種「主體間」的關係，它不可能具有政治上的凝聚力與向心力，更缺乏明確的政治目標。人們在這種「狂歡」中獲得的是一種身心的解放。而革命慶典中的「狂歡」則是他人引導下的結果，它免不了要樹立神話與權威，它貌似雜亂實則有內在統一而嚴整的秩序，恰恰是爲了實現政治上的凝聚力與向心力，因而這種「狂歡」化的話語無不統攝於一種位居中心的權威話語之中。於是，在慶典狂歡中的人們本質上是迷失了自我爲權威所控制的，他們的言語已經變爲統一的「革命話語」。一個明顯的例子是在《暴風驟雨》中，舊的秧歌被革命歌曲所取代：「二月裏來刮春風，湖南上來個毛澤東，毛澤東那勢力重，他坐上飛機，在呀麼在空中，後帶百萬兵。」〔註61〕

特納指出，儀式行爲類似於一種情感昇華的過程，它「借助本能的情感和社會秩序的規範之間建立起一種恰當的關係」，「使得社會的諸多要求成爲人們自願想去實現的事物。人們受到引導，甘願去做他們必須做的事情」。〔註62〕革命的慶典儀式同樣也是一個情感昇華的過程，人們在其中獲得的是一種超出日常生活的獨特的情感體驗。特納將這種體驗稱爲「超體驗」，因爲「慶典『濾去』了其他各種體驗，從而提取出對每個集團成員都至關重要的那部分體驗」。〔註63〕慶典儀式不僅激發、煽動參與者的情感，而且將之淨化、提純、昇華，構成了一個使人人沉醉其中的「情感場」。慶典運用各種形式來營造一種「狂歡」的氣氛，「顯然，人類也同樣需要重複的運動、視覺及聽覺方面的驅動刺激，並將它們與各類慶典中都能提供的抑揚頓挫的言語和頌歌結合，從而產生感召力、昇華的活動以及感情響應」。〔註64〕正

〔註60〕劉康：《對話的喧聲：巴赫金的文化轉型理論》，中國人民大學出版社1995年版，第193頁。

〔註61〕周立波：《暴風驟雨》，人民文學出版社1956年版，第211頁。

〔註62〕〔美〕維克多·特納：《戲劇、場景及隱喻：人類社會的象徵性行爲》，劉珩等譯，民族出版社2007年版，第51頁。

〔註63〕〔美〕維克多·特納主編：《慶典》，方永德等譯，上海文藝出版社1993年版，第14頁。

〔註64〕〔美〕維克多·特納主編：《慶典》，方永德等譯，上海文藝出版社1993年版，

是在多重刺激的作用下，慶典儀式中的個體陷入了情感的狂熱狀態，這種狀態類似於列維－布留爾所說的「易感」的特別狀態。〔註 65〕實際上，不僅成人儀式需要「易感」狀態，慶典儀式同樣也需要在參與者處於「易感」狀態時實現其與革命信仰之間的「互滲」。這種「易感」狀態是一種被情感吞沒的「意識喪失」狀態：「他們為一種極度的歡樂，為一種極有意義的情感而激動而投入到一種好像是無意識的熱鬧了，這是多麼的狂歡呵！」〔註 66〕在慶典渲染、營造的狂熱狀態下，人們往往最容易被某種精神理念所控制、所支配：「我們所說的、所做的、所想的、所感覺的都是由『讓我們相信吧』這一前提所支配的，也就是說，我們信仰真理、信仰現實，相信某種超自然、凌駕於人類、社會、國家之上的力量具有善性，並將它們視作各種現象的初始及終極原因。」〔註 67〕革命的慶典儀式讓人們沉浸在「革命」所帶來的「新生」的狂歡之中，在一種非理性的狂熱與盲從的心理狀態下，將他們對「革命」的崇奉強化到無以復加，由此營造了一個以共同情感為基礎的信仰的「共同體」。這一信仰的「共同體」無疑將成為革命力量最有效的凝聚力和最強大的內驅力。

　　值得注意的是，任何革命儀式的背後都隱藏著深層的權力關係。革命儀式的舉行離不開革命先行者的精心策劃，它有的時候看似是群眾的自發行為，實際上卻始終處在革命者的引導之下。每種革命儀式都有主持者和掌控者，因此，任何革命儀式都不可能成為群眾無目的的行動和狂歡，而只能成為有著鮮明的意識形態目的的政治行動。革命儀式對個體而言是一個「受洗」的過程，它的本質作用實際上是改造人心。儀式這一中介很好地完成了這一作用而且極好地掩蓋了其中深藏的改造／被改造的權力關係。不僅如此，革命儀式的主持者還常常引導人們將對「革命」的信仰實體化為對「革命」領袖的崇拜，在錢文貴被打倒後的「慶祝土地還家」大會上，程仁就拿出了毛

第 14 頁。

〔註65〕在布留爾那裡，這種成人儀式所造成的「易感」狀態是為了實現行成年禮的人與社會集體的本質之間的「互滲」。「這個易感狀態主要存在於由疲勞、疼痛、虛弱、困苦所引起的一種類似人格和意識喪失的狀態中，──簡而言之，存在與一種其後將有新生的假死中。」載〔法〕列維－布留爾：《原始思維》，丁由譯，商務印書館 1981 年版，第 344～345 頁。

〔註66〕丁玲：《桑乾河上》，哈爾濱光華書店 1948 年版，第 352 頁。

〔註67〕〔美〕維克多・特納主編：《慶典》，方永德等譯，上海文藝出版社 1993 年版，第 14 頁。

主席像，把取得的成功歸結爲毛主席的英明，「這個辦法，是咱們毛主席給想出的，毛主席是天下窮人的救星，他坐在延安，日日夜夜爲咱們操心受累」，並號召大家給他鞠躬。這個場景是凝重而莊嚴的，人們把心中的感激與崇敬都轉加在一個人身上，「臺底下男男女女沒有一點聲音，都跟著把頭低下去了」。這樣，革命信仰的核心就成了對革命領袖的崇拜：「擁護毛主席！毛主席萬歲！」〔註 68〕舊的權威被推倒了，新的權威卻更加牢固地樹立起來；人們在革命中獲得了物質財富，卻交付出了精神的自主。革命儀式就是這樣成了造神運動不可或缺的一部分。

〔註68〕丁玲：《桑乾河上》，哈爾濱光華書店 1948 年版，第 351 頁。

第四章　革命倫理：營構新的
政治共同體

　　革命話語不僅將革命信仰刻入個體的靈魂深處，使之成爲個體行爲的出發點與內驅力；而且還顛覆了個體存乎其中的社會秩序，並以「革命」的名義重新組合，再生產出新型的倫理形態——革命倫理。正是堅定的革命信仰，才能使個體完全以「革命」爲中心放棄對自主性的堅守，才使得革命倫理的建構水到渠成。

　　革命倫理的出現是中國倫理史上一次意義非凡的革命。其中，革命的倫理化與倫理的革命化是同時進行的。「道德革命——人們的關係和意識上的革命，是任何社會革命的一個組成部分」。〔註1〕一方面，革命只有倫理化才能實現群體性政治認同，獲得合法性支撐；另一方面，對革命團體而言，僅有制度、規則等層面的約束力是不夠的，還必須借助倫理的內在規範力量，方能強化其組織、動員能力。於是，倫理的革命化就勢所難免。

　　大致而言，作爲倫理規範與道德意義的革命倫理包含著革命組織自身的倫理和革命組織中人的倫理兩個層面。多有論者僅將後一層面視作革命倫理的全部內容，卻忽視了前一層面的不可或缺。實際上，前者以革命的正義性／合法性爲主要範疇；後者則涉及個體的思想（意識）和行爲，以個體與個體、個體與集體、社會和個人、階級和社會等關係的基本規範爲主要內容。前者是後者展開的動力，後者又是前者的具象化，兩者處於一種良性的互動

〔註1〕　〔蘇〕А‧И‧季塔連科主編：《馬克思主義倫理學》，黃其才等譯，中國人民大學出版社 1984 年版，第 45 頁。

關係之中。

革命倫理中蘊藏著深刻的權、利關係。首先，作爲根本政治原則的正義是鞏固、爭奪、重建政治合法性的真理性力量，「作爲一種終極性的理念『善』的正義是合法性之合法性的源泉」。〔註2〕革命合法性的建構與爭奪必須以革命正義的獲得爲基本前提。而合法性就是對政治權力的認同，「它試圖解決一個基本的政治問題，而解決的辦法即在於同時證明政治權力與服從性」，「把合法性定義爲統治權利，意味著贊同扮演著一個重要的角色」。〔註3〕對合法性的「贊同」本身就蘊含著一種道德判斷。這樣，合道德性不僅是自然法的基礎，也構成了合法性的重要基礎。因此，革命的合法性離不開敘事的道德化與倫理化。在哈貝馬斯看來，合法性又「意味著某種政治秩序被認可的價值」；「只有政治秩序才擁有著或喪失著合法性，只有它們才需要合法化」；而革命則是合法性危機的結果，這種結果與該國家以及「作爲整體的該社會的基礎制度的改變相關連」。〔註4〕政治秩序的被認可首先表現爲政治共同體〔註5〕中統治——服從這一倫理關係的穩固，而革命則必然從背棄、重建這一倫理關係入手。革命正義樹立的同時就意味著舊的政治共同體的合法性的喪失，而新型統治——服從關係的建立無疑就成了新的政治共同體得以營造的顯著標識。

其次，革命倫理將一切有利於革命目標的思想（意識）和行爲界定爲「善」。如楊邨人所說：「什麼是良心？於革命有利益的事，才算有良心。」〔註6〕正是在「革命正義」的名目下，政治共同體可以無條件地迫使個體放

〔註2〕 王海洲：《合法性的爭奪——政治記憶的多重刻寫》，江蘇人民出版社 2008 年版，第 205 頁。

〔註3〕 〔法〕讓－馬克·誇克：《合法性與政治》，佟心平等譯，中央編譯出版社 2002 年版，第 10 頁、11 頁。

〔註4〕 〔德〕哈貝馬斯：《交往與社會進化》，張博樹譯，重慶出版社 1989 年版，第 184 頁。

〔註5〕 本書所使用的「政治共同體」這一概念來自馬克斯·韋伯，他把「政治共同體」理解爲：一片領土（不一定要絕對永恒的和有固定邊界的，然而總是可以用某種方式確定界線的區域）和長久或者也可以包括暫時在這塊領土上的人的行爲，通過準備採取有形的暴力，而且一般也包括武力，目的是讓參加者們（對這片領土）進行井然有序的統治（和可能爲他們獲得更廣大的區域）。載〔德〕馬克斯·韋伯：《經濟與社會》（下卷），林榮遠譯，商務印書館 1997 年版，第 217 頁。

〔註6〕 楊邨人：《一尺天——長篇小説〈一個戰士〉的一段》，《太陽月刊》7 月號，

棄任何個人化的情感和追求，並通過將包括個體生命在內的犧牲定義爲「至善」或「崇高」的手段鼓勵個體的獻身意識。無論何種革命倫理，都是政治共同體用以規範成員的意識與行爲，最大限度征集社會資源的隱蔽手段，其核心就是統治——服從關係的有效性。

　　無產階級革命文學中的革命倫理尤其強化了個體與革命集體之間的對立，以及個人主義走向消亡的「歷史必然性」。「這種別異的倫理形態以『階級』爲其基點，以『革命正義』爲其旗幟，以『集體主義』、『獻身精神』爲其主導，以個人利益服從集體利益作爲個體的基本規範」。〔註7〕在無產階級革命話語中，個體毅然成爲既往倫理的反叛者；在革命話語對舊有倫理的利用、整合、批判和拒斥中，個體與個體、家庭、集體、社會、國家等之間的關係原則都得到了重新規定。革命倫理促使個體從原有的社會關係網絡中叛逃出來，以「階級」的名義進行重組，從而構成新的控制與被控制的關係。作爲個體的「人」就這樣成了營造新的政治共同體的工具。伴隨著革命話語的再生產過程和革命倫理的漸次成型，新的政治共同體在合法性的角逐和社會資源的爭奪中由弱到強，最終成爲國家權力的擁有者。

第一節　回到民間：獨佔革命正義

　　革命合法性的核心是革命的正義性。《易經》有云：「天地革而四時成，湯武革命，順乎天而應乎人，革之時義大矣！」「湯武革命」在本質上與暴亂、叛亂相區別的合法性就在於它「順天應人」。這一合法性「來源於某一道義理由（仁義，德性，人民之願或現代的道德自由、財富平等）」，革命正是要「改變（革）統治者執政的正當性法理（命），改變國家社會的道德基礎」。〔註8〕因此，革命正義的建構和革命的合法性論證必然成爲革命話語的首要任務。

　　1921年9月，朱謙之的《革命哲學》一書出版。這本試圖系統地從哲學層面探討革命的書突顯出「革命」在1920年代中國的炙手可熱的地位。在爲《革命哲學》所做的「序詩」中，郭沫若聲稱：「革命底精神便是全宇宙

1928年7月1日。

〔註7〕　孫紅震：《解放區文學的革命倫理闡釋》，博士學位論文，華中師範大學，2008年，第11頁。

〔註8〕　劉小楓：《儒家革命精神源流考》，上海三聯書店2000年版，第37頁、40頁。

底本體了！」〔註9〕鄭伯奇更高聲禮讚:「革命喲！革命喲！神聖的革命喲！」〔註10〕「『革命』一詞已異化爲至高無上的符咒」,「被建構爲一種最高的道德和使命」,「已成爲一種神聖不可侵犯的主流話語」,「深具政治正義性與合道性」。〔註11〕在這種情況下,儘管國共兩黨的「革命」內涵各異,仍舊可以在「革命」的大旗下握手言和以共享革命正義。但「四‧一二」政變標誌著這種共享局面的終結,國共雙方都將對方指斥爲「反革命」,用以爭奪革命法統,試圖獨佔革命正義。

　　國共的分裂使「革命」成了一種「漂浮的能指」,任何個人或團體都可以用它充當文學話語資源。因此,革命正義雖然毋庸置疑,但「革命」的形式一開始在文學中卻是千差萬別甚而模糊不明。這導致了革命話語的含混與多元,尚缺乏明確的政治共同體指向。唯有國共兩黨掌握了文學話語權力,革命話語被用作爭奪革命正義的工具,其中的政治共同體才具體化了。無產階級革命文學借助民間倫理資源的支持,通過道德化的話語策略,證明現有政治制度、法律制度已徹底背離了公平、公正的原則,由此賦予打破社會秩序、政治秩序的一切反抗者以正義性;並用受難的身體來強化革命正義,凸顯暴力的貧弱無力以及它的非正義本質;進而達到否定政治共同體的革命合法性,獨佔革命正義的最終目的。

一、公平的喪失:底層反抗之正義

　　葛德文在他的《政治正義論》中寫道:「我對於正義的理解是:在同每一個人的幸福有關的事情上,公平地對待他,衡量這種對待的唯一標準是考慮受者的特性和施者的能力。所以,正義的原則,引用一句名言來說,就是:『一視同仁』。」〔註12〕由此可見,公平與否是衡量政治正義的重要標準。公平的問題,主要涉及政治共同體對社會資源如何分配的問題;這種社會資源既包括物質資源、性資源,也包括道德資源和文化資源等。因此,政治共

〔註9〕郭沫若:《宇宙革命底狂歌》,載朱謙之:《革命哲學》,泰東圖書局 1921 年版。書前有袁家驊的序言以及郭沫若、鄭伯奇、鄭振鐸的序詩,此書一月後即再版。

〔註10〕伯奇:《宇宙底革命》,載朱謙之:《革命哲學》,泰東圖書局 1921 年版。

〔註11〕王奇生:《「革命」與「反革命」:一九二〇年代中國三大政黨的黨際互動》,《歷史研究》,2004 年第 5 期。

〔註12〕〔英〕威廉‧葛德文:《政治正義論》(第一卷),何慕李譯,商務印書館 1980 年版,第 84～85 頁。

同體正義性的喪失，首先就表現在社會資源分配的極端不平等上。

革命話語中充滿著對不公平的社會制度的控訴。爲底層代言，提倡公平、平等、公正，反對剝削和壓迫，構成了革命話語的核心價值和革命正義的主要內容。也正是因爲這一價值理念所蘊含的普遍性與正義性，使「反文學」的革命文學在文學性極度匱乏的狀況下仍能受到眾多青睞。在革命話語中，以工人、農民爲代表的底層民眾第一次獲得了歷史主體的重要地位，成爲文學的主要（到「十七年」時期幾乎成爲唯一）表現對象，這無疑根本改變了中國文學的基本走向和整體風貌。

革命話語中的「苦難」觸目皆是，它在上層階級之驕奢淫逸的映襯下構成了一個沉重的符號。「苦難」與經濟上的層層盤剝直接相關。龔冰廬筆下的礦工們每天在地下辛苦工作十三個小時，常年見不到太陽，卻整日處於飢餓當中，連妻兒都難以養活。工廠的總辦和工頭們夜夜鶯歌燕舞、花天酒地，礦工們最後卻只能是「死路一條」。〔註13〕《最後勝利》中的日本資本家廣木潤一郎的姨太太養的狗「項將軍」每天要吃二兩上好的熟牛肉，還買了八萬兩銀子的保險。「它吃的一天食料是吃了一個工人二十天的食料」，「一千個工人還抵不到這一隻狗的價錢呢」。〔註14〕

物質資源分配上的不平等直接導致了貧富之間的巨大差別，進而引發了性資源佔有上的嚴重失衡。在革命話語中，根據物質資源的多寡來配置性資源無疑是資本主義社會最大的罪行之一，性實際上成了特權階級的專利。金錢與權力的擁有者才是社會中的強者，才有資格享有女人，闊少爺身邊總有「許多大家閨秀，和一些其他的浪漫女子，個個都願意同他要好」，而一文不名的窮小子則只能躺在冰冷的水門汀上靠做夢來捕捉女人的幻影。〔註15〕《資本輪下的分娩》中的無產青年就怒罵道：「他媽的！有錢的一個人有三妻四妾，還要嫖妓；我們打野雞的錢都沒有⋯⋯」〔註16〕

壓迫階級還利用手中的權力來強佔性資源。工廠的工頭不僅經常毒打工人，調戲、姦淫、強佔女工更是家常便飯。《三妹》中三妹的姐姐大妹就是被工頭趙大奎強姦後投江而亡。〔註17〕《火種》中的沈生與青雲相戀；但工頭

〔註13〕龔冰廬：《礦山祭》，《創造月刊》第 2 卷第 6 期，1929 年 1 月 10 日。
〔註14〕周毓英：《最後勝利》（第 1 卷），樂群書店 1930 年版，第 195 頁。
〔註15〕段可情：《火山下的上海》，《創造月刊》第 2 卷第 3 期，1928 年 10 月 10 日。
〔註16〕李白英：《資本輪下的分娩》，《創造月刊》第 2 卷第 6 期，1929 年 1 月 10 日。
〔註17〕楊邨人：《三妹》，《太陽月刊》2 月號，1928 年 2 月 1 日。

王大奎卻與青雲強結婚約，並在醉後將青雲強姦至死，卻反誣是沈生所爲。面對工頭的獸行，沈生無比憤怒：「他們有錢的人三妻四妾還嫌不夠，我們窮人與窮人的愛的權力也要被侵略麼？」〔註18〕

　　上層階級不僅佔有、掠奪物質資源和性資源，還試圖霸佔道德資源。《黎明之前》中的小姐和少爺可以在屋子中「開誠布公地倚傍著，談笑著，同坐著」；而工人倪洪德卻只能像做賊一樣和婢女阿蘭幽會。當他們的男女之情被發現，倪洪德便因「敗壞門風」、「破壞禮教，不守道德」的惡名被開除。〔註19〕上海四馬路上因貧困而不得不淪爲野雞的十三歲小姑娘受到「資產階級男女」道德上的唾棄：「下流，賤人，不要臉的。」而那些上層階級的奶奶和車夫通姦，大爺終日在外嫖妓、納妾、軋姘頭，卻沒有任何道德上的罪惡感。〔註20〕正是憑藉對道德評判權的壟斷，上層階級掩蓋了他們道德上虛僞、醜惡的本質。如葉永蓁在《小小十年》中所說：「什麼是道德，道德的正義是在那兒呢？道德不是資產家階級製造出來束縛被壓迫階級人們的思想和行動的嗎？資產階級是拿著他們的金錢作道德的，他們金錢勢力做到的地方，在他們就有了道德。然而被壓迫階級人們的道德呢，根本地要服從資產階級的意志。不有一些違反了他們生產的原則，不有一些違反了他們統治的秩序，永永遠遠地做他們的奴隸，那就道德了！否則我們就是道德的叛徒……」〔註21〕

　　公平的喪失意味著政治共同體的合法性已不復存在；相應地，現存政治秩序和社會秩序的反抗行爲就具有了正義性。正如沈玉芳對王阿貴所說的：「凡是被壓迫者反抗壓迫者的行動，無論是什麼行動都是對的。既然如此，那麼一個被壓迫者將一個壓迫他的人殺死，這事當然也是對的了。壓迫人的人都是壞人，被壓迫的人都是好人，好人應當把所有的壞人消滅掉。」〔註22〕

　　被壓迫者是善，壓迫者是惡；反抗壓迫爲正義，壓迫爲非正義。這是革

〔註18〕泣零：《火種》，《新流月報》第 4 期，1929 年 12 月 15 日。

〔註19〕龔冰盧：《黎明之前》，《創造月刊》第 1 卷 11 期、12 期連載，1928 年 5 月 1 日、7 月 10 日。

〔註20〕李白英：《資本輪下的分娩》，《創造月刊》第 2 卷第 6 期，1929 年 1 月 10 日。

〔註21〕葉永蓁：《小小十年》，生活書店 1933 年版，第 228 頁。此書由春潮書局於 1929 年 8 月 15 日初版，1933 年由生活書店出版時作者更換了原版中的插圖，並寫了「後記之後」一文附於書後來回應《拓荒者》第 1 卷第 1 期上沈端先對此書的批評。

〔註22〕蔣光慈：《最後的微笑》，現代書局 1928 年版，第 158 頁。

命倫理最基本的邏輯。從這個基本邏輯出發，革命話語將正義賦予了一切被壓迫者和一切反抗壓迫的行為。「哪裏有壓迫，哪裏就有反抗！」這樣，傳統意義上法律與道德的忤逆者以及社會秩序的反叛者如小偷、匪徒、妓女等也都被納入了正義的範疇，具有了「革命性」。

段可情《綁票匪的供狀》中的綁匪之所以在被捕後寫供狀，就是為了供人研究探討，「到底社會的腐敗，是甚麼原因。強盜之發生，是誰的罪惡」。從老實本分的少年農民變為「窮兇極惡」的綁票匪，他的經歷所揭示出的，是軍閥的巧立名目、橫征暴斂，是資本家的冷酷自私、貪婪殘暴。正是這「萬惡的社會」，逼迫他不得不走向了生存與反抗並舉的匪徒生涯。他指出：現在綁票的事業這樣盛行的原故，也實因現社會太不平等了，這歸根結底是社會的罪惡。〔註 23〕資產階級依靠制度與特權去掠奪社會資源，無產階級則只有採取最原始的暴力手段才能生存。如尼布爾所說：「生產資料所有制被認為本身就具有權力，並且造成了社會的非正義，沒有任何手段可剝奪、限制或摧毀這一權力，而只能用暴力來反對它。」〔註 24〕顧仲起對此有較為明確也更為激憤的認識：「在現代社會沒有毀滅以前，換句話說：在資本主義陣線沒有衝破的時候，無產階級的我們，只有去做偷兒匪兒！要我們去做奴隸嗎？要我們去用機巧的手段和他一樣掠奪他人財錢的動物嗎？那未免過於無意義了！而且，資產階級的財產也是偷了來，搶了來，用無產者的汗血換了來的呀！……老實說：在現在的社會，只有去做土匪，只有去殺人！殺盡了一班吃人的狗東西！」〔註 25〕

這樣，所有的受壓迫者、反抗者都可以在「正義」的旗幟下結為同盟，成為「同志」。馮憲章就將匪徒、小偷稱為「同志們」，呼籲道：「起來呀！現實社會的忤逆叛徒！／起來呀！飢寒交迫的土匪小偷！／……現在我們來改革這個宇宙，／現在我們來向人強搶盜偷；／啊！這是社會迫我們所要走的道路，為甚麼要被法律宣佈分屍與梟首！？」〔註 26〕對於被挖出心肝當作在剿匪中陣亡的連長的祭禮的四個土匪，沈子良將他們與大革命家徐錫麟相提

〔註 23〕 段可情：《綁票匪的供狀》，《創造月刊》第 2 卷第 5～6 期連載，1928 年 12 月 10 日、1929 年 1 月 10 日。

〔註 24〕 〔美〕萊茵霍爾德·尼布爾：《道德的人與不道德的社會》，蔣慶等譯，貴州人民出版社 1998 年版，第 116 頁。

〔註 25〕 顧仲起：《離開我的爸爸》，《太陽月刊》3 月號，1928 年 3 月 1 日。

〔註 26〕 馮憲章：《匪徒的吶喊》，《太陽月刊》7 月號，1928 年 7 月 1 日。

並論，給予他們以極大的同情；相反卻將冷酷嗜血的看客們稱為「富於封建思想的殘忍動物」。〔註 27〕《同在黑暗的路上走》中的青年對野雞（私娼）和小偷充滿了憐憫之心，他對小偷說：「你是小偷，她操皮肉生涯。我要賣血汗的勞動，同是受虐待的階級，同是被榨取的階級，我們都是兄弟姊妹，大家要團結起來的。」〔註 28〕《資本輪下的分娩》中的青年工人安慰「小野雞」道：「天下可憐的苦人們，這裡有個保護你們的，要替你們報仇的，唉！好妹妹！這裡有個強盜的……強盜的黨。」〔註 29〕馬寧的《新戀》更精心安排了工人領袖鐵塊頭與妓女雲英四寶之間由邂逅到相戀，進而共同走上革命道路的戲劇性情節。

二、法律的失效：統治權威之消解

　　這些政治秩序與社會秩序的反叛者們必將面臨法律的制裁。正如馬克思指出的，對於這些「被拋出慣常生活軌道的人」，法律並沒有看到他們「大多數是為環境所迫」；相反卻把他們看作「自願的」罪犯。〔註 30〕但在革命話語中，法律作為統治階級利益的維護者，已經失去了其應有的普遍有效性。實際上，反抗行為的風起雲湧本身就意味著法律的失效。因此，它往往在一片譴責聲中被棄若敝屣。革命話語通過揭露法律的階級本質和司法者的腐敗，在宣告法律無效的基礎上質疑、消解現有的統治權威。這不僅削弱了政治共同體的合法性，同時也為革命正義之確立提供了有效支撐。

　　馬克思、恩格斯在《德意志意識形態》中指明了法律的本質：統治者的共同利益所決定的意志的表現。法律雖然具有主觀性，它是統治階級的意志的反映；但它同時又具有客觀性，即這意志的內容由統治階級的物質生活來決定。尤為重要的是，法律還具有普遍有效性。它所表現出來的統治階級的意志，決不受他們之中任何「單個人」的任性所左右。「他們的個人統治必須

<hr>

〔註 27〕沈子良：《祭禮》，《萌芽月刊》第 1 卷第 1 期，1930 年 1 月 1 日。
〔註 28〕馮乃超：《同在黑暗的路上走——A Dramatic Sketch》，《文化批判》第 1 號，1928 年 1 月 15 日。
〔註 29〕李白英：《資本輪下的分娩》，《創造月刊》第 2 卷第 6 期，1929 年 1 月 10 日。
〔註 30〕〔德〕卡·馬克思：《資本論》，載《馬克思恩格斯全集》（第 23 卷），人民出版社 1972 年版，第 802～803 頁。馬克思是在分析十五世紀末到十六世紀，資本主義的原始積累過程中，為懲治因失去土地而淪為乞丐、盜賊、流浪者的被剝奪者所頒佈的血腥法律時說這番話的，用在此處也頗為切合。

同時是一個一般統治。」〔註 31〕這就要求統治者中的任何「單個人」都要能「自我捨棄」，不能將他個人的意志強加甚至凌駕於「整體意志」之上。「法律應該是社會共同的、由一定物質生產方式所產生的利益和需要的表現，而不是單個的個人恣意橫行。」〔註 32〕普遍有效性是法律得以實施並受到廣泛遵守的必要條件。不僅如此，統治階級還需要在利益上做出一些讓步，並在法律條文中體現被統治階級的某些權利，這樣才能維護統治與被統治關係的穩固性。但這並不意味著法律階級本質的淡化，相反正是其階級性的鮮明體現。

然而，在革命話語中，法律不僅無法緩解統治階級和被統治階級之間的利益衝突，反而加劇了它。無產者連最基本的生命權都不能保障，更不用說其他權利了。在統治階級的法律中，無產者餓死是「無罪」的，與資產階級爭利益則是「有罪」的。《悲劇的武士》中的小偷是因餓急了去偷水果才被警察捉住投進監獄，「他究竟犯了什麼罪呢？他沒有無緣無故殺人，他沒有強姦女人……他只是因為餓，因為餓而想拿只橘子充饑。這就算是犯罪麼？……他是不是犯了餓的罪，再說得正確些，他是不是犯了沒有錢的罪！」這就引發了對法律本質的詰問：「法律保障什麼人的？」「有錢人要防禦窮人的襲擊，他們不妨昧了良心設下了許多惡毒的刑法。法律是什麼？法律就是有錢人的甲殼！窮人來襲擊的時候，他們就像烏龜似的向甲殼內一縮。」〔註 33〕正是法律的資產階級屬性，使它不可能保障無產階級的利益，而是強迫大多數人去服從少數人。顧仲起的話就準確體現了革命話語對現行法律的理解：「現在的法律，不是全人類的法律，是野蠻民族的法律，是壓迫人類的資產階級的法律！法律，只適用於資產階級，不適用於無產階級……」〔註 34〕

現行法律不僅維護資產階級獨佔社會資源的權利，合法化他們對無產階級的壓迫，將任何反抗壓迫者以「非法」、「犯罪」之名打入囚牢；而且一旦統治秩序受到威脅，它就會被統治者作為利器大肆使用。正因其統治的非正義，所以才做賊心虛、風聲鶴唳，對任何蛛絲馬迹都異常敏感，寧可冤枉千

〔註 31〕馬克思、恩格斯：《德意志意識形態》，《馬克思恩格斯全集》（第 3 卷），人民出版社 1960 年版，第 377～378 頁。

〔註 32〕〔德〕卡·馬克思：《對民主主義者萊茵區域委員會的審判》，《馬克思恩格斯全集》（第 6 卷），人民出版社 1961 年版，第 292 頁。

〔註 33〕龔冰廬：《悲劇的武士》，《文化批判》第 4 號，1928 年 4 月 15 日。

〔註 34〕顧仲起：《離開我的爸爸》，《太陽月刊》3 月號，1928 年 3 月 1 日。

人，也決不放過一人。法律一旦被濫用，政治權力就淪為暴政，就會產生極為惡劣的政治後果和社會反響，激起更多的反抗行為。《獄囚》中的李子強對自己被拘禁莫名其妙。就因為他上街買東西時手上拿了本 A 月刊，便被巡捕捉去，扣上了「政治運動嫌疑」的帽子。巡捕的邏輯是：李子強是學生，還是工人，這兩者都是反動的危險人物。「兩者併兼，已經是雙料危險的人物，何況，他公然地在街上帶著『反動的刊物』A 月刊呢」。〔註35〕楊邨人對這一現象十分憤怒：「在現時代的中國，青年人好像根本就是罪犯；枉死城中的冤魂成千成萬還不算，莫名其妙的入獄的不知凡幾！法律上的『嫌疑』兩字，真是佛法無邊，明知你是無罪，但有了嫌疑，一些些可以勉強附會的嫌疑，你就該剝奪自由入獄受苦。」〔註36〕

捕風捉影，大造冤獄，是一切當政者利用法律做最後掙扎的慣用伎倆。與此相伴生的，是司法部門的普遍腐敗。這使法律失去了公正的尊嚴和底線，完全成了「單個人」的意志的表現。在周毓英的筆下，《最後勝利》中的巡捕局不僅是帝國主義的資本家用來鎮壓罷工的工具，更為審訊官壓榨窮人謀取私利提供了便利。潘先生將無辜入獄的凌克西介紹給紗廠的工頭，抽取一個月的工錢作為「薦頭」。

革命話語證實了現行法律的反動本質和普遍失效，由之，違法行為反而具有了正義性，罪人變成了「善」的。善與惡、正義與非正義實現了戲劇性的倒置。「罪，這是社會的產物，罪人是良善的本身；因為社會要良善去犯罪……這個世界真的不對，它奪去了我們一切，在後就把我們擲進監牢！」〔註37〕在善與惡的鬥爭中，在正義與非正義的抉擇中，連作為法律執行者和維護者的法官、警察也倒戈相向，做了資產階級法律的叛徒。《悲劇的武士》中的警察在捉了一個因飢餓而不得不偷橘子的小偷後看透了法律的本質，明瞭了自己只是達官貴人的一條狗的可悲地位，在受到一位官員的侮辱後，開槍殺死了他。《資本輪下的分娩》中的法官明白了「現在的法律是專為保護資產階級對付窮人們而定下的」，而法官的職業「並不是以法治人，乃是以法殺人」；因此，這個職業「才是犯罪的職業」。他們喊道：「現在的法律，已等於敝屣了，我想再不應該存在了！」他們決定放了監牢裏所有的囚犯。〔註38〕

〔註35〕楊邨人：《獄囚》，《狂瀾》，泰東圖書局 1929 年版，第 71 頁。

〔註36〕楊邨人：《書前》，《狂瀾》，泰東圖書局 1929 年版，第 5 頁。

〔註37〕馬寧：《新戀》，知新書店 1931 年版，第 179 頁、第 180 頁。

〔註38〕李白英：《資本輪下的分娩》，《創造月刊》第 2 卷第 6 期，1929 年 1 月 10 日。

關於法律秩序於政治共同體的重要意義，馬克斯·韋伯寫道：

> 政治團體的現代地位是建立在有關參加者之中廣泛傳播的，對一種特別威嚴的特殊信念所賦予的威望之上：即由它們所安排的共同體行為的合法性，也包含著而且恰恰是在這個意義上包含著支配生殺大權的有形的強制：與此相關的特殊合法性的默契。

> 因此，為實施和威脅要使用這種強制，在充分發展的政治共同體裏，存在著一些以先例為證的制度的體系，那種特殊的合法性一般都歸功於這些制度：「法律秩序」。今天，政治共同體被視為唯一正常的法律秩序的創造者，因為它今天實際上篡奪了通過有形的強制賦予強調要尊重那種秩序的壟斷權。〔註39〕

政治共同體的合法性建立在人們對其權威的認同上，這種認同首先體現為對法律的強制力的信奉和遵守。「如果某一社會中的公民都遵守當權者制訂和實施的法規，而且還不僅僅是因為若不遵守就會受到懲處，而是因為他們確信遵守是應該的，那麼，這個政治權威就是合法的。」〔註40〕法律因被無視而普遍失效，這意味著政治共同體的合法性的喪失。那麼，推翻這個政治權威的革命行為就成了正義而合法的。

三、「為人」受難：革命正義之凸顯

對於風起雲湧的反抗者，統治者往往採取暴力的手段來鎮壓。韋伯認為，國家機器就是以暴力這種所謂合法的手段為基礎的對人的統治，國家實現著對暴力的合法性壟斷。實際上，在政治危機中，暴力就是統治者用來維護政治權力的工具，其合法與不合法已無關緊要。但即便是不合法的暴力，也需要一個所謂「正當」的理由。阿倫特就認為，權力才需要合法性，而暴力則「需要有正當的理由而且是可以辯解的」。但權力與暴力又是對立的：其中一個占絕對統治地位，另一個就會消失。權力陷入危機時暴力就會出現，但暴力這條道路的盡頭卻是權力的喪失。〔註41〕暴力固然可以維護政治秩序的暫

〔註39〕 〔德〕馬克斯·韋伯：《經濟與社會》（下卷），林榮遠譯，商務印書館 1997 年版，第 220 頁。

〔註40〕 〔美〕加布里埃爾·A·阿爾蒙德、小 G·賓厄姆·鮑威爾：《比較政治學——體系、過程和政策》，曹沛霖等譯，上海譯文出版社 1987 年版，第 35～36 頁。

〔註41〕 〔美〕漢娜·阿倫特：《關於暴力的思考》，載〔美〕希爾福斯、愛潑斯坦編《一個戰時的審美主義者——紐約書評論文選》，高宏等譯，中央編譯出版社

時穩定，卻不可能爲政權帶來長治久安。暴力的頻繁使用只能暴露出權力的無能，完全依憑暴力存在的權力不是合法的權力；被濫用的暴力也不可能具有什麼正當理由。革命話語對暴力的呈現通常指向兩個層面，一個是革命暴力的正當與偉大，一個是統治者暴力的不正當與貧弱。這兩者相反相成，都與革命之正義緊密相關。

暴力直接作用的對象是人的身體（Body）。福柯指出，身體基本上是作爲一種生產力而受到權力和支配關係的干預的，而且「只有在肉體既具有生產能力又被馴服時，它才能變成一種有用的力量」。〔註42〕相反，既具有生產能力又不馴服的身體就成了一種反抗的力量，就會對政治權力造成威脅。暴力作爲政治權力用以馴服身體維護其權威性的工具，其手段相應有兩個：通過刑罰訴諸人的身體感覺使其精神歸順；用監禁或肉體消滅的方式來消除身體的生產能力。然而，在革命話語中，這兩種手段對眞正的革命「身體」毫無作用。

革命「身體」大體有兩種形式，一是擺脫了物質束縛的身體，一是受難的身體。兩者都以「身體」的革命性爲基本前提。前者意味著資本主義生產關係所造成的「物化」身體的解放。因此，革命者往往與一切物質享受絕緣，革命女性更是拒斥任何外在的修飾。後者則常常將革命者置於慘絕人寰的暴力之下，用他們「鋼鐵般的革命意志」反襯暴力的貧弱無力，用他們至善與崇高的道德人格來凸顯暴力的非正義；由此揭示出的是統治者的兇殘無能和政治權力的「不合法」。因此，革命「身體」是超拔與沉淪並峙、正義與邪惡交戰、信仰與暴力對抗的場所，它彌漫著硝煙味也籠罩著神聖的光環。它展現出的是革命信仰的力量，閃耀著的是革命正義的華采。

革命之正義不僅僅在於它反映了個體反抗的訴求；更爲重要的是，它引導這種力量投入集體的懷抱，從「爲己」走向「爲人」。脫離了個人利益追求的反抗行爲才是眞正「革命」的和正義的。〔註43〕革命話語往往用個人美德凸顯政治團體的美德，以個人的正義來標識政治團體的正義。革命者就

2000 年版，第 24 頁、26 頁。

〔註42〕〔法〕米歇爾·福柯：《規訓與懲罰》，劉北成、楊遠嬰譯，生活·讀書·新知三聯書店 2007 年版，第 27～28 頁。

〔註43〕《文化批判》第四號的「編輯雜記」這樣評價龔冰廬的《悲劇的武士》：作者強烈的主觀征服了他的冷靜的客觀態度，然而衝動的反抗心畢竟是沒有理性的盲動，個人主義的色彩很濃厚，這是希望作者去克服的。

是正義的人格化身，革命者的受難無疑強化了革命的正義。《獄守老邦》中的老邦一開始認爲，從光緒皇帝起到民國，「凡是到牢裏來的，總沒有好人」。這些囚犯是「爲自己的好處侵犯別人的人」，他們「簡直不是人，是狗一般的卑鄙，狼一般的狠毒的禽獸」。但一幫入獄的年輕的革命者讓他逐漸改變了看法。其原因在於，他發現這些革命者「雖然是犯了罪，但是犯罪並不爲自己的利益，也決不是伸著手向別人索來了錢自己化」。他們「爲了大眾出頭，爲了大眾的好處」，「雖然個人受了苦，送了命，也是很快樂的」。他們完全是「爲別人幹的」。革命者身上的正義之光感化了老邦，使他認定「他們都是好人！」並對這些年輕的革命者產生了情感認同，「忽然他從孩子的臉上看見了自己失去的兒子的形似」，他不再認爲他們是「他人的兒子」，而是「我的孩子」。最終他打開牢門，放走了革命者。〔註44〕老邦的這一舉動正是他內心深處正義與非正義相互交戰的結果。

如果其他的暴力形式尚可以找到正當的理由，那性暴力無論如何也不具備正當性。它不合法，更不合道德。它顯現出的是人完全爲性本能和暴力本能所支配的獸性狀態，它對行爲客體的侵害不僅是身體上的更是心靈上的。因此，性暴力必然是道德卑劣不堪的象徵，無論在何種倫理中都不可能具有正義性。《女俘虜》中的看守所所長看中了被捕入獄的女兵李芳魂，施暴未遂卻被抓瞎了左眼，惱羞成怒之下他槍斃了李芳魂，並將其他入獄的女兵賣爲私娼。〔註45〕《女囚》中的三位女革命者淪爲階下囚後就成了戰利品，被分配給了三位上層軍官。一起入獄的岳錦成在嚴刑拷打之下不幸遇難，其妻趙琴綺又慘遭秦主任的蹂躪。「慘殺其夫，強姦其妻，這禽獸是何等的冷酷！」〔註46〕革命話語將女革命者置於統治者的性暴力之下，用意在於突出統治者的罪惡及其權力的不合法，引發人們的道德仇恨，藉此反證革命之正義。

當暴力失去了正義的支持，就會陷入一種惡性循環：越是無所不用其極，就越顯得貧弱無力；越是極力維護權力，就越顯現出權力的無能和崩潰；越是想控制人的精神，就越是不能得逞。相反，革命者承受越多的暴力，就越能彰顯其偉大而崇高的人格，就越是凸顯出革命正義的神性力量。《杜大嫂》

〔註44〕以上所引皆見適夷（樓適夷）：《獄守老邦》，《萌芽月刊》第 1 卷第 3 期，1930年 3 月 1 日。

〔註45〕楊邨人：《女俘虜》，《太陽月刊》1 月號，1928 年 1 月 1 日。

〔註46〕華漢：《女囚》，《創造月刊》第 1 卷第 12 期，1928 年 7 月 10 日。

中的刑場既是革命者受難就義之處，也是展示其正義和崇高的平臺。「蔣匪軍」妄圖用共產黨員史萍和杜大嫂來「鎭服人心」，將她倆並排綁在弔杆上示眾。「蔣匪軍」還試圖以「爲人民」的「正義」之名實施暴行，將她們命名爲「共匪」，說她們「破壞社會秩序，危害人民」，假惺惺地徵求老百姓的意見「要不要殺」。老百姓在「四面的機槍和雪亮的刺刀」的威逼下，只能以沉默對抗。「蔣匪軍」「一路燒殺搶掠，難不成老百姓的眼睛不是雪亮的嗎？」究竟誰是「匪」，誰是「正義」的，老百姓自然心知肚明。但「蔣匪軍」卻將百姓的沉默說成「默認同意」，對史萍實施了令人毛骨悚然的酷刑：「拿一把雪亮的苗刀，走上去，伸手向史萍兩隻奶子一刀下去，只見她牙一咬，挺起胸脯，渾身的肉跳都沒跳，被三個匪軍扯到半空去……」正是史萍內心「爲人民要和平，要民主，堅決要殺清你這些漢奸」的正義追求，給了她從容赴死且以之爲榮的力量。〔註47〕杜大嫂受到了更爲慘無人道的摧殘：「十根鐵針戳在她十個指頭上，還不住弄小棍攪來攪去」，「四隻筷子，夾起她兩隻奶頭，二寸多長的豬鬃，一根一根刺進她的奶眼裏去」，「左邊奶子被豬鬃插滿，又通右邊的，死過去，活過來，一連三次，兩隻奶子插進二十一根豬鬃，一直攪到天快亮的時候」。〔註 48〕這慘無人道的暴力除了暴露出施暴者的殘忍和無能之外，並不能令杜大嫂有絲毫屈服。

革命正義內化入受難者的身體，轉變成了一種不屈不撓的精神力量。對正義而崇高的「革命身體」的精心描繪構成了「十七年」文學中革命話語的一個重要方面。在《紅岩》、《青春之歌》等小說中，「受難的身體」同樣是大書特書的對象。李楊在分析《紅岩》中的「虐戀」時指出，施虐的目的不是懲罰，而是「希望通過肉體的疼痛來征服受虐者，因此他的基本方法就是將對象肉身化，通過受虐者的身體來征服受虐者的意志，迫使受虐者爲了身體而放棄精神」。〔註49〕身體實際上是精神意志與肉體感覺相互角逐的戰場。暴力的最終目的是以身體的感覺爲媒介作用於人的精神世界，從而控制人的精神意志使其屈服於權力。因此，只有鈍化、忽視、消除身體感覺，拋棄沉重

〔註47〕以上所引皆見陳登科：《杜大嫂》，載康濯主編《中國解放區文學書系·小說編二》，重慶出版社 1992 年版，第 802 頁。

〔註48〕陳登科：《杜大嫂》，載康濯主編《中國解放區文學書系·小說編二》，重慶出版社 1992 年版，第 804～805 頁。

〔註49〕李楊：《50～70 年代中國文學經典再解讀》，山東教育出版社 2006 年版，第 206 頁。

的「肉身」，才能展現出精神意志的偉力，才能成就頑強而崇高的道德人格。林道靜在行刑者的恫嚇下能夠「不聲不響地好像睡著了」。即便是嚴刑加身，她「仍然不聲不響」。「最後一條紅紅的火筋真的向她的大腿吱的一下燙來時，她才大叫一聲，就什麼也不知道了」。〔註50〕《紅岩》中的劉思揚覺得「在絕食鬥爭中，想到餓，甚至感覺到餓，都是可恥的事！」〔註51〕江姐受刑的場面是通過難友們的聽覺和想像來呈現的，她的身體感覺根本不在場。

　　非正義的暴力放大了受難者身上的正義之光，受難的身體因正義才變得崇高。因此，受難使革命者彷彿「受洗」一般超凡入聖，成了通往革命坦途的「必修課」；成了一種至善，一種革命資格。「慘殺，是革命者最後樂飲的瓊醪，刑場，是革命者最後必至的樂園。」〔註52〕林道靜的受刑是其成長為堅定的革命者的一個重要環節；劉思揚因為「沒有受過毒刑的考驗」，「始終感到歉疚」，「他覺得不經刑訊，就不配為不屈的戰士」。〔註53〕監獄與刑罰由此被轉換成了革命者鬥爭與成長的大學校。「為人」受難的正義鑄就了革命者的崇高，而革命者崇高、神聖的道德人格又無疑成了革命正義的化身，使革命正義大放異彩。

　　需要指出的是，革命正義的建立與化入「肉身」，集中體現了革命倫理與民間倫理之間的悖論關係。一方面，革命倫理需要借助民間倫理的支持才能征得民間力量的認同從而有效實現政治動員。因此，革命話語中的「善」與「惡」、「正義」與「非正義」往往是民間倫理意義上的。工頭、地主等姦人妻女，施暴者對革命者實施的性侵害，《杜大嫂》中「蔣匪軍」針對史萍和杜大嫂的女性器官所施加的極富侮辱性的酷刑，都暴露出他們在「性」上的貪婪與殘酷，這在民間道德邏輯中是十惡不赦的。另外，革命話語中的匪徒、小偷、妓女等都是為生活所逼不得不走上這一邊緣化的生存道路的。無論是《綁票匪的供狀》中的綁匪還是《同在黑暗的路上走》中的小偷，內心都不斷經受著道德上的自我拷問與自我安慰——不得不為「惡」。「我們也想做好人，我們想走那頂善頂好的路——但生活叫我們不要這樣做，要我們打倒自己，服從罪惡！」〔註54〕也就是說，革命話語並不賦予這些職業本身以合道

〔註50〕楊沫：《青春之歌》，人民文學出版社1960年版，第324頁。
〔註51〕羅廣斌、楊益言：《紅岩》，中國青年出版社1963年版，第252頁。
〔註52〕孫俠夫：《愛的刑場》，晨曦書局1928年版，第4頁。
〔註53〕羅廣斌、楊益言：《紅岩》，中國青年出版社1963年版，第251頁。
〔註54〕馬寧：《新戀》，知新書店1931年版，第180頁。

德性。這無疑與中國傳統小說「官逼民反」、「逼良爲娼」等敘事模式如出一轍。而當新的政治共同體建立之時，就獨佔了正義及其資源。這時，任何社會秩序的叛離者就會成爲非正義的從而淪爲被「革命」的對象。《林海雪原》中的土匪就不再擁有任何正義性。

另一方面，對民間倫理資源的藉重又有礙於革命現代性目標的實現。通過賦予匪徒等一切社會秩序的反抗者以正義性來揭示社會之非正義，革命話語的這種策略必然會與其營構革命正義的意圖產生齟齬。因爲革命正義必須首先合道德才能是「正義」的。以「強盜的黨」或「社會的匪徒」來自我認同固然可以消除道德上的不適，緩解二者之間的衝突；但這種出於個體需要的反抗衝動和憤世嫉俗的道德犬儒主義都與無產階級革命的現代性目標相違背。這些社會秩序的反抗者受到個人利益的驅動，與上層階級爭奪的對象往往是金錢和女人。碎片化的原初革命歷史中，呈現出的是赤裸裸的欲望衝動。革命話語對物質欲望的煽動或許可以起到鼓動革命的效果，但同時又與其試圖將革命崇高化的意圖相違背。若只將「革命」等同於個人生存本能的滿足，其更高層次的自由、平等、解放等現代性目標就被遮蔽起來。革命固然要解決人最基本的生存欲求，但更應該促使人走向現代化；缺少了人的現代化目標的革命，只能是一種「返魅」，不可能建立眞正現代化的民族國家——歷史證明了這一點。

第二節　空洞的隱喻：革命話語中的情愛關係

對男女關係的衝擊、改造與重塑無疑是現代中國革命最爲顯著也最爲持久的成效之一。歷史證明，革命徵得個體認同的一個重要措施，就是革舊的情愛倫理的「命」，將男女關係的根本變革納入其現代性目標之中，以謀求個體解放；而另一方面，男女關係的重新組合又形成了新的革命的情愛倫理，它成爲政治權力支配個體的有效手段，有助於革命目標的實現。作爲最基本、最重要的倫理關係，情愛倫理對個體的約束最直接也最有力。革命話語既反映了革命與情愛倫理之間的動力關係，也爲這一關係的形成推波助瀾。在男女關係的處理上，革命話語將男性符號化爲「革命」，而「革命」又是對女性唯一的吸引；女性則在「革命」（男性）的光環下徹底失去自我，主動獻身於男性（革命）。革命話語將作爲兩性關係紐帶的「情愛」置換成「階級」與「革

命」，抽空了現代意義上情愛關係中帶有普遍性的人情、人性、人道內涵，帶來了男女雙方自我的淪喪，使情愛關係淪為「革命」的空洞的隱喻。

一、「革命＋戀愛」：重構情愛倫理

一般都認為，「革命＋戀愛」這一模式的始作俑者是蔣光慈，〔註55〕實則不然。在蔣的《野祭》之前，伴隨著大革命的深入開展，上海、廣州、漢口等地的《民國日報》掀起了一場轟轟烈烈的關於「革命與戀愛」問題的討論，甚至出現了以「革命與戀愛」為題的小說和詩歌。「革命與戀愛」的糾葛從一個備受關注的社會問題、政治問題進入文學領域，成為一個廣為流佈卻又不斷遭人詬病的寫作公式，其中包蘊著太多歷史的、政治的、文化的、商業的、心理的內涵。研究者多對這一模式做性（別）／政治的二元解讀〔註56〕；而實際上，若返歸這一模式發生的歷史語境，就會發現，這一模式的產生與形成伴隨著革命中的男女關係由混亂走向規範、由個體自主走向外力干預的歷史過程。可以說，它實際上標誌著新的革命的情愛倫理的萌生。即便它後來因蔣光慈小說的走紅而成為一種成功的商業寫作模式被不斷複製，其倫理意義也並沒有絲毫削減。

〔註55〕 這一觀點始自錢杏邨，後為大家普遍認可。他在為蔣光慈的《野祭》所作的評論中說：「現在，大家都要寫革命與戀愛的小說了，但是在野祭之前似乎還沒有。」見錢杏邨：《〈野祭〉》，《太陽月刊》二月號，1928 年 2 月 1 日。丁玲也稱這一模式為「光赤式的阱」，見丁玲：《我的創作生活》，載《創作的經驗》，上海天馬書店 1933 年版，第 24～25 頁。但也有論者將張聞天寫於 1924 年的小說《旅途》（《小說月報》第 15 卷第 5～7 號、9～12 號連載，1925 年 12 月由商務印書館出版單行本。）視作新文學「戀愛與革命」小說的「濫觴」。從創作時間上看，《旅途》確是在先。且不說《旅途》的影響甚微，並沒有開啓一股創作潮流；單就它的「戀愛與革命」的內涵來看，與此後的「革命＋戀愛」公式也相差甚遠。張的小說並不著力於探討「戀愛與革命」之間的張力關係，也就是說，在他這裡，「戀愛與革命」還沒有成為「問題」。而只有當「革命與戀愛」成為明晰的「問題」得以浮現，兩者間相互糾纏的張力被展現出來之後，「革命＋戀愛」才成了一股頗有影響的創作潮流和不斷被複製的創作公式。因此，《旅途》中的「戀愛與革命」，還算不上真正的「革命＋戀愛」模式。

〔註56〕 代表性的有賀桂梅：《性／政治的轉換與張力：早期普羅小說中的「革命＋戀愛」模式解析》，《中國現代文學研究叢刊》，2006 年第 5 期。以及劉劍梅以此模式為研究對象的專著 Revolution Plus Love: Literary History, Women's Bodies, and Thematic Repetition in Twentieth-Century Chinese Fiction, University of Hawai'i Press, 2003.

　　1926 年 1 月 15 日，上海《民國日報》「覺悟」副刊上登載了一篇名為《革命與戀愛——青年問題》的短文，作者張從周。他指出：「戀愛不是一個單純的局部問題，戀愛和整個的革命是有密切的關係的。」這標誌著「革命與戀愛」作為一個明確而重大的政治問題進入了人們的視野。1926 年 4 月 21 日，廣州《民國日報》「批評與創作」副刊也登出了一篇《戀愛與革命》。三天後，一篇署名「MS」的回應文章《讀了〈戀愛與革命〉以後》便刊發出來。《戀愛與革命》的作者張威也很快寫了《再論戀愛與革命（駁 MS 君）》來駁斥「MS」文中的觀點。〔註57〕這二人的論戰激發了眾人的興趣，以至於關於這一論題的文章占滿了副刊的版面。連編輯也為之不解：「全省教育大會正在討論黨化教育，南大風潮尚未息，這兩個問題投來的稿件，何以反寥寥無幾呢？」〔註58〕因稿件源源不斷，「新時代」副刊第 13 期便辟成「戀愛與革命問題專號」，專門討論這一問題。但一個「專號」似乎遠遠不夠，「關於這個戀愛與革命問題，投稿特多」，編輯只好「從一堆來稿中稍微甄擇一下，而出第二次專號」。〔註59〕最後，「新時代」副刊共開了五次專號來討論這一問題。

　　但「革命與戀愛」問題的熱度遠未消散。到了大革命高潮的 1927 年前後，各地的《民國日報》上又出現了為數甚多的探討這一問題的文章。這場熱鬧異常、歧義叢生的爭論伴隨著大革命的起落一直持續到 1927 年 8 月。1928 年 4 月，作為「革命叢書第三種」的《革命與戀愛》一書出版。以之前的討論為基礎，此書試圖對這一問題做學理化、系統化的解決，調和二者之間的衝突。至此，「革命與戀愛」在政治領域的探討畫上了句號，而文學領域中對這一模式的生產、複製與爭論卻方興未艾。

　　這一問題之所以引起如此廣泛、集中、持久的關注，是因為，「革命與戀愛」的聯姻是社會變遷的產物，它勾連著個體與時代，是五四與大革命兩個時代最強音的融合。它既是社會問題，也是政治問題，還是革命的歷史主體必然遭遇到的個人困惑。它融合了個體欲求與革命目標，又凸顯出二者的衝突與矛盾，是每個革命青年在革命浪潮中親歷的歡喜與痛苦。它的出現，實際上是五四「個性解放」、「婦女解放」等問題的繼續深入。一方面，這種深

〔註57〕見廣州《民國日報》「新時代」副刊第 5 期，1926 年 4 月 27 日。
〔註58〕《編輯室絮話》，廣州《民國日報》「新時代」副刊第 11 期，1926 年 5 月 7 日。
〔註59〕《編輯室絮話》，廣州《民國日報》「新時代」副刊第 15 期，1926 年 5 月 14 日。

入需要借助革命的力量，革命由此承擔了五四啓蒙未完成的歷史使命；另一方面，革命對舊禮教的衝擊、對個性解放、戀愛自由的強調又使得革命陣營中的「戀愛風潮」泛濫開來，渙散、瓦解了革命勢力，與革命幾成水火。《革命與戀愛》的作者洪瑞釗〔註60〕就對此憂心忡忡：「近來我們目擊戀愛對革命的種種打擊，有時甚至於革命重心反隨戀愛而轉移，念到黨國的前途，眞覺得有無限的危慄！」〔註61〕因此，無論爲個人前途還是革命目標計，都需要建構一種新的革命的情愛倫理，用以約束個人、規範行爲，凝聚革命力量。人們對這一問題的熱議正展示出一種重構新的情愛倫理的集體衝動，而意見的紛歧也顯現出新的情愛倫理萌生前兩性關係的雜亂與無序狀態。「現在是我們爲舊禮教舉行殯禮的時候了。幾千年來人性的枷鎖，已經重重的打碎，而『三從』『四德』『七出』『不孝有三』等等的觀念，也早在青年心中宣告死刑了。可是我們要問：『死者既葬，生者將何以養？』在這青黃不接的當兒，破壞的工作已做了大半，而性道德的眞義，還在混亂而錯雜的新環境裏憧憬著。……現在要建設新的性道德，做大家行爲的中心……」〔註62〕

　　幾乎就在「革命與戀愛」作爲問題浮現於政治領域之際，以此爲主題的文學作品也相伴而生。與政治領域內重構男女關係的倫理用意相一致，文學領域中對這一問題的表現也帶有極強的倫理傾向。或者可以說，這類文本只不過是社會、政治領域對此問題的爭論在文學上的投影罷了。因此，這類文本往往充滿著說教氣，其試圖規範男女關係的用意十分明顯。湯增敔的小說《革命和戀愛》寫CS拋棄了情深意篤的妻子，毅然投身於革命的大潮。在他的帶動與勸導下，妻子也改變了態度，踏上了革命的「光明之路」。作者的用意在於說明革命之於戀愛的意義：「你要知道，沒有國，豈有家；沒有家，豈有愛！」因而「性欲的戀愛」必須被遺棄，攜手在革命的大道上共進的戀愛才有意義、有價值。〔註63〕鄔孟暉的詩歌《戀愛與革命》則直接呼籲：「愛者

〔註60〕洪瑞釗，字君勉，生卒年不詳，浙江瑞安人，畢業於東南大學。他早年致力於文學，於1921年7月9日在《時事新報》「學燈」副刊上發表過《中國新興的象徵主義文學》一文；後投身政治，曾任國民政府交通部秘書，國民黨中央宣傳部特種宣傳處處長，1943年2月任「三民主義青年團」第一屆中央幹事會幹事和編審室主任，1948年當選爲「行憲」第一屆立法院立法委員。
〔註61〕洪瑞釗：《革命與戀愛》，民智書局1928年版，第5頁。
〔註62〕洪瑞釗：《革命與戀愛》，民智書局1928年版，第65頁。
〔註63〕湯增敔：《革命和戀愛》，上海《民國日報》「覺悟」副刊，1926年6月24～

啊，暫勞相忘吧，／我所需要的已不是『愛情』！／寶劍在鐵鞘里長鳴，／熱血在心坎上沸騰；／愛者啊，請轉過你櫻紅的嘴唇吧，／我所要吻的是敵人頸上的血腥！」〔註64〕

　　值得注意的是，這類文本往往採用書信的形式〔註65〕，這一文體形式發揮了極好的「規勸」作用。這種獨特的文體模糊了眞實與虛構的界線，它借助私語這一隱密性的形式，在被觀看的公開化場景中，以眞實可感的面目進入人的認知領域，進而由個體空間介入社會空間，實現其倫理目的。賴紹基在《入中央軍事政治學校後寄給愛人的一封信》中訴說了他爲革命而別愛人、棄家庭的衷情：「安閒快愉的生活，是個人主義的享樂主義的，實在沒有人生多大的意義與價值。」〔註66〕蘊珊則在信中對愛人循循善誘：戀愛應成爲革命的助力。若爲戀愛而改變了態度，倦怠了革命工作，那就失去了她眞正愛他的意義，要因「認人不眞而傷心了！」她告誡愛人：「陣前的熱血，才是灌漑愛情之花的絕好養料哩！溫柔鄉，是革命以後大家一齊享受的，不是在這飢寒交迫呼號呻吟聲中所當忍心單獨享受的！」〔註67〕

　　這般直露的規勸與說教在隨後出現的「革命＋戀愛」小說中不是不存在了，而是零碎化、形象化了，它穿插在人物的言行中，蘊涵在三角戀愛、四角戀愛的故事中。《衝突》中的革命者于博在遭遇三角戀愛時就很清醒地意識到「革命與戀愛是衝突的啊！」他最後選擇了退出，犧牲戀愛來成就革命事業。〔註68〕《夢醒後》中的黃玉璞在失戀後明白了「革命者不反對戀愛，革

26 日連載。

〔註64〕孟暉：《戀愛與革命——給友人的一篇短詩》，上海《民國日報》「覺悟」副刊，1926 年 12 月 17 日。此詩一字未易，又刊於 1927 年 12 月 1 日《泰東月刊》第 1 卷第 4 期。

〔註65〕代表性的有孝予：《九封信》，上海《民國日報》「覺悟」副刊，1926 年 8 月 13～19 日連載。騰波：《寄萍霞》，漢口《中央日報》副刊第 21 號，1927 年 4 月 13 日。漢口民國日報的「國民之友」副刊專門開闢了「書簡」欄目，刊登了大量以「革命與戀愛」爲內容的書信，如李迪功：《戀愛與革命》，1927 年 1 月 16 日；賴紹基：《入中央軍事政治學校後寄給愛人的一封信》，1927 年 2 月 12～13 日；蘊珊：《覆愛人底一封信》，1927 年 2 月 25～26 日。

〔註66〕賴紹基：《入中央軍事政治學校後寄給愛人的一封信》（續），漢口《民國日報》「國民之友」副刊第 73 期，1927 年 2 月 13 日。

〔註67〕蘊珊：《覆愛人底一封信》（續），漢口《民國日報》「國民之友」副刊第 86 期，1927 年 2 月 26 日。

〔註68〕孟超：《衝突》，《太陽月刊》一月號，1928 年 1 月 1 日。後收入孟超：《愛的映照》，泰東圖書局 1930 年版。

命者的戀愛，是建築在他們的工作上邊」的道理。〔註 69〕孟超試圖借「革命
＋戀愛」這一模式「用種種不同的態度，反映的，指示的，諷刺的，暴露的」，
「啓示出尙在衝突中的青年的出路來」。〔註 70〕其倫理意味與政治意圖十分明
顯。以「革命」的名義排斥「戀愛」，或者對之進行革命化的改造，如此方能
助益於革命。這一邏輯作爲「革命＋戀愛」模式的核心理念，「自然化」入小
說主人公的靈魂深處，成爲其思想與行爲的出發點，由此帶來了男女之間情
愛關係的大調整與大變動。

二、階級統轄愛情：革命情愛的現代悖論

　　應該說，無論是在「革命與戀愛」問題的討論中，還是在隨後「革命＋
戀愛」模式的生產大潮中，都存在一定量的「戀愛神聖」論者。他們認爲戀
愛與革命根本是相通的，二者可以相得益彰、並行不悖。一心就堅持認爲「戀
愛是對舊社會實行革命工作中的一部⋯⋯戀愛是新勢力擴大革命範圍的一個
工作。戀愛就是革命；戀愛無妨革命」。〔註 71〕羅江也指出：「愛情和革命，
是難兩立的東西？／那樣時，革命還有什麼大意義？／革命含著犧牲，愛情
伴著痛苦，／都要鼓起了情熱，才能夠去做。／借革命去犧牲愛情，是假革
命，／爲愛情背叛革命，更是假愛情。」〔註 72〕

　　但是，這一分明帶有「五四」餘韻的論調已很難見容於革命年代。「五四」
時期具有本體意義的「戀愛」已經不復存在，其高高在上不容質疑的地位也
爲「革命」所取代。「戀愛自由」所昭示的兩性解放很容易服膺於革命宏大而
美好的解放目標。因此，「五四」時期聯結兩性的紐帶的「愛情」被置換成「革
命」，「革命」而非「情愛」成爲兩性關係的礎石。革命中的男女之愛只能是
「紅色的愛」，應該是「利己」與「利他」的合二爲一：「一個生命向前走不
如兩個生命合在一起來向前走，兩個生命合在一起來向前走不如整千整萬的
群眾的生命合在一起來向前走，所以我們的愛應該建築在這整個的生命的機

〔註 69〕孟超：《夢醒後──一個失戀青年的來信》，《太陽月刊》6 月號，1928 年 6
　　　　月 1 日。同收入《愛的映照》。
〔註 70〕孟超：《〈衝突〉自序》，《愛的映照》，泰東圖書局 1930 年版，第 3 頁。與《愛
　　　　的映照》同時出版的錢杏邨的《現代中國文學作家》第二卷後登有《愛的映
　　　　照》廣告，稱其「以正確的觀點解決戀愛與革命之間的衝突和糾紛」，「是青
　　　　年的愛的指南針」，其倫理意圖十分明顯。
〔註 71〕一心：《戀愛與革命》，上海《民國日報》「覺悟」副刊，1926 年 12 月 5 日。
〔註 72〕羅江：《愛情和革命（自序詩)》，《戀愛舞臺》，樂群書店 1929 年版。

構上，我們的主義就是我們的愛的基礎。」〔註73〕「革命化」的愛情帶來的是兩性關係的和諧美滿和革命事業的增進，而缺少了志同道合的革命追求的男女之愛則注定了以失敗告終。洪瑞釗就指出：「……男女雙方，要明瞭自己所負的使命，共同負責，促進精誠的認識，努力終身的事業，才不愧革命熱流下的新伴侶。」〔註74〕錢杏邨也明確地說：「今後的婚姻的第一個重大條件便是人格的合抱，便是思想的一致。」〔註75〕

　　不容否認，這一完美的婚姻關係不僅出自革命話語的建構，也是知識分子「紅袖添香」的傳統士人之夢在革命中的現代呈現。志趣相投、夫唱婦隨、琴瑟和鳴一直是傳統士人無限嚮往的夫妻關係。這種和諧的關係建基於共同的理想、追求與價值觀念之上，在任何時代都有普遍意義。革命話語正是借助這一「形式的誘惑」，將其核心價值內容置換爲革命的現代性目標，使革命的情愛倫理交融了「利己」與「利他」，因而深具誘惑力。倪煥之與金佩璋之間的戀情就源於兩人對教育事業有共同追求，但結婚生子後的金佩璋已經徹底墮落爲一箇舊式的「少奶奶」，這令倪煥之失望無比。在參加革命後，他愈加渴望能有一個可以與他並肩奮鬥的妻子，可惜他只能在想像中體味「革命」的金佩璋帶給他的欣喜：「她現在應該有一種昂首不羈的精神，一種什麼困苦都吃得來的活力，一種突破紀錄的女性的新典型，像眼前的幾個女子一樣。她能出入地獄一般的貧民窟，眉頭也不皺一皺；她能參加各種盛大的集會，發表攝住大眾心魄的意見。我與她，夫妻而兼同志，是何等的驕傲，何等的歡欣！」〔註76〕

　　無產階級革命突出強調由經濟壓迫帶來的階級差別和階級對立，它本身就是階級革命。用階級的視角去觀察、闡釋、建構世界是無產階級革命話語的主要敘事策略。這樣，「戀愛」被冠以階級定性就在所難免。早在 1924 年前後，《中國青年》上就發表了數篇探討青年戀愛問題的文章。這些文章以馬克思對戀愛問題的論述爲理論基點，試圖建立「共產主義者的戀愛觀」。他們聲稱：「在資本主義的社會裏，誰能談戀愛？誰配談什麼自由戀愛呢？人人既都不免受經濟的支配，以戀愛始者每不免以痛苦終，戀愛只如作繭自縛而已。

〔註73〕弱萍：《紅色的愛》，《創造月刊》第 2 卷第 6 期，1929 年 1 月 10 日。後收入蔣光慈編：《失業以後》，北新書局 1930 年版。
〔註74〕洪瑞釗：《革命與戀愛》，民智書局 1928 年版，第 76～77 頁。
〔註75〕錢杏邨：《〈野祭〉》，《太陽月刊》2 月號，1928 年 2 月 1 日。
〔註76〕葉聖陶：《倪煥之》，開明書店 1930 年版，第 335 頁。

人類的眞正自由戀愛，只有在現社會制度打破之後，才有可能！」〔註77〕「要找眞正的戀愛，還得要大家去先改造社會經濟，幹社會革命的工作。」〔註78〕這種超前於時代的戀愛觀在當時不可能引起什麼反響，但到了1928年前後，卻成了「革命＋戀愛」模式中蘊涵的主要倫理觀念。

錢杏邨指出：「戀愛確實是有階級性在裏面，各個人的階級不同，他們的經濟背景和生活狀況當然也是不同，以兩個經濟背景不同的人合在一起，他們的思想行動，事實上是沒有辦法調協的。」〔註79〕《一九三〇年春上海（之二）》所展開的，是一對戀人之間的爭奪戰。這不是情場的遊戲，而是靈魂深處的衝突。無論對革命者望微還是對時髦而虛榮的瑪麗而言，這場爭奪戰爲的都是挽救他們徘徊在懸崖邊的愛情。這實際上成了革命與愛情之間的角逐。瑪麗想用女性特有的美麗與任性將望微從革命陣營中「抓回」到自己身邊，甚至用離開來威脅他，但對堅定的革命者望微均無濟於事；而望微則極力想將瑪麗拉上革命的道路，但一味沉醉於物質享受中的瑪麗卻讓望微束手無策。即便雙方都滿懷愛意，卻不可能長相廝守。個中原因望微明白：「瑪麗若是一個鄉下女工，工廠女人，中學學生，那他們是會很相安的，因爲那便會只有一種思想一種人生觀……可是瑪麗只是一種出身在比較有錢的人家，從沒有受過一點困難，她的聰明只更造成她的傲嬌，她的學識卻固定了她的處世態度，一種極端享樂的玩意思想……」與望微和瑪麗的戀愛悲劇形成鮮明對比的，是革命者馮飛與女售票員之間成功的愛情。這種以階級爲基礎的愛情令望微好生羨慕：「那是他的曾有過的幻想呵，於今卻實現在馮飛的身上！那女性，完全像一個革命的女性呢。」〔註80〕由階級出身造成的經濟背景以及人生哲學上的差異是男女雙方無法跨越的鴻溝，這注定了愛情難逃階級的命定。《前夜》中趙楠和李若嫣之間的愛情儘管情眞意切，但李若嫣卻毅然聽從母親之命離開趙楠，其原因正在於窮困潦倒的趙楠既無法在金錢和事業上達至李母的希望，也不可能給李若嫣提供「美好而且安樂的生活」。〔註81〕

〔註77〕 熊熊：《介紹共產主義者的戀愛觀》，《中國青年》第66期，1925年2月14日。
〔註78〕 小立：《戀愛問題》，《中國青年》第57期，1924年12月13日。
〔註79〕 錢杏邨：《〈野祭〉》，《太陽月刊》2月號，1928年2月1日。
〔註80〕 丁玲：《一九三〇年春上海（之二）》，《一個人的誕生》，新月書店1931版，第90頁、120頁。
〔註81〕 戴萬葉：《前夜》，亞東圖書館1933年版，第201～202頁。

這種階級決定論的戀愛觀逐漸衍化爲一種擇偶標準。《桑乾河上》中程仁一直有意迴避、克制對黑妮的愛情，就是因爲黑妮的二伯父錢文貴是地主，是「窮人的死對頭」。「他現在既然是農會主任，就該什麼事都站在大夥兒一邊，他不應該去娶他侄女，同她勾勾搭搭就更不好，很怕因爲這種關係影響了現在地位，群眾會說他閒話……所以他就不得不橫橫心，雖說這種有意的冷淡在他也很痛苦，也很內疚，覺得對不起人，但他到底是個男子漢，咬咬牙就算了。」只有當錢文貴被打倒之後，程仁才「發覺了自己過去擔心的可笑」，黑妮「不正是一個被解放的麼？她怎麼會與錢文貴同憂戚呢？」黑妮階級出身的根本改變使程仁「像一個自由了的戰士」，此時他才能主動去追求自己的愛情。〔註 82〕

將「革命」高高置於「愛情」之上，以「革命」之名壓抑感情，以「階級」爲標準決定「愛」與「不愛」。這種情愛倫理作用於程仁時尚能引發他內心的衝突，但到了「十七年」文學中，它已經與主人公的思想和行爲水乳交融、主客不分了。因此，人物內心的衝突自然就消失得無影無蹤。在《紅岩》中，「革命」無處不在，它不僅統轄、控制、決定著革命男女的情愛關係，甚至深深嵌入人的潛意識之中。「情愛」的缺席是《紅岩》中兩性關係的「常態」，這使得《紅岩》成了展示、運用、美化革命情愛倫理的經典範本。在《紅岩》中，無論是相戀的華爲與成瑤、劉思揚與孫明霞，還是已婚的江姐與彭松濤、雙槍老太婆與華子良，都處於一種「分離」狀態。華爲離開成瑤去川北打游擊；劉孫二人被捕後更罕有相見之時；江姐將要見到別離一年到華鎣山去的丈夫彭松濤時，彭卻已身首異處；老太婆更是和華子良十五年未曾謀面。這一由「革命」造成的男女雙方的長期分離被描述爲「正常」，而「正常」卻愈加凸顯出它的崇高。這種「分離」自然使「情愛」從文本中退場，而「革命」就成爲維繫情愛關係的唯一紐帶。

恩格斯指出，現代的性愛與單純的性欲以及古代的愛的根本區別在於它是以所愛者的互愛爲前提的，男女雙方爲了能彼此結合，「甘冒很大的風險，甚至拿生命孤注一擲」。而對於性交關係的評價，產生了一種新的道德標準，「不僅要問：它是結婚的還是私通的，而且要問：是不是由於愛情，由於相互的愛而發生的？」〔註 83〕與之相對應，革命話語中男女性愛的前提不再是

〔註 82〕 丁玲：《桑乾河上》，哈爾濱光華書店 1948 年版，第 19～20 頁、第 342～343 頁。

〔註 83〕 〔德〕弗·恩格斯：《家庭、私有制和國家的起源》，《馬克思恩格斯選集》（第

「互愛」而是「革命」、「階級」，男女雙方為愛情不惜犧牲生命的人性力量也被轉加給「革命」。對於性交關係評價的道德標準首先要問的是：是不是由於「革命」，由於共同的階級基礎和革命理想？如果說現代的性愛的本質是當事人的自主性；那麼，革命的情愛恰恰缺少這種自主性。因此，它稱不上是一種現代的性愛關係。

眾所周知，文學革命也是一場「倫理的革命」。它力倡「戀愛自由」，針對的是封建的包辦的婚姻制度，這一制度中的男女雙方是在支配狀態下締結婚姻契約的。這種婚姻本質上是一種「物物交換」。「五四」倫理革命的現代意義在於，它推崇的是人面對婚姻時的自主性。那種「為戀愛而戀愛」、「戀愛神聖」的情愛觀念雖然有時因缺少生活基礎而顯得十分脆弱，如魯迅在《傷逝》中所揭示的。但不能否認的是，這種情愛關係摒棄金錢、地位、門第等等一切的外在考慮，出於「互愛」的動機而不是別的任何動機去做選擇。因此，它直指人性、人心，符合人道，具有普遍意義。從理論上講，無產階級革命的情愛倫理所要反對的，是資產階級受金錢支配的婚姻關係。它所追求的「真正的戀愛」實際上也是一種自主的現代的情愛關係，但這一理想關係的實現卻要等到無產階級革命完成之後。問題就在於，無產階級革命話語對「五四」文學倡導的情愛倫理的自主性視而不見，卻將「戀愛神聖」論當作「自由主義的小資產階級的心理」的體現，對之大加撻伐。這樣，現代意義上的情愛倫理就只能作為無產階級革命的現代性目標被託付給未來，它的最終實現，卻要經歷與人性、人情、人道相悖的反現代的情愛倫理的過程。

三、統治式關係：改造／被改造模式與棄（殺）夫模式

革命的情愛倫理要求情愛關係的產生、維持以及評價均以是否「革命」為根本出發點。因此，男女雙方中的任何一方都必須是「革命」的，才能贏得對方的愛，才能使情愛關係穩定化，才能是正當的、聖潔的。其中任何一方若是「不革命」的，就需要對之進行改造，或乾脆將之拋棄，投入「革命」的異性的懷抱，重組新的情愛關係；若一方是「反革命」，那情場就會變為戰場，「革命」的一方必將「反革命」的一方除去。有意思的是，在革命話語中，「不革命」的女性可以經引導或被改造而投入革命（男性）的懷抱；而「不

革命」的男性卻要麼如頑石般拒絕改造，要麼直接被剝奪了接受改造的機會，注定了被女性無情拋棄的命運。這樣，革命倫理規範下的男女關係便呈現爲兩種模式：改造／被改造模式和棄（殺）夫模式。這兩種模式有時各自獨立，有時又相互交融，無不使革命倫理呈現出男性化的特徵。

在改造／被改造模式中，男性是革命眞理的掌控者，扮演著革命導師的角色。他作爲「革命」的化身，一步步引導女性走向革命道路。《例外》中李婉英之所以成爲「一個出人頭地新女子」，與革命者飛雲對她「思想上的渲染」有密切關係。面對李婉英想永遠追隨他在革命圈中生活的想法，他婉轉地指出其背後的個人主義動機，且一針見血地點出了它的不切實際：缺乏物質生活的基礎。面對前方的道路，飛雲能高瞻遠矚。因此，他洞悉李婉英所選擇的生活道路的結局，但又不加點破，想讓她在實際的經驗中去認識，完全是一個能因材施教的老師。李婉英雖然表面上「孤傲好強」，喜歡追求「例外」，實際上思想卻完全依附於飛云：「什麼都由你替我決定吧！」「我依照你的囑咐，努力去克服個人主義的一切，培養我將來從事革命工作的基本能力。」〔註84〕這種情愛關係與「師生戀」相差無幾。《衝出雲圍的月亮》中的王曼英在革命落潮後沉淪於「肉體復仇」的深淵。當她身心交病、無比痛苦之際，對革命者李尙志的愛喚起了她自新的勇氣。尤爲重要的是，李尙志爲她指明了光明之路：投身群眾的大潮，走向偉大的集體。王曼英正是在工廠中「洗淨了身體」，「翻造」了內心的「角角落落」，衝出了「雲圍」，獲得了革命和愛情的雙豐收。〔註85〕

對於「不革命」的戀人，革命男性就需要對她進行「革命」的改造，如此才能愛情與革命兼得，才能保證愛情的完美無瑕。《前線》中的霍之遠爲解決戀愛與革命之間的衝突，就極力鼓動、幫助他的戀人林妙禪加入到「最革命，最前線，最不怕犧牲，最和舊社會做對頭，最使資本帝國主義者震恐的革命團體裏面來」。〔註86〕《光明在我們的前面》中的劉希堅之所以要絞盡腦汁地改造他篤信無政府主義的愛人白華，就因爲思想上的不一致是他們愛情上的最大障礙，她的那些烏托邦的迷夢把他們的結合弄遠了。在劉希堅的「幫

〔註84〕潘漢年：《例外》，《現代小説》第 3 卷第 1 期，1929 年 10 月。
〔註85〕蔣光慈：《衝出雲圍的月亮》，北新書局 1930 年版，第 280 頁。
〔註86〕洪靈菲：《前線》，曉山書店 1928 年版，第 118 頁。《前線》第一章至第五章曾刊於《我們月刊》創刊號。

助」、「喚醒」和革命現實的震蕩之下，白華逐漸放棄了理想主義的幻夢，樹
立了正確的革命信仰，這同時也意味著劉希堅收穫了完美的愛情。〔註 87〕在
《紅旗譜》中，江濤「為了愛嚴萍，思想上產生一個願望：盡一切能力幫助
她進步，引她走向革命，鍛鍊成一個好的革命者。於是把革命的體驗傳授給
她，把革命的心情傾吐給她，把新的心得描述給她」。而「嚴萍像跟師傅學藝，
仔細聽著，一個字一個字地印在心上」。她甚至「暗裏留心江濤的談話，聽他
什麼話怎麼說法，什麼口吻，什麼態度」。〔註88〕

　　在棄（殺）夫模式中，（革命）男性的魅力更是得到了淋漓盡致的展現。
《意識的進化》中，身為警備司令妻子的槐瑚卻與丈夫周福海走在相反的道
路上，槐瑚領導工人運動，周則大肆屠殺革命同志。為了阻止周的陰謀，槐
瑚毅然殺死了自己的丈夫。在被處死之前，槐瑚回答對她殺害丈夫的「罪行」
的質問：「是的，他是我的丈夫，但不是我們的丈夫。」〔註89〕殺夫這一違背
傳統倫理的行為自然是面對「反革命」的暴行而採取的非常之舉，但也是正
義之舉。通常情況下，棄夫就成了女性面對「不革命」的愛人的理性選擇。

　　《到莫斯科去》和《兩個女性》是棄夫模式的絕佳運用。在《到莫斯科
去》中，「帝國大學大法律博士」、「目下黨國的要人」、「市政府的重要角色」
且溫柔體貼的丈夫徐大齊令素裳日漸生厭，而「康敏尼斯特」施洵白卻讓她
愛得如癡如狂。前者帶給她的「資產階級的物質享受」讓她「寂寞、閒暇、
無聊」，生命一天天在這樣的生活中消失；後者則帶給她新生的希望，能夠
將她從彷徨中「救援出來」，給她力量，引導她走向光明。因此，她毅然拋
棄了俗陋的政客徐大齊，奔向了「有思想，有智慧，有人格」的施洵白的懷
抱，要和他一同到莫斯科去。〔註 90〕與此稍有不同，《兩個女性》中的玉清
一開始在丁君度和雲生之間權衡，因丁君度「太癡情」、「能奮進」、「有理論」，
她便選擇了丁做自己的愛人。但丁君度在嚴酷的政治鬥爭中縮回了家庭的巢
穴，沉迷於物質享受中不能自拔。「於是兩人的生活路線成了相背而馳的兩
個極端，表現在日常生活中的，便是他們間的口角，譏罵，流淚，紛擾，憂
鬱，痛苦，……一句話，便是他們間的極端的矛盾和衝突！」這樣，當多年

〔註87〕胡也頻：《光明在我們的前面》，春秋書店 1930 年版。
〔註88〕梁斌：《紅旗譜》，中國青年出版社 1957 年版，第 412～415 頁。
〔註89〕陳極：《意識的進化》，《創造月刊》第 2 卷第 3 期，1928 年 10 月 10 日。
〔註90〕胡也頻：《到莫斯科去》，《胡也頻選集》，開明書店 1951 年版。

前被她捨棄的雲生以一個進步有爲的革命者的面目出現之時,她就難以抑制內心的激動與敬慕,愛情的天平由此傾斜:「她想會他的心愈切,他的音容笑貌也就很快的一天比一天的在她的腦海中活躍起來,同時憎惡君度的心理也就加速的增高了。……她甚至於覺得她多和他同居一天,她便多過一天奴隸式的娼妓生活。」〔註91〕最終,她脫離丁君度,與雲生同赴革命的南方。同樣,《一九三〇年春上海(之一)》中的美琳棄掉了愛人子彬在若泉的引導下踏上了革命的道路,《衝出雲圍的月亮》中的王曼英無視前男友柳遇秋的苦苦哀求反而對之前不愛的李尚志暗生情愫,《青春之歌》中林道靜對一度崇拜有加的余永澤日益厭惡轉而心繫盧嘉川,都是因爲前者不具有「革命」的人格,沉溺於物質生活,頹廢、墮落反而樂在其中;後者則因「革命」而呈現出奮發上進、沉毅勇敢的優良品格,這讓她們爲之傾慕、迷醉。以「革命」的名義殺害、拋棄自己的愛人,這些女性並沒有任何道德上的不適,其原因就在於革命的情愛倫理已經徹底替代了傳統的情愛倫理,成爲個體自發的內在約束力量。

　　無論是改造／被改造模式還是棄(殺)夫模式,在背後起支配作用的,都是一種強烈的(革命)男性崇拜心理。革命情愛倫理中的情愛關係,是基於女性對男性(革命)的崇拜、敬仰之心而結成。正是「革命」賦予了男性以吸引女性的陽剛之氣,才使其成爲情場上的得勝者。也就是說,只有「革命」的男性,才有資格、有能力擁有女人。因此,在革命的情愛關係中,「情」被「力」所排斥。這一重要特徵彰顯出的,是性與權力之間複雜而深刻的內在關係。革命的年代是暴力崇拜的年代,擁有強力就意味著擁有權力,而對權力的佔有往往就表現爲對女人的佔有,或者說,佔有女人本身就是一種最大的權力。革命的情愛倫理所折射出的,實際上是革命者對權力的強烈渴望及變相滿足。《地泉》中的夢雲對革命前後的林懷秋的態度有著天壤之別:「一年以前,當他如乞兒般的向她求愛的時候,她是那樣的矜持,那樣的傲慢簡直把他當成搖尾乞憐的叭兒狗一般幾腳踢在門外去!然而現在,她卻是在怎樣崇敬他,愛慕他,而且暗示他啊!」其原因就在於「革命」在一個月之間賦予了他令夢雲怦然心動的「敏捷,活躍,矯健,等崇高的戰士的特徵」,

〔註91〕以上所引見華漢(陽翰笙):《兩個女性》,亞東圖書館 1931 年版,第 46 頁、114 頁。

這使得林懷秋「有資格能夠博得她的歡心，能夠引起她的熱愛」。〔註92〕無疑，男性所具有的所謂雄性品格，只是「革命」作用下的產物；男性只是革命偉力的「肉身」展現，並不具有太多的性別意義和「人」的內涵。因此，若說「性別的魅力與政治的魅力呈現爲一種互爲轉喻的關係」，〔註93〕還不如說性別魅力是革命魅力的隱喻。

　　但這一隱喻卻是空洞的，沒有什麼實質性內涵。且不說它不具有眞正的性別意義，單就情愛關係中的男女各方來說，也都不具有眞正意義上的自我。其表現出來的男性崇拜，實際上並沒有作爲主體的男性的在場，男性只是「革命」支配下在情愛關係中展現「革命」神力的工具。它凸顯出來的是革命作家徘徊於自戀與自卑之間的複雜心理。對女方而言，在她的情愛動機中，對男性的崇拜實際上是出自對「革命」的崇拜——追隨、依附於「革命」男性，就是追隨、依附於革命。因此，在「革命」的神聖光環下所結成的情愛關係，是以男女雙方犧牲自我爲前提的，根本不存在眞正意義上的情愛意識。

　　若單就其中的性別秩序而言，「革命」並沒有帶來男女之間的平等；相反，卻使男女之間形成了一種新的統治與被統治的關係。艾勒斯指出，人類的性關係有兩種不同的模式：統治關係模式和夥伴關係模式。前者始於「一半人凌駕於一半人之上」。〔註94〕用「統治關係」來概括革命情愛倫理中的性別秩序似乎頗爲恰切。若將這種情愛關係與茅盾小說《創造》中的情愛關係相較，就會發現其奴役女性的本質。在《創造》中，君實與嫻嫻的關係也是以改造／被改造模式展開的，但結局卻與之迥然相異。君實挖空心思想將嫻嫻這塊「璞玉」改造成他理想的樣子，想獨佔她的「全靈魂」；但在改造的過程中，嫻嫻的自我意識被喚醒，使得「這位長久擁抱在他思想內精神內的少婦，現在已經跳出去，有自己的思想，自己的見解了」，這自然令他竹籃打水一場空。〔註95〕無論嫻嫻選擇的道路如何，她都獲得了支配自己靈魂與行爲的權力，擺脫了夫權的束縛與控制，成爲自我命運的主宰者。這與革命的情愛關係中的女性恰恰相反。在這種關係中，男性始終凌駕於女性之上，不僅佔有其身

〔註92〕華漢：《地泉・復興》，湖風書局1932年版，第103頁。
〔註93〕李楊：《50～70年代中國文學經典再解讀》，山東教育出版社2006年版，第128頁。
〔註94〕〔美〕理安・艾勒斯：《神聖的歡愛：性、神話與女性肉體的政治學》，黃覺等譯，社會科學文獻出版社2004年版，第4頁。
〔註95〕茅盾：《創造》，《野薔薇》，開明書店1935年版，第9頁。

體，而且佔有其靈魂，成為女性的引路人和精神導師；女性則徹底失去自我，完全臣服於男性。因此，這種統治式的性別秩序與封建時代的性別秩序有本質的相同，都是男性統治、奴役女性。只不過後者以「夫為妻綱」的封建倫理為支撐，而前者則假以「革命」之名。

恩格斯如此推想資本主義生產關係消滅後的兩性關係的秩序：「這一代男子一生中將永遠不會用金錢或其他社會權力手段去買得婦女的獻身；而女性除了真正的愛情以外，也永遠不會再出於其他某種考慮而委身於男子，或者由於擔心經濟後果而拒絕委身於她所愛的男子。」〔註 96〕由此看來，這種建基於平等、互愛之上的「夥伴」式兩性關係的實現，似乎要等到革命之後了。

第三節　去血緣化：親子關係的烏托邦

革命話語對社會關係、社會秩序的再生產一方面重構了情愛倫理，另方面也將以親子關係為主要內容的家庭倫理的血緣基礎置換成「階級」基礎。「去血緣化」成為革命倫理中親子關係的主要特點。「去血緣化」是通過「革命之父」這一正義的化身對「現實之父」的質疑、否定逐步完成的。它延續、深化了「五四」時期對以父權制為核心的舊禮教的反抗，並將之推向了極致。「去血緣化」消除了父權制對個體的束縛與控制，使個體從舊的家庭倫理中掙脫出來，並以「革命之父」的威權實現對個體的組織與操控，形成了新的統治——服從關係。個體從臣服於「現實之父」到獻身於「革命之父」，其被宰制的地位並沒有改變。尤為重要的是，與「五四」以來「現實之父」迭遭衝擊的地位相比，「革命之父」作為「道」（正義）的化身，其權威性卻絲毫不容置疑。因此，這種統治——服從關係往往以個體自願認同的面目出現，其中的控制性權力被隱藏起來，個體對自身的被統治地位毫無察覺。這就使得這一關係成了一種更深層也更為穩固的奴役關係。

一、棄家：做時代的兒子

革命話語將「家庭」與「革命」建構為一對相互衝突、不可調和的矛盾，其倫理意義十分重大。棄家糾結著以血緣、親緣為基礎的家族倫理和革命倫

〔註96〕〔德〕弗・恩格斯：《家庭、私有制和國家的起源》，《馬克思恩格斯選集》（第 4 卷），人民出版社 1972 年版，第 79 頁。

理之間的矛盾，它是革命者在革命正義與崇高人格的召喚下所做出的痛苦抉擇。棄家意味著以儒家文化爲內核的封建家庭倫理的退場，也是革命倫理發生作用的必然結果。

棄家，首先要掙脫情感的束縛，這是情與理的衝突，主要表現爲母愛與革命理性之間的較量。鹿子的散文《不忍池上》所展現的，是一個青年在母親與革命之間猶豫彷徨、痛苦抉擇的心路歷程。「他」一方面「爲了母親之愛所鎔化，百鍊鋼化成繞指柔」，「縛於母親之愛的家庭的情緒之中」，「終逃不出母親之愛的範圍以外，去幹那母親所謂兇險的工作」；而另一方面「他」又不斷在拷問自己：「他眞的僅愛他的母親嗎？」當普天之下「莫非人子的被壓迫階級」「整日整年的求生不得求死不能」之時，「誰的母親能滿足愛兒子的心願？誰的兒子能滿足他愛母親的心願呵？」正是將對自己母親的愛轉化爲對普天下母親和兒子的愛，他才能脫離母愛的束縛，勉勵自己走向革命的戰場：「莫因愛自己的母親而阻礙了自己的進途，莫要做母親懷抱中的驕兒，努力去做階級鬥爭的戰士吧！」〔註97〕《我在懺悔》中的「弟弟」自成之所以要懺悔，就因爲他在「理智與情感」的角逐中「爲了母親，哥哥的愛，爲了母親，哥哥的淚，爲了自己的生命的危險」，「脫離了革命戰線」，而「這在理論上，無論如何是非眞正革命者的行動！」〔註98〕《青春之歌》中的許寧也一樣，在母親的苦苦哀求之下，他雖然做出了不去延安的決定，但他內心卻充滿了道德歸罪的痛苦：「雙腿不禁簌簌地顫抖，眼裏滿含著羞愧的淚珠」。〔註99〕而當他出獄之後，便一洗此前「怯懦的感情」，毅然奔向了陝北。將偉大而沉重的母愛設置爲個體走向革命之路的障礙，其意圖是通過情與理的衝突凸顯革命者的崇高人格，彰顯革命大義。

在共產主義「革命」的宏大敘事中，「革命」是一項偉大的事業，這一事業追求的是全人類的解放及其物質與情感欲求的滿足，是公義公理；而「家庭」的日常生活敘事則只強調個人的物質與情感需要的滿足，追求的是私利私欲。因此，崇高人格的成就和偉大事業的成功都伴隨著與「家庭」作戰的歷史。將「家庭」視爲「偉大事業」的絆腳石或棄之不顧或一腳踢開，這一做法可以在大禹治水「三過家門而不入」中找到先例，在革命者那裡更是被

〔註97〕鹿子：《不忍池上》，《流沙》第 4 期，1928 年 5 月 1 日。
〔註98〕微塵：《我在懺悔》，《拓荒者》第 1 卷第 1 期，1930 年 1 月 10 日。
〔註99〕楊沫：《青春之歌》，人民文學出版社 1960 年版，第 174 頁。

演繹得淋漓盡致。

對「家」的排斥成爲革命者的一個顯著標識。《煙》中的陳安明離家有七八年之久，他說：「家嗎？我是沒有家的。」〔註 100〕《弟兄夜話》中的江霞也六年未進家門，大哥只好來上海尋他。〔註 101〕在老魏眼中，他的兒子魏阿榮自「革命」後，「也不要家鄉，也不要父母，就是自己的生命也好像是不要緊的」。〔註 102〕葉永蓁更在《小小十年》中宣稱：「所謂『家』，『家』是這麼滑稽的組織，我要它作什麼呢？」〔註 103〕到了「十七年」時期，「家」仍舊是革命者需要拋棄的對象。《紅岩》中的龍光華英勇就義之後，獄中的同志就用「是七尺男兒生能舍己，作千秋雄鬼死不還家」的輓聯來頌揚他的革命品格。〔註 104〕

在革命話語中，離家還是還家，成爲「革命」與「不革命」甚至「反革命」的同義語。「在這新舊兩種勢力鬥爭日趨激烈，日趨尖銳化當中，對得住家庭便對不住革命；對得住革命，便對不住家庭。這兩者是衝突的，不能調和的啊。」〔註 105〕因此，「棄家」便成爲「革命」的必然選擇。從封建家族倫理觀念來看，去家不歸絕對是大逆不道、不忠不孝之舉。「父母在，不遠遊」，朝夕敬奉於父母之側，承擔起繁榮家族的使命，是兒女的分內之事。棄家意味著拋棄對父母、對家族應盡的義務，必然要成爲封建家族倫理秩序中的異端，遭到強烈的道德譴責。另外，對許多革命者而言，「離家」的直接動機就是反抗封建的家長制，陳安明、江霞等就是不滿包辦婚姻才憤而離去的。「革命」只不過將他們對「家」的不滿推而廣之罷了。

所以，無論從哪個角度考量，「家」的被遺棄，都意味著以儒家文化爲內核的封建家族倫理的退場，同時也意味著以「革命」爲最終旨歸的革命倫理的興起。這樣，爲封建家族倫理提供支撐的「孔孟之道」也必然被丟進歷史

〔註 100〕建南（樓適夷）：《煙》，《太陽月刊》2 月號，1928 年 2 月 1 日。

〔註 101〕蔣光慈：《弟兄夜話》，《鴨綠江上》，亞東圖書館 1927 年版。

〔註 102〕平萬：《村中的早晨》，《拓荒者》第 1 卷第 2 期，1930 年 2 月 10 日。錢杏邨對魏阿榮這一形象十分讚賞，認爲是「完全在內心裏撲滅了家族的觀念，把全身全心全意識集體化」了的新興的農民形象。見錢杏邨：《關於〈都市之夜〉及其他——介紹戴平萬的短篇的兩個主要描寫對象》，《拓荒者》第 1 卷第 2 期，1930 年 2 月 10 日。

〔註 103〕葉永蓁：《小小十年》，生活書店 1933 年版，第 344 頁。

〔註 104〕羅廣斌、楊益言：《紅岩》，中國青年出版社 1963 年版，第 256 頁。

〔註 105〕洪靈菲：《家信》，《拓荒者》第 1 卷第 1 期，1930 年 1 月 10 日。

的垃圾堆，革命倫理的反封建特徵在此得以顯現。「把孔孟之道完全丟到糞坑裏去吧！這時代所需要的是把特權階級根本推翻，根本打碎，怎樣去尋求著新的光明，實現著美麗的社會，再也不是什麼『君使臣以禮，臣事君以忠』的那一派鬼話了！」〔註106〕由此，封建家族倫理中需要恪守的價值原則也被顛覆。洪靈菲的《家信》處處顯示出兩種倫理觀念的劇烈衝突，革命者長英不僅在母親情意繾綣的呼喚中拒絕回家，反而還寫信勸說父母讓兩位喪夫的嫂嫂改嫁。在父母看來，這信不合「天理人情」，而長英也簡直變成了「禽獸」和「鬼怪」。至於所謂的「不孝」，以長英所秉持的新的倫理來衡量，更是不存在的：「站在舊的倫理觀點上我是一個不孝得很可以的兒子，可以說是十二萬分的負義忘恩。但是，母親，那種舊的倫理觀點現在已經是完全不適用了，那只是一種封建的舊觀念。那種舊觀念是統治階級統治我們的一種武器，我們應該破壞它，詛咒它，把它送到糞坑裏去！⋯⋯站在這新時代的倫理觀點上，每一個青年都得做一個勇往直前的戰士，每一個青年都負有破壞舊社會，建設新社會的責任。」〔註107〕

　　若從「革命」自身的角度衡量，「革命」將「家庭」視為「眼中釘」，歸根結底是在與之爭奪作為生產力的身體，倫理只是他們用以爭奪的武器之一。「家庭」試圖用「孝」等倫理觀念將個體固定在家族網絡的結點上，維護其等級格局。使每個家族成員甘心做家族倫理秩序的「順民」，為家族之榮盛盡心盡力。而「革命」則用「正義」和「崇高」建構新的倫理，極力將個體從家庭組織中召喚出來，納入新的組織，為營構新的政治共同體效忠。這是革命成功的必然要求。因此，如果從家庭的羅網中沖決而出在「五四」時代意味著對個性解放的追求；那麼，在革命的年代，「革命」不僅為離家展示了個性解放的魅力，還提供了更為普遍化也更為根本的解放承諾。「革命」正是借助這一話語策略，阻斷了父母約束、控制兒女的路徑。在追求解放和崇高人格的衝動中，兒女紛紛叛離家庭，不甘心只做父母的兒女；而是追隨革命，去做時代的兒女。《去家》中的「二哥」面對父親為他的離去而發出的「但你是我的兒子」的質問，他回答：「⋯⋯與其說我是你的兒子，無如說我是時代的兒子罷！」〔註108〕《交給偉大的革命事業》中的俠雲毅

〔註106〕洪靈菲：《家信》，《拓荒者》第 1 卷第 1 期，1930 年 1 月 10 日。
〔註107〕洪靈菲：《家信》（續），《拓荒者》第 1 卷第 2 期，1930 年 2 月 10 日。
〔註108〕羅灃：《去家》，《我們月刊》創刊號，1928 年 5 月 20 日。

然離開孤獨的母親奔赴前線，「願意將生命交給偉大的革命事業」，就是因爲她清醒地認識到：「我們都是舊時代的母親的兒子，同時我們亦是新時代的兒子。我們愛新時代，美麗的新時代。我們不喜歡舊時代，因爲舊時代太壞了。」〔註 109〕血緣關係已是既定事實無法更改，但基於血緣建立的倫理關係卻可以拋棄，這便是棄家的「革命」邏輯。

二、追隨「革命之父」，審判「現實之父」

棄家的革命者具有明顯的「戀母情結」。母愛往往是革命者離家之際最大的心理阻力；而離家在外的革命者，又常常抑制不住對母親的思念，對不能孝敬母親懷著歉疚之心。任夫在詩中寫道：「你的兒子不孝，／不能奉養困苦的母親，／永遠的告別了，母親，／拿回去我這熱顫的心！……唉，母親，母親，／別了，永遠的別了，母親，／我要死去，這樣光榮的死去！／我永遠的愛者，親愛的女神！」〔註 110〕「戀母」必然伴隨著「棄父」、「仇父」甚至「弑父」。通常情況下，「父親」在「棄家」敘述中呈缺席狀態。這種「缺席」有兩種情況，一是父親已去世，《交給偉大的革命事業》中的俠雲，包括《青春之歌》中的許寧，他們都只有寡母孤獨在家。二是對父親有意忽略，《煙》中的陳安明只說家中有母親和妹妹，當被問及「沒有別人嗎？」時則避而不談；《弟兄夜話》中爲江霞訂婚、逼婚，寫信催他回家的施動者是「父母」，而江霞對家鄉的思念卻只表現爲對「母親」的思念，「父親」則從「思念」中被清除出去。如果「父親」在革命話語中是「在場」的，那就會以一副令革命者敬畏、憎恨的反對者的面目出現，甚至淪爲「被革命」的對象。

革命者的「戀母情結」無疑可以在弗洛伊德那裡得到解釋，它與人的潛意識息息相關。但是，這一「戀母情結」還可以從父愛與母愛的不同特性入手來考察。弗羅姆指出，父愛與母愛有本質的不同，母親的愛是無條件的，父親的愛則是有條件的，它的原則是：「我愛你，是因爲你滿足了我的要求；我愛你，因爲你盡到了你的職責；我愛你，因爲你像我。」〔註 111〕無論革命者是否棄家，母親對他的愛都持續不變；而父親則對此橫加阻撓，甚至將兒

〔註 109〕戴萬葉：《交給我們偉大的革命事業》，《我們月刊》第 3 號，1928 年 8 月 20 日。

〔註 110〕任夫（殷夫）：《在死神未到之前》，《太陽月刊》4 月號，1928 年 4 月 1 日。

〔註 111〕〔美〕埃·弗羅姆：《愛的藝術》，康革爾譯，華夏出版社 1987 年版，第 36 ～37 頁。

子視爲仇敵。這樣，從封建舊家庭中叛逃出來的革命者，對於舊家庭和代表著舊的社會、倫理秩序的「父親」必然懷有深深的仇恨。心靈痛苦需要舒解，心靈創傷需要療救。革命話語中的「戀母」以及與此伴生的「棄父」、「審父」、「仇父」和「弒父」現象，應該是其報復心理的無意識流露和變態的滿足。作爲父權制的現實代表，父親愛兒子的原則是兒子必須維護父親的絕對權威，遵從封建的家族倫理。而母親也同樣處於父權制的統治之下，在倫理層面與革命者是同一陣營，對兒子易生同情之心。因此，「戀母情結」不僅僅是「兒子文化」與「父親文化」對立的集中體現，還具有深遠的倫理意義。這一情結生成的歷史必然性在於，革命話語要重建新的具有支配性的革命倫理，就必須將主流的封建家族倫理定義爲歷史進程中落後而反動的，把宣判、遺棄它的歷史使命交由「兒子」來完成。

　　革命者這一特有的「戀母情結」意味著與以父權制爲核心的封建家族倫理對抗，這需要克服文化心理上的障礙，跨越一道倫理的鴻溝。以儒家文化爲內核的父權制強調父親的絕對權威，對父親的絕對依從成爲「孝」的一個重要方面。反對父親便是「忤逆」，會遭到眾口一詞的道德批判。對「父親」的敬畏之心成爲「兒子」的一種集體無意識。離家，就是從封建家族的倫理秩序中脫逃，就是向以「現實之父」爲代表的父權制挑戰。革命者需要經受的，不僅僅是情感與心理上的考驗，更重要的，還有道德上的焦慮與歸罪。〔註112〕

　　要衝出由脫離、否定、批判「現實之父」所陷入的倫理困境，就需要借助「革命之父」的力量。蔡翔認爲，中國古代知識分子之所以能在「君父」的權威之下「批評天下乃至改造現實」，就是因爲「原始父親」使他們擁有了「最高的精神憑藉」。若說「現實父親」指的是人間的君主和家長，那「原始

〔註112〕王一川將洪靈菲《流亡》中革命者沈之菲對父親的「恐懼」理解爲「原任感」與「原債感」相衝突所產生的「原憂」。出於「原任感」，他認爲父親代表黑暗與腐朽的傳統勢力，必須大義凜然地堅決剷除之；而出於「原債感」，他又認定父親是自己的需要終身報答的恩人，應當完全敬畏之。這一觀點值得商榷。實際上，沈之菲對父親的「恐懼」只能說是一種下意識的表現，是長期以來形成的對父親的敬畏心作用下的結果，表現在沈之菲身上是對父親「又怕又恨」。如果說革命者存在「原債感」的話，那主要指向的對象則是母親，因而「原債感」與「原任感」相衝突所產生的「原憂」也主要因母親而生。這也是革命者「戀母情結」的一個重要表現，沈之菲也不例外。王一川的觀點見其著：《中國現代卡里斯馬典型──20世紀小說人物的修辭論闡釋》，雲南人民出版社1994年版，第106～111頁。

父親」指的則是理想的道、天、祖先、傳統等等。〔註113〕只有依靠「原始父親」，才使得對「現實父親」的批判成爲可能及正當。在革命話語中，「原始父親」自然由「革命」來充當，作爲正義與眞理的化身，它追求的是崇高與偉大。革命者正是依憑「革命之父」的正義力量來完成對「現實之父」的批判的。

顧仲起的《離開我的爸爸》就對兩個「父親」做了明確的區分。「原始父親」所給予「兒子」的不應該僅僅是健全的肉體和生命，還應該有健全的思想、意志和自由。兩者合一才能鑄就偉大的人格，這是「原始父親」賦予「兒子」的「先天的、原始的意義」，「這也是人人所負有的這個偉大！」這個偉大的內涵就是「革命」所要實現的宏偉目標：「創造幸福的世界，打毀現代資本主義社會制度的矛盾」，「造福給整個的全人類」，「衝滅片面的自我的或局部的自私自利的人類！」因此，「爸爸照著這條路來指示我，教訓我，才是我唯一的親愛的爸爸」。可惜的是，「現實之父」卻「天天在想弄錢」，同時也叫「兒子」學他掙錢，「做一個自私自利的人類」。「所以我要離開我的爸爸，我得永遠離開我的爸爸！」〔註114〕

在「革命之父」的統攝下，「父親」與「兒子」之間血緣與倫理上的聯繫被割裂。追隨「革命之父」，審判「現實之父」，以「革命之父」至高無上的絕對權威破除父權制下「現實之父」的權威，這是革命倫理中「兒子」的必然選擇。革命倫理打破了父權制下「父親」不可撼動的統治地位，根本改變了父子之間的等級格局，帶來了父子關係的大變動。

首先，「現實之父」原有的尊崇地位被「革命之父」轉授給了革命者，革命者由此獲得了類「父親」的地位，贏得「兒子」的尊敬與崇拜。《去家》中「領袖了五六萬工人，在 C 城大暴動，殺死了幾千人，焚了七條街道」的「二哥」令弟弟崇拜有加：「他心中覺得二哥是一個偉大到不可思議的人……他彷彿覺得哥哥是他的主人，他願意象僮僕一樣的追隨他的行動！」〔註115〕到了《紅旗譜》中，「革命之父」的形象變得愈加奪目。賈老師就是「革命之父」的化身，他一出場幾句話就使運濤「心神豁亮」，「胸膛裏發熱」，「嘴唇和臉龐顫抖得不行」。以至於運濤「每次和他談了話，身上都是熱烘烘的，看書做活都有勁」。這使他「覺得前面像亮著一盞燈，有一種力量鼓勵他前

〔註113〕蔡翔：《父與子──中國文學中的「父子」問題》，《文藝爭鳴》1991 年第 5 期。
〔註114〕顧仲起：《離開我的爸爸》，《太陽月刊》4 月號，1928 年 4 月 1 日。
〔註115〕羅潾：《去家》，《我們月刊》創刊號，1928 年 5 月 20 日。

進」。〔註116〕賈老師耐心教導、悉心關懷運濤、江濤兩兄弟，既是嚴師，又像慈父。他扮演了運濤和江濤人生路上的引導者的角色，在他的諄諄教誨下，兩兄弟很快「成長」起來，走上了革命的道路。相較而言，他們的父親嚴志和則黯然失色，作為父親，他對兒子們的「成長」不僅毫無作用，反而還需要兒子的帶動、指引才能改變思想、走向革命。

　　其次，在革命話語中，「父親」作為舊時代、舊思想、舊倫理的象徵，其特點往往是頑固、保守、落後甚而反動；「兒子」則成為新時代進步的象徵，有資格有權利對其進行批評教育。陸阿六聲色俱厲地斥責他撕農會標語的父親：「我怎麼不曉得你是爸爸呢？可是，可是這標語是農會的，不是我的；農會也是大眾的，不是我的！你想擺什麼架子呢，一個沒加入農會的老東西！」〔註117〕《大海》中阿九就「毫不踟躕地拿出教育旁的同志的態度來教育他的父親」。在他的父親錦成叔看來，兒子阿九「有了群眾的力量，群眾都擁護他。他不簡單地是他自己的兒子，他是這村裏的一個指導者了」。因此，當阿九聲稱「兒子是可以干涉老子的」，「我現在是用同志的資格來糾正你的錯誤」之時，錦成叔就「拿不出什麼說話來反駁，他似乎領略了一種新的道理」。〔註118〕

　　最後，如果「父親」墮入了「反革命」的陣營，那兒子就可以以「革命之父」的名義審判、殺死「現實之父」。「弒父」這一極端大逆不道之舉可能會引發「兒子」的內心衝突，但絕不可能使其產生道德上的罪惡感，「革命之父」的神力由此可見一斑。《出路》中的黃卓群作為「惡魔」父親的女兒，「不但不能為民眾的緣故，向他力諫」，還「為了職務上的關係做助惡的工作」。面對愛人歐陽尼夫要刺殺他父親的構想，她陷入了內心痛苦的煎熬和掙扎中。在「革命之父」的驅動下，黃卓群在內心審判父親，也審判自己為「弒父」所產生的猶豫不決。他雖然是疼愛自己的父親，但也是屠殺民眾和革命者的劊子手。「我覺得能夠愛人間的，才是我的父親，只愛自己的女兒的，或許還是我的仇敵！殺了！我覺得還是最公道的呀！」「我應該，而且十分應該，剷除，手戮，這批貪官，污吏，軍閥，帝國主義的走狗……」最終，她將子彈射進了父親的頭顱。〔註119〕《田野的風》中的李傑之所以將

〔註116〕梁斌：《紅旗譜》，中國青年出版社1957年版，第134頁、136～137頁。
〔註117〕平萬：《陸阿六》，《拓荒者》第1卷第1期，1930年1月10日。
〔註118〕洪靈菲：《大海（下部）》，《拓荒者》第1卷第3期，1930年3月10日。
〔註119〕趙冷：《出路》，《太陽月刊》5月號，1928年5月1日。

他的父親視作仇敵，是因爲「父親」代表的是統治階級，而他代表的則是鄉村的貧民。這種階級上的對立使父子之間如同水火，他聲稱：「我沒有父親了。有的只是我的敵人。和敵人只是在戰場上方有見面的機會……」他在火燒李家老樓時所產生的矛盾與痛苦，主要是念及他臥病在床的母親和年幼無知的妹妹，對父親卻沒有絲毫同情：「聽說我的母親還是在家裏害著病……母親！請你寬恕你的叛逆的兒子罷！」哪怕是對於母親的「孝」，在革命倫理的約束下也只有放棄：「如果『百善孝當先』是舊道德的崇高的理想，那他便做著別種想法：世界上還有比『孝父母』更爲重要更爲偉大的事業，爲著這種事業，我寧願蒙受著叛逆的罵名。母親，你沒有兒子了。」〔註 120〕與黃卓群相比，焦大哥的「弒父」沒有產生任何猶疑與內心矛盾。焦大哥的父親因不願身在敵對陣營的兩個兒子相互慘殺而向另一個兒子范三傳遞消息，導致焦大哥的同志劉光漢被殺，得知這一消息，焦大哥毫不遲疑地槍殺了父親。〔註 121〕

　　總之，在「革命之父」的支持下，「父上子下」的等級關係徹底被顛倒過來，成了「子上父下」。這其中被清除退場的，不僅有封建的家族倫理，還有父子之間血脈相連的血緣與親緣關係。在「革命之父」的召引下，拋棄、批判、打罵甚至殺害親生父親都成了義正言辭的「革命」行爲。然而，無論何種倫理形態，若否定父母子女之間基於血緣和親緣建立起來的天然的情感聯繫，排斥人類以本能和人性爲基礎的對父母的依賴、愛護和尊敬，不管它怎樣標舉「正義」，都只能走向反人道的陷坑。

三、「革命」親情：親子關係的現代構想

　　革命倫理對親子關係血緣基礎的排斥不僅體現在「棄父」行爲中，還體現在對家族仇恨的消除上。在革命倫理中，任何的愛與恨都要經「階級」的重新審定才能存在。「家仇」的指向若與「階級仇」即「革命」的目標相一致，則會被納入其中；「家仇」由此被轉換成「階級仇」的原始動力。若二者相悖，那「家仇」就會被「階級情」化解得無影無蹤，敵對的雙方甚至可以轉恨爲愛。家族觀念在革命話語中被取消了合法性，家族仇恨這一父子關係中最後的血緣、倫理聯繫也在革命倫理中難有容身之地。打破、取消以血

〔註 120〕蔣光慈：《田野的風》，湖風書局 1932 年版，第 264 頁。
〔註 121〕魏金枝：《焦大哥》，《萌芽月刊》第 1 卷第 5 期，1930 年 5 月 1 日。

緣、親緣結成的親子關係，在「革命」的名義下以階級為「基礎」重新生成
「親情」、構築親子關係，是中國無產階級革命最具魅惑的現代構想之一。

在革命話語中，被消除的家族仇恨往往是「殺父之仇」。作為封建家族
的核心力量和領導者的「父親」被殺，往往意味著整個家族的敗落與覆亡。
因此，對每一個家族成員來說，「殺父之仇，不共戴天」。報「殺父之仇」成
為中國封建家族倫理所絕對承認的血族義務，是每個家族成員必須遵從的絕
對律令。這是「兒子」與「現實之父」在血緣上的最後聯繫，也是其必須承
擔的倫理責任。而在革命倫理中，伴隨著「現實之父」的被遺棄和親子關係
中血緣因素的去除，這一基於血緣和家族倫理的「血仇」的合法性也遭到了
質疑。

盧森堡的《愛與仇》集中展示了「階級愛」戰勝「家族仇」的曲折過程。
自父親被李劍華領導的「暴民」殺害後，女兒蘇華英心中便燃起了復仇的火
焰。為報父仇，她走出閨閣，進女師讀書。在學生運動的衝擊下，滿腦子封
建思想的蘇華英發生了天翻地覆的變化。她開始閱讀流行的革命理論的書
籍，「這對於她正如深夜裏的明燈，社會的狀況，革命的真諦，人生的意義……
漸漸地被她模模糊糊的照見了」。尤為重要是，她與學生運動的領袖章春潮
開始了一場轟轟烈烈的戀愛。但時代的逆流回潮了，革命陷入了低谷，蘇章
二人只好逃回家中。家鄉保衛團團長李晉生告訴她，「要復仇嗎？那麼，現
在就是千載一時的良機了」。於是，蘇華英遭遇了復仇還是不復仇的兩難。
復仇，意味著與反動陣營攜手；不復仇，又一時擺脫不了家族倫理的禁錮。
父親是土豪劣紳這一讓她心痛的判斷雖然鬆動了她復仇的念頭，但復仇的意
義卻沒有被她否定。她決定，仇還是要報，但不能借助反動派的力量。然而，
愛人章春潮的死徹底改變了她的想法，他是被他的土豪劣紳的父親殺死的。
這樣，愛恨情仇都被統合進了「階級」的視閾，蘇華英與父親所代表的土豪
劣紳就成了勢不兩立的敵對者。出於血緣與倫理意義上的「父女之愛」敗給
了以「革命」為基礎的「男女之愛」。由此，「父仇」變得毫無意義，「階級
仇」在蘇華英的心頭植入，轉化為堅定的革命信念。「誰是真正的仇人？為
了一個土豪劣紳，軍閥走狗的父親的被殺，竟認為大冤大仇，必欲報之。這
還不可笑嗎？」至此，小說對革命倫理的推崇並未休止，它將蘇華英推向了
倫理反叛的頂點：她與昔日的仇人李劍華相遇、相愛，結為夫婦。〔註122〕

〔註122〕森堡（任均）：《愛與仇》，《拓荒者》第 1 卷第 1 期，1930 年 1 月 10 日。後

不能不說，《愛與仇》充滿了對親子關係、情愛關係的「革命」式的浪漫想像，但它卻絕對是革命倫理的經典呈現，其意義非同尋常。它表明：「愛」只能是「階級愛」，「仇」也只能是「階級仇」，革命倫理中不存在任何其他意義上的「愛與仇」。

《愛與仇》中處理「家族仇」與「階級情」的方式在《小城春秋》中得到了回應。面對殺父仇人的兒子，同時也是革命「同志」的李悅，何劍平「感情上不舒服」，覺得很難接受他。但第二天他就想通了，「離開階級的恨或愛，是愚蠢而且沒有意義的」。眞正的殺父兇手不僅不是作爲單個人的李悅的父親，他也是無辜的受害者。「誰假借善良的手去殺害善良的人？誰使我父親枉死和使你父親流亡異邦？」何劍平終於認清了眞正的「兇手」，願意和李悅「手拉著手，把舊世界裝到棺材裏去」。〔註 123〕

家族仇恨在階級情感面前渙然冰釋，昔日仇敵言歸於好共同致力於革命事業。這意味著革命倫理徹底斬斷了「兒子」與「現實父親」、與整個家族的血緣聯繫。其中得以彰顯的，是革命倫理的「去血緣」本質。以「血緣」爲基礎的愛與恨，其價值與力量遠遠抵不過以「階級」爲內核的愛與恨。因此，拋棄、超越前者，投身、尊奉後者，不但是偉大「革命」品質的體現，還預示著一種以「階級」爲根基的「革命」親情的出現。

鹿特丹的小說《兒子》將一位普通的母親推向了「殺子恨」與「階級情」火拼的倫理戰場。她掩護了一位被漢奸追殺的八路軍，之後才得知他殺了自己的兒子。是告發他還是繼續保護他？她經受著靈魂最痛苦的煎熬。她雖然因念及兒子的好而備感心痛，但「另一個念頭，像初夏的雷鳴那樣震著她：『你底兒子是漢奸！該死的漢奸！』」這樣，兒子的死便成了「不聽好話，活該！」於是，她掩起內心的悲痛，保護了八路軍的安全。八路軍王健對大娘這一大義之舉感激涕零：「老人家，不，娘！我才是你底兒子，那個死了的不是。」「娘！你記著吧！打死的是漢奸，不是你底兒子。只有我，我是八路軍的武工隊員，名叫王健，才是你眞正的兒子。還有，我們所有的子弟兵，都算是你的兒子。」王健對大娘萌生的，不僅僅是感恩之心，最爲重要的，還有階級的深情：「我們八路軍把老百姓總像父母一樣的看待，老百姓也把我們跟兒子一樣的愛惜。」〔註 124〕正是這種源自「階級」的親情，促

收入「拓荒叢書」，由現代書局於 1930 年 3 月 20 日出版單行本。
〔註 123〕高雲覽：《小城春秋》，人民文學出版社 1956 年版，第 20〜22 頁。
〔註 124〕鹿特丹：《兒子》，載康濯主編《中國解放區文學書系‧小說編四》，重慶出版

使大娘放棄了私人的仇怨，也昇華了王健心中的感動，使之轉化成了更高層次上的「母子情」。

這種超越了血緣的「革命」親情有兩個主要特點。其一是共享性。即只要是革命者，都可以擁有這份「親情」。因此，「母親」往往是大家共有的母親，「兒女」也是大家共有的兒女。《出路》中的「老婦」就是「歐陽尼夫們的大家母親」。她無微不至地關懷著革命團體中的每一個「兒子」。《紅岩》中的「監獄之花」剛出生就失去了親生父母，但江姐說：「孩子是我們的。我們都是她的父親，母親。」〔註125〕其二是「利他」性。其形象化的表述是：「不是親生，勝似親生」，「比親生的還要親」。《傷兵的母親》中的苗老大娘其實並不是傷兵的親生「母親」。但她照顧從火線上下來的傷兵比自己的親生兒子還要盡心、周到。她拿出專門留給兒子鐵鎖、連女兒小丫都不能嘗的豆包，用嘴餵傷兵吃，給他擦屎端尿，無微不至。傷兵家裏「也有個上了年紀的母親，卻沒有她這樣疼愛過他」。這份深情讓傷兵在離去的時候戀戀不捨，他由衷地喊道：「你老就是我的娘呵……」〔註126〕《暴風驟雨》中趙玉林的妻子趙大嫂子「寧肯自己心疼的獨生孩子光著腳丫子，先做鞋子給那寄養在她家的窮孩子穿上」，「粗活都不叫他幹，怕他累了。還送他上小學校念書」。〔註127〕這種「屈己待人」很大程度上並不是勞動人民固有的淳樸、善良的品質，而是另一種以「階級」認同為根基的「革命」深情的體現。

摒除了血緣因素、個人欲求、功利色彩的親子關係無疑是中國無產階級革命最為宏偉的現代構想之一。之所以稱它是「現代」的，是因為它具有反封建的特徵，它推翻了父權制中「父親」的統治地位，打破了箝制人、戕害人的封建家長制和婚姻制，使個體從封建家庭的牢籠中掙脫出來，有利於個體身心的解放。但這一現代性追求卻涵括著反現代的因素，個體雖然脫離了父權制的控制，但從此徹底聽命於「革命之父」，又形成了新的「父權制」。個體的自主性由此喪失，其被威權統治、役使的地位並沒有改變。另一方面，革命倫理試圖建立的沒有血緣聯繫的親子關係，拒絕私利私欲的介入，完全依靠共同的革命信念和使命感所形成的情感來維繫。這自然與「建築在資本

　　　社 1992 年版，第 2418～2420 頁。
〔註125〕羅廣斌、楊益言：《紅岩》，中國青年出版社 1963 年版，第 289 頁。
〔註126〕紀雲龍：《傷兵的母親》，載康濯主編《中國解放區文學書系·小說編一》，重慶出版社 1992 年版，第 534、535 頁。
〔註127〕周立波：《暴風驟雨》，人民文學出版社 1956 年版，第 244 頁。

上面，建築在私人發財上面的」資產階級家庭關係絕不相類。〔註 128〕它固然崇高、聖潔，但因爲失去了血緣基礎，以及由此萌生的聯結親子關係的最根本的紐帶——人類最普遍、最原始的情感；所以只能是空中樓閣，成爲「革命」的烏托邦想像。

〔註 128〕馬克思、恩格斯：《共產黨宣言》，《馬克思恩格斯選集》（第 1 卷），人民出版社 1972 年版，第 268 頁。

第五章　美的迷途：革命話語與中國現代文學的審美品格

　　革命話語不僅再生產出了社會信仰、社會秩序和社會關係，還再生產出了具有獨特原則和品格的美學形態——「革命美學」。革命美學既是政治化的美學，也是美學化的政治。它以審美與意識形態之間的互動關係爲出發點，提倡一種以揭示「歷史的必然性」爲目的的「現實主義」美學原則，追求一種獨特的具有煽動力的美學風格。革命美學凝結著中國革命的現代性悖論，它雖然爲中國現代文學植入了新的審美元素，改變了中國現代文學的美學風貌，一定程度上促進了中國美學的現代轉型；但它愈演愈烈的偏執、專斷與排他品性卻使中國現代文學走上了美的迷途。

第一節　革命「現實主義」：對「現實」的規避與放逐

　　1928 年茅盾與創造社、太陽社等人圍繞《蝕》三部曲所展開的爭論在革命美學發展史上具有里程碑的意義。這場論戰的焦點之一是文學與現實的關係問題，即革命話語應以何種法則、方式呈現「現實」，這種「現實」的質的規定性應該是什麼，這實際上正是革命美學的一個核心問題。在論爭中，這一核心問題首次得到了系統性的理論探討。由此浮出水面的「新寫實主義」不僅是一種創作方法，更蘊涵著一種根本性的美學原則。它提倡對「現實」做觀念式的再現，由此揭示出一種邏輯意義上的「歷史必然性」。這種美學原則後來成爲革命「現實主義」的支配性原則，其影響無比深遠。然而，在這一原則指導下所呈現出的所謂「現實」，實際上是對實在「現實」的規避與放

逐，其本質是「歷史必然性」觀念的美學映像，是一種主觀的「現實」。它拆散了真正的現實主義美學中藝術對現實的依從關係，以「未來」取代「現實」，以邏輯代替歷史，抹殺了「現實」的多樣性與複雜性，最終走向了反「現實主義」。

一、經驗「現實」與觀念「現實」

　　1927 年席卷全國的大革命為中國現代文壇提供了一份現實的「革命」經驗，在此之前，絕大多數作家從未親眼目睹過「革命」的「廬山真面目」。大革命落潮後，革命理想與革命現實相衝撞的結果之一，便是「革命」在文學中的大量湧現。「白色恐怖打破了所有人，包括革命的『我們』的幻想；知識分子被迫以新的眼光觀察革命。革命不再是全民族的事業了，它只是階級戰爭的一個幽靈。」〔註1〕書寫「革命」成為個體確證革命信仰、重謀解放出路、審視民族命運的一種途徑。其觀照「革命」的方式往往有兩種，一是「往後看」，一是「往前看」。前者以經驗為基礎對「革命」做歷史呈現，後者則從觀念出發再現「革命」；前者側重於暴露、省視大革命中的黑暗現實，後者則力圖勾畫革命柳暗花明的美好前景；前者流露出悲觀、幻滅、頹廢的消極情緒，後者則洋溢著樂觀、激昂、奮進的調子。無論以何種方式展現出的「革命」，都十分混亂駁雜，並不存在統一的面孔，革命話語的無政府狀態帶來了美學風格上的多元化。

　　揭露大革命的黑暗面，書寫革命落潮後的苦悶、彷徨與失望，是 1928 年前後革命話語生產的一個重要方面，它形成了一股創作潮流，其影響不容小視。其中，茅盾的《蝕》三部曲最具代表性。無論是在《幻滅》、《動搖》還是在《追求》中，悲觀頹廢的情緒都不可抑制地流瀉開來。主人公們常常處於時間飛逝所產生的生命無意義之感當中，處於只有將自身交付於大變動時代而無法主宰自我命運的宿命般的無奈中。在《幻滅》中，靜女士的幻滅情緒如影隨形、欲罷不能。她試圖借助「革命」來擺脫，卻「只增加了些幻滅的悲哀」。〔註2〕耐人尋味的是，「革命」不能令靜女士有絲毫的改變，恣情的「性愛」卻能助她燃起生命的激情，走出「消極多愁」的低谷。當靜女士在

〔註1〕　〔美〕舒衡哲：《中國啟蒙運動──知識分子與「五四」遺產》，劉京建譯，
　　　　新星出版社 2007 年版，第 217 頁。
〔註2〕　茅盾：《幻滅》，《小說月報》第 18 卷第 10 號，1927 年 10 月 10 日。

「性愛」的洗禮中決意要改變了她的性格，迎來的卻是愛人強惟力要去前線領軍的消息。儘管「環境的逆轉」令她更加悲戚，但她又不得不顧及作爲未來主義信奉者的愛人的追求。當她鼓動愛人重返前線，心中留下的除了依依的離情，更多的還是沉重的無奈。這似乎應和了她之前的人生感悟：「人們都是命運的玩具，誰能逃避命運的播弄？誰敢說今天依你自己願望安排定的計劃，不會在明天被命運的毒手輕輕地一下就全部推翻了呢？」〔註3〕《動搖》中對革命與愛情皆「左擺右蕩」的方羅蘭不僅無法控製革命局勢的突變；也無法挽回妻子日漸冰冷的心，即便他百般努力，但越是辯解就越是加重她的猜疑。最終，他不僅被逐出了革命權力的中心，也無法獲得妻子的信任，更不可能贏得孫舞陽的愛。這一切似乎都是他咎由自取；但又似乎與他無關，一切的變化都超出了他的能力之外，不是他所能主宰或改變的。〔註4〕《追求》中的人物所做的「追求」均告失敗。章秋柳試圖用愛情去拯救自殺過的史循，一方面改變他的懷疑主義，它方面也想通過這一「革命」行爲尋求生命的意義。然而，借助藥物放縱的性愛不僅使史循因耗盡了生命的能量而死去，也使章秋柳染上了可怕的梅毒。這對章秋柳原初的拯救意圖構成了一個絕佳的諷刺。與《幻滅》相似，茅盾在《追求》中表現出的對性愛力量的信任比對革命力量的信任要多得多，這無疑是對「革命」的顛覆。只不過，他似乎要借《追求》表明，如章、史的性愛一樣，革命若過度地放縱慾望，或許可以很快走向高潮，但也會很快迎來敗亡的結局，走向原初意圖的反面。「運命的威權——這就是運命的威權呢？現代的悲哀，竟這麼無法避免的麼？」〔註5〕因此，在三部曲中，人物大都無法把握當下大變動的時代，只能聽憑命運的擺佈，彌漫著悵惘、悲愴與無奈的調子。

應該說，這種幻滅情緒及其在文學中的反映有其必然性和普遍性。在想像中，革命可以被默認爲一種「根本解決」問題的方式，可以被設想爲一個完美的現代性工程，建構爲理想的烏托邦；而一旦它從想像變爲現實，從神壇走向人間，就要經受現實生活的考驗，這一「歷史活劇」內部的複雜性和陰暗面也都會漸漸展露無遺，其耀眼的光環終將褪去。將過多希望與理想加

〔註3〕　茅盾：《幻滅》，《小說月報》第18卷第9號，1927年9月10日。
〔註4〕　茅盾：《動搖》，《小說月報》第19卷第1～3號連載，1928年1月10日～3月10日。
〔註5〕　茅盾：《追求》，《小說月報》第19卷第6～9號連載，1928年6月10日～9月10日。

諸「革命」的人們，也必將在革命的壯潮中經歷一個激動、亢奮、狂熱到失望、悲觀、低迷的心理過程。徐蔚南在評價茅盾的《幻滅》時，就以法國大革命爲參照，認爲「東西大變動的時代，竟有這麼多不謀而合的地方」：「法國大革命的開始時，市民們眞是如飲狂藥，以爲革命一旦成功，什麼都得到了。自由！平等！博愛！在革命的火焰的烽巔，閃出最莊嚴最美麗的圖畫，誘惑著最大多數的人民的眼睛。興奮再興奮，努力更努力，急轉直下，接著是疲倦了，接著是革命成功了。但是那自由呢？那平等呢？那博愛呢？有的，也不是當日所想得的；當日想像所有的，卻一點也沒有。最莊嚴最美麗的圖畫原來是一張白紙上的無數血花！一切幻滅了！於是傷心，歎息，消極，悲觀。」〔註6〕

「往後看」革命，暴露大革命的黑暗面，且不提供「出路」，茅盾的同道者不僅包括葉聖陶、白薇、金滿成，還包括張資平，甚至錢杏邨也曾爲同道中人。葉聖陶展示了作爲理想主義者的倪煥之及其革命理想的覆亡。白薇的《炸彈與征鳥》以女性特有的尖銳與敏感直刺大革命中的性別秩序。金滿成的《愛欲》在展現革命領導者爭權奪利、中飽私囊的同時，也讓懷抱革命理想與壯志的旬九居覺悟到革命的結局是「整個的黑暗」，「一切理想都是空虛的」〔註7〕；旬最後的死亡也意味著革命理想與期待的煙消雲散。錢杏邨在《革命的故事》中也窮形盡相、淋漓盡致地揭示了「投機主義」者的醜惡面目和大革命「換湯不換藥」的本質。〔註8〕

與茅盾截然不同的是，蔣光慈、華漢等「革命文學」作家雖然也都寫到了小資產階級知識分子在革命落潮後的苦悶、墮落與頹喪，也都採用了「以個體暗示時代」的寫作手法。但無論是蔣光慈筆下的王曼英，還是華漢《地泉》中的林懷秋，都能夠從幻滅的靈魂深淵中振拔而出，投身於光明的世界；而《蝕》三部曲尤其是《追求》中的人物卻自「幻滅」始，以「幻滅」終。若說王、林二人走的是直線的話，史循、章秋柳、王仲昭、張曼清等人走的恰恰是一個圓圈。前者是一種單線突進的進化論史觀的形象體現，而後者則無疑體現出一種悲觀的歷史循環論；前者將歷史的必然性內化入個體的人生選擇，後者不僅拒斥這一觀念的滲入且與之相對立。如王德威所指出的，「推

〔註6〕 徐蔚南：《幻滅》，載伏志英編《茅盾評傳》，現代書局 1931 年版，第 62、61 頁。
〔註7〕 金滿成：《愛欲》，光華書局 1931 年版，第 288 頁。
〔註8〕 錢杏邨：《革命的故事》，春野書店 1928 年版。

動歷史前進的真正動力在他的敘述中被遺漏了。假如拋開小說中膚淺而短暫的標記，就會發現茅盾將青年革命者的希望與幻滅用同一個故事講了三遍」。〔註9〕

因此，茅盾筆下的「現實」與蔣光慈、華漢等人的「現實」有著本質的不同。前者是個體對經驗到的「現實」的客觀呈現，包含著豐富的歷史內容；後者則試圖拋棄經驗「現實」帶來的不良情緒，毅然投身「歷史的必然性」觀念所營造的光明前景中。前者遵循歷史的法則，後者則服膺於邏輯的法則。在美學風格上，與三部曲通篇彌漫的悲涼不同，蔣光慈、華漢等人的小說往往由低迷婉轉走向昂揚激進，帶上了一個「光明的尾巴」。

二、「現實主義」的意識形態

在 1928 年 10 月 10 日發表的《從牯嶺到東京》中，茅盾對其《蝕》三部曲的美學追求做了集中闡釋。他不斷強調的字眼是「客觀」、「老實」、「忠實」、「真實」，意即他筆下的「現實」是完全排除了主觀因素的「現實」。在文章開頭，茅盾就表明了他後來在回憶錄中不斷重申的意思，他是「經驗了人生才來做小說的，而不是為了說明什麼才來做小說的」。〔註10〕也就是說，他是從「經驗」而不是「觀念」出發描寫「現實」，試圖追求一種本體意義上的「真實」。在談到《幻滅》與《動搖》的創作時，茅盾稱他只「注意一點」：「不把個人的主觀混進去，並且要使《幻滅》和《動搖》中的人物對於革命的感應是合於當時的客觀情形。」〔註11〕茅盾強調自己是「黏住了題目做文章」，《幻滅》就是寫「幻滅」，並不旁涉其他；尤為重要的是，這種「幻滅」的情緒是一種普遍的「現實」：「凡是真心熱望著革命的人們都曾在那時候有過這樣一度的幻滅；不但是小資產階級，並且也有貧苦的工農。」同樣，《動搖》就是寫「動搖」，「這動搖，也不是主觀的，而有客觀的背景」。可以說，茅盾利用《從牯嶺到東京》為三部曲精心營造了一個堅固的「客觀」外殼。

茅盾之所以要親自對《蝕》三部曲的「客觀」性做權威性的論證，其用意在於通過強化三部曲純粹的「客觀的真實」來淡化它在美學上的意識形態

〔註9〕 David Der-wei Wang, *Fictional Realism in Twentieth-Century China: Mao Dun, Lao She, Shen Congwen*, New York: Columbia University Press, 1992, p.61.
〔註10〕 茅盾：《我走過的道路》（中），人民文學出版社 1984 年版，第 3 頁。
〔註11〕 茅盾：《從牯嶺到東京》，《小說月報》第 19 卷第 10 號，1928 年 10 月 10 日。以下引文出自此篇者不再另行標注。

性，即所謂的「傾向」、「立場」。或者說，茅盾力圖說明，對三部曲的美學追求及其所呈現出來的「現實」做政治性的理解與批評只能是一廂情願的自作多情。他不斷重複他只是在老老實實地描寫曾經發生過的「現實」；即使不能抑制悲觀情緒的表露，但這種主觀情感不僅有著強大的「現實」基礎，且與主觀認識絕不相同，更不是什麼「階級意識」。因此，他的三部曲中並不存在什麼立場問題，他只是忠於歷史，忠於現實，忠於自我的內心，如實描寫罷了。

在談到創作動機時，茅盾說：「我是真實地去生活，經驗了動亂中國的最複雜的人生的一幕，終於感得了幻滅的悲哀，人生的矛盾，在消沉的心情下，孤寂的生活中，而尚受生活的支配，想要以我的生命力的餘燼從別方面在這迷亂灰色的人生內發一星微光，於是我就開始創作了。」寫小說對茅盾而言雖然與生存問題相糾纏，也可能是他在大革命失敗後「探索、求證革命信仰的方式」。〔註 12〕但茅盾自己更願意突出三部曲的「私人化」特質，把寫小說看作當時療救心靈的唯一方式。在小說中，茅盾既忠實於歷史「現實」的客觀展現，同時也不去抑制自我情緒的真實流露。似乎只有將從革命人生中所經驗來「悲哀」、「矛盾」、「消沉」、「孤寂」傾訴淨盡，他方能求得精神上的解脫，找到人生的出路。正是在這個意義上，茅盾並不考慮《追求》中漫溢的頹唐情緒的不良後果，說他「很愛」這一篇，其原因「乃是愛它表現了我的生活中的一個苦悶的時期」。

茅盾之所以要極力消除三部曲的政治色彩，可能與他那一段人所共知的曖昧「革命」經歷有關，這段經歷至今仍蒙著神秘的面紗。茅盾由此對「政治」立場異乎尋常地敏感。正如趙璕細心的研究所指出的，在《從牯嶺到東京》發表之前，並不存在什麼對茅盾小說的真正意義上的反面評價。〔註 13〕但是，在對《幻滅》、《動搖》的評價中，錢杏邨卻對其做了政治意圖的挖掘。他認為《幻滅》是「專寫小資產階級的遊移與幻滅的心理的」〔註 14〕；而《動

〔註 12〕陳建華：《革命與形式——茅盾早期小說的現代性展開（1927～1930）》，復旦大學出版社 2007 年版，第 103 頁。

〔註 13〕在《從牯嶺到東京》發表以前，僅有白暉（朱自清）對《幻滅》的評論以及錢杏邨為《幻滅》和《動搖》所做的「書評」，二人的意見均以正面為主。見趙璕：《〈從牯嶺到東京〉的發表及錢杏邨態度的變化》，《中國現代文學研究叢刊》2005 年第 6 期。

〔註 14〕錢杏邨：《幻滅》，《太陽月刊》3 月號，1928 年 3 月 1 日。

搖》則「以解剖機會主義者的心理和動態見長」〔註15〕。《從牯嶺到東京》恰恰與之針鋒相對，在談到《幻滅》時，茅盾稱他「並不想嘲笑小資產階級，也並不想以靜女士作為小資產階級的代表」；他只是寫「一九二七年夏秋之交一般人對於革命的幻滅」。同樣的，在《動搖》中也不存在錢杏邨所稱的對機會主義的攻擊之類的主觀目的。在《讀〈倪煥之〉》中，他旗幟鮮明地反對錢杏邨對《追求》所做的「立場錯誤」的結論，他再次申明他遵循的是「歷史」的原則；若違背這一原則，在《追求》中間「插進一位認識正路的人」，「在病態中泄露一線生機」，或許可以讓錢杏邨滿意；但他並不這樣做，因為「《追求》中人物如果是真正的革命者，不會在一九二八年春初還要追求什麼，他們該早已決定了道路了」。〔註16〕可以說，通過強化小說的現實主義美學追求來對抗意識形態性的理解方式，避免「政治」風險，正是茅盾寫作《從牯嶺到東京》的意圖所在。

　　然而，無論茅盾如何維護《蝕》三部曲純粹「客觀」的形象，也不可能取信於人。甚至換一個角度看，他如此勞心費神地營構、陳述他的「客觀」美學，本身就帶有幾分「做賊心虛」的味道。如果他僅僅把「主觀」視作創作主體的情感而不是主觀意圖或某種先在的觀念，那他就大可不必為這種悲觀、頹唐、幻滅極力辯護。既如此，他想必已經意識到了這種情緒所可能產生的政治效果。他流露出的主觀情感當然有堅實的「現實」基礎，也可以做一種個人化的理解；但一旦它以審美化的方式表現出來，就不可避免地擁有了影響人心的力量。再者，他對革命「現實」的歷史呈現在客觀上也難以排除主觀意圖的驅動，「現實主義的方法並不只是從事一種審美的規劃，事實上，它明顯地服務於意識形態目的」，而所謂的「客觀」性，也只不過是一個編織出的神話而已。〔註17〕正如李長之所揭示的，「作者自己說，《幻滅》中並沒有自己的思想，只是客觀的描寫（《從牯嶺到東京》），我以為不是的，第一既所謂客觀，作者並沒在這客觀之外，第二所以選擇這種客觀而不是別種客觀的，依然有自己的主觀在」。〔註18〕錢杏邨也指出，既然茅盾承認有兩種

〔註15〕錢杏邨：《動搖》，《太陽月刊》7月號，1928年7月1日。

〔註16〕茅盾：《讀〈倪煥之〉》，《文學周報》第8卷第20號，1929年5月12日。

〔註17〕〔英〕丹尼·卡瓦拉羅：《文化理論關鍵詞》，張衛東等譯，江蘇人民出版社2006年版，第41、47頁。

〔註18〕李長之：《論茅盾的三部曲》，《清華周刊》第41卷第3、4期合刊，1934年4

「現實」，那他爲什麼只去描繪「幻滅動搖的沒落人物」這一「現實」，而不去表現「大勇者，眞正的革命者」這樣的「現實」呢？〔註 19〕

確實，在革命文學家那裡，根本不存在具有獨立存在價值的美學追求，他們所看重的，是審美與意識形態之間的緊密聯繫。也正基於此，茅盾對三部曲的客觀「現實主義」的強調就不可能征得他們的認同。《從牯嶺到東京》引發了創造社、太陽社等人對茅盾及其三部曲進行集中批判的熱潮。他們往往對茅盾著力張揚的「客觀」小說美學嗤之以鼻，對其筆下所謂「客觀」的現實大做政治式的圖解，渲染其不良後果，甚至將《從牯嶺到東京》視作「一個政見的發表」〔註 20〕。總之，幾乎無人相信三部曲對「現實」的歷史呈現只具有美學意義，這無疑與茅盾發表此文的主觀意圖背道而馳。

那些來自方方面面的批判，無不爲茅盾小說即將產生的政治影響擔憂、憤怒，克生甚至用「鴉片」來形容茅盾的創作，稱其「可能灰化青年的心。教他們，混亂了意識。迷失了歷史社會進化路徑」。〔註 21〕潘梓年指出，《從牯嶺到東京》「引起了的關於文學上的問題的實在太多了」，而「小說中的出路這問題」是「目前最嚴重而且是最根本的問題」，就這一問題而言，茅盾「寫那文字簡直是在誘惑青年，居心回測」。〔註 22〕李初梨的看法與之相似，但更爲嚴厲，他稱茅盾「一方面利用他得意的性欲描寫，可以迎合一部分頹廢青年的嗜好，一方面假弄著他的似是而非的革命言辭，又可以迷惑一部分認識不清的份子。在現在中國普羅列搭利亞特的階級意識正在結晶亢揚的時代，他與政治上的中間黨派演著同一的任務，替我們的敵人來抹殺蒙蔽混淆普羅列搭利亞特底階級意識」。〔註 23〕錢杏邨則走得更遠，他乾脆將《從牯嶺到東京》與中共黨員施存統在大革命後發表的退黨宣言相提並論，稱之爲「茅盾

月 16 日。

〔註 19〕錢杏邨：《茅盾與現實——讀了他的〈野薔薇〉以後》，《新流月報》第 4 期，1929 年 12 月 15 日。

〔註 20〕李初梨：《對於所謂「小資產階級革命文學」底擡頭，普羅列搭利亞文學應該怎樣防衛自己？——文學運動底新階段》，《創造月刊》第 2 卷第 6 期，1929 年 1 月 10 日。

〔註 21〕克生：《茅盾與動搖》，載黃人影編《茅盾論》，光華書局 1933 年版，第 194 頁。

〔註 22〕潘梓年：《到了東京的茅盾》，載伏志英編《茅盾評傳》，現代書局 1931 年版，第 243～244 頁。

〔註 23〕李初梨：《對於所謂「小資產階級革命文學」底擡頭，普羅列搭利亞文學應該怎樣防衛自己？——文學運動底新階段》，《創造月刊》第 2 卷第 6 期，1929 年 1 月 10 日。

先生『悲痛中的自白』！」〔註24〕

　　錢杏邨一針見血地指出：「在一年來茅盾陸續發表的《從牯嶺到東京》，《讀倪煥之》，《寫在〈野薔薇〉的前面》三篇文裏，我們看到他有一種一貫的意見，那就是所謂『現實』的問題。」茅盾自認為是在「客觀」地描寫「現實」，並不摻雜任何主觀政治意圖；而在錢杏邨們看來，茅盾的「現實」並不是全面的現實，而是主觀選擇的結果，這種選擇的背後恰恰是茅盾的別有用心。錢杏邨就指明了被茅盾刻意漏掉的「現實」：「在中國，自一九二七年七月以後，各地的反抗也是和當時的俄羅斯一樣的暴發，接著又有了十二月等等的英勇的不斷的戰鬥，在在的都表示了中國革命的前途，然而，茅盾是始終的不肯正面這些現實，反把這些現實當作非現實。」〔註25〕傅克興也根本不相信茅盾所展示的中國革命走向了「絕路」這一「現實」，他對茅盾《從牯嶺到東京》的回應雖然語無倫次，但對「出路」卻顯得信心十足：「說中國革命走到看絕路嗎？斷沒有這個事，中國的革命還在發展到一個新的高潮，絕沒有走到絕路去。」〔註26〕

　　在為茅盾開出的藥方中，階級意識或階級立場的作用值得大書特書。茅盾對「客觀」的追求之所以最終釀成惡果，就是因為他缺乏無產階級意識。李初梨就認為茅盾對革命文學的認識有一個致命的缺點，那就是他忽視了階級的立場或意德沃羅基這一「普羅列搭利亞特頂重要的基本的條件」。〔註27〕正因如此，茅盾才會「只把握得『幻滅下沉』的這個世界」，而「不曾想到在事實上還有一個生長著的世界，在那世界上有著他所夢想不到的『樂觀的現實。』」〔註28〕克興則直接給茅盾的現實主義美學追求扣上了階級的帽子，他

〔註24〕 錢杏邨：《從東京回到武漢——讀了茅盾〈從牯嶺到東京〉以後》，載伏志英編《茅盾評傳》，現代書局 1931 年版，第 262 頁。施存統的退黨宣言《悲痛中的自白》刊於漢口《中央日報》副刊第 157 號，1927 年 8 月 30 日。

〔註25〕 以上所引見錢杏邨：《茅盾與現實——讀了他的〈野薔薇〉以後》，《新流月報》第 4 期，1929 年 12 月 15 日。

〔註26〕 克興：《小資產階級文藝理論之謬誤——評茅盾君底〈從牯嶺到東京〉》，《創造月刊》第 2 卷第 5 期，1928 年 12 月 10 日。對於克興的這一判斷，茅盾在五十年後仍耿耿於懷，在回憶錄中大罵克興是「一匹中盲動主義之毒甚深的『蒼蠅』」。見茅盾：《我走過的道路》（中），人民文學出版社 1984 年版，第 15 頁。

〔註27〕 李初梨：《對於所謂「小資產階級革命文學」底擡頭，普羅列搭利亞文學應該怎樣防衛自己？——文學運動底新階段》，《創造月刊》第 2 卷第 6 期，1929 年 1 月 10 日。

〔註28〕 錢杏邨：《中國新興文學中的幾個具體的問題》，《拓荒者》第 1 卷第 1 期，1930

認爲「單描寫客觀的事實是空虛的藝術至上論」,「是資產階級的麻醉劑」。因爲《幻滅》「只是機械的客觀描寫,除描寫幻滅以外更無其他目的」,所以它「很明顯地反映了資產階級的藝術至上主義」。〔註29〕因爲並未看過茅盾的小說,他的觀點顯然是一種理論的生吞活剝。

不僅如此,因爲缺乏無產階級意識的光照,茅盾對「客觀的眞實」的追求也根本不可能如願以償。與錢、傅二人相比,李初梨對「客觀的眞實」這一問題的闡釋則吸收了俄國「十月」派領導人列列維奇(拉波利・卡爾曼孫的筆名)的主張。他首先將一種本體意義上的「客觀的眞實」懸置起來,然後論述採用何種方式才能無限逼近而不是完全實現這種「客觀的眞實」,或者說,「從那一個階級的觀點,才能眞正接近於客觀的眞實?」他引用列列維奇的說法,認爲「以在那時代爲歷史地進步的階級的眼光來觀察世界底藝術家,才能最大限地接近於客觀的眞實」。這樣,只有用「普羅列搭利亞前衛的『眼光』去觀察這個世界而把它描寫出來」,「才能成爲眞正的寫實主義者」。〔註30〕

李初梨等人所提倡的「眞正的寫實主義」,是從觀念出發重構現實,其政治意圖明顯大於美學意圖。他們所提倡的以歷史的必然性爲邏輯支撐,對「現實」做觀念式呈現的美學,突出強調的是審美情感對個體的鼓動力量,它應該引發一種激奮、昂揚、樂觀的審美情感。在觀念所建構的「現實」中,人們爲一種光明的前景所召引,生命的激情被引爆,信心十足地踏上創造歷史的革命征程。這與茅盾小說所產生的客觀的審美效果截然相反:「使我們看出所謂『革命』所謂『主義』都是『它』們誘人騙人的假面具。使我們滿腔的失望憤恨悲痛憐惜等感情都化作一口冷氣呼出」。〔註31〕

茅盾的現實主義所遭遇的困境實際上揭示了現實主義美學本身所存在的內在張力。即客觀描寫與指明出路、眞實性與傾向性之間的悖論。正如韋勒克所指出的:「從理論上講,現實地完全再現會排斥任何種類的社會目的或宣

〔註29〕克興:《小資產階級文藝理論之謬誤——評茅盾君底〈從牯嶺到東京〉》,《創造月刊》第 2 卷第 5 期,1928 年 12 月 10 日。
〔註30〕李初梨:《對於所謂「小資產階級革命文學」底擡頭,普羅列搭利亞文學應該怎樣防衛自己?——文學運動底新階段》,《創造月刊》第 2 卷第 6 期,1929 年 1 月 10 日。
〔註31〕張眠月:《〈幻滅〉的時代描寫》,《文學周報》8 卷第 10 號,1929 年 3 月 3 日。

傳。……但是轉而描寫當代社會現實這種變化本身就蘊涵著一種教訓，寓於人類同情、社會改良主義和批評之中，並且常常表現爲對於社會的反抗和憎惡。在描寫與開出藥方、眞實與訓誡之間存在著一種張力，這種張力不能在邏輯上加以解決，而是我們正談論的那種文學的特徵。」〔註 32〕茅盾極力爲他的《蝕》三部曲所做的申辯不能取信於人，就源於現實主義的這一內在張力。

三、反現實的革命「現實」

在批判茅盾的「現實主義」的基礎上，創造社、太陽社等人竭力提倡「新寫實主義」。但這並不是他們的理論獨創，而是師法於日本藏原惟人的理論主張。可以說，他們對茅盾的「現實主義」進行批判的理論來源就是藏原惟人的新寫實主義。而藏原惟人的「新寫實主義」則主要來自蘇俄的「拉普」派。「新寫實主義」由日本傳入中國，經太陽社等人的借用和再造，其現實針對性已經喪失。〔註 33〕李初梨、錢杏邨都在文章中大段大段地引用林伯修所譯的藏原惟人的《到新寫實主義之路》。在這篇對中國「革命文學」發展起過重要作用的文章中，藏原指出「普羅列搭利亞作家對於現實的態度，應該是徹頭徹尾地客觀的現實的。他不可不離去一切的主觀的構成來觀察現實，描寫現實」。〔註 34〕表面看起來，這似乎與茅盾的寫實主義無甚區別，實則不然。這裡的「客觀」與茅盾的「客觀」迥然相異，前者高揚階級意識的注入，後者則力圖清除意識形態的影響；前者指向一種代表了歷史發展趨勢的本質的必然的「現實」，後者指向一種排除了主觀意圖的經驗的、偶然的「現實」。「在階級意識成爲基本出發點後，已沒有經驗意義上的『客觀的眞實』，一切『眞實』都是特定意識形態觀照下的產物。」〔註 35〕

新寫實主義提倡用唯物辯證法或辯證的唯物論去把捉現實，重構現實。

〔註 32〕 〔美〕雷內·韋勒克：《批評的概念》，張金言譯，中國美術學院出版社 1999 年版，第 232～233 頁。

〔註 33〕 關於太陽社在接受藏原惟人「新寫實主義」理論中出現的重心的偏移，可參見艾曉明：《中國左翼文學思潮探源》，北京大學出版社 2007 年版，第 119～130 頁。

〔註 34〕 藏原惟人：《到新寫實主義之路》，林伯修譯，《太陽月刊》7 月號，1928 年 7 月 1 日。

〔註 35〕 程凱：《國民革命與「左翼文學」思潮發生的歷史考察（1925～1928）》，博士學位論文，北京大學，2004 年，第 232 頁。

因為它是「普羅列搭利亞的意德沃羅基」，所以對「現實」的呈現是最「客觀」的。「世界這東西，只有靠著社會科學的光線的朗照，才可以最正確的，最客觀的，被人類看見。……如果對於這個世界沒有正確的認識，當然也就不能正確的，用客觀的方法，把它描寫出來。」〔註 36〕因之，「革命文藝家應該用辯證法的唯物論的眼光，來分析客觀的現實，把這客觀的現實再現於他的作品」，革命文藝也要「真真站在客觀的具體的美學上，才能真正同舊文學根本對立，才能真正化為無產階級文學」。〔註 37〕用唯物辯證法去觀察、分析「現實」，就會從紛繁複雜的現象中尋出根本規律，發現歷史發展的趨勢或曰歷史的必然性；就不會對革命感到幻滅、絕望，就會去展示「動的，力學的，向前的『現實』」〔註 38〕，描寫「歷史的進展指示給我們的出路」。〔註 39〕這樣，「唯物辯證法」就成了走向新寫實主義的惟一路徑。在討論「創作不振之原因及其出路」時，「唯物辯證法」更是被奉為創作之圭臬，成為包治百病的良藥。〔註 40〕正如周揚後來所總結的：「只有站在革命階級的立場，把握住唯物辯證法的方法，從萬花撩亂的現象中，找出必然的，本質的東西，即運動的根本法則，才是到現實的最正確的認識之路，到文學的真實性的最高峰之路。」〔註 41〕

「新寫實」既標舉與「舊寫實」的差異，同時又強調它對後者的繼承。李初梨就呼籲「從過去的寫實主義繼承著它的對於現實底客觀的態度」，但這一「客觀」決不是「對於現實──生活的無差別的冷淡的態度。也不是超越階級的態度。這是以現實為現實，不用主觀的構成，不加主觀的粉飾，去描寫對於普羅列搭利亞特底解放有關係的一切」。〔註 42〕錢杏邨也認為新寫實主

〔註 36〕錢杏邨：《中國新興文學中的幾個具體的問題》，《拓荒者》第 1 卷第 1 期，1930年 1 月 10 日。

〔註 37〕克興：《小資產階級文藝理論之謬誤──評茅盾君底〈從牯嶺到東京〉》，《創造月刊》第 2 卷第 5 期，1928 年 12 月 10 日。

〔註 38〕錢杏邨：《中國新興文學中的幾個具體問題》，《拓荒者》第 1 卷第 1 期，1930年 1 月 10 日。

〔註 39〕潘梓年：《到了東京的茅盾》，載伏志英編《茅盾評傳》，現代書局，1931 年版，第 245～246 頁。

〔註 40〕見 1932 年 1 月 20 日《北斗》第 2 卷第 1 期刊發的「創作不振之原因及其出路」中穆木天、鄭伯奇的意見。

〔註 41〕周起應：《文學的真實性》，《現代》第 3 卷第 1 期，1933 年 5 月 1 日。著重號為原文所有。

〔註 42〕李初梨：《對於所謂「小資產階級革命文學」底擡頭，普羅列搭利亞文學應該

義「第一的特質」便是「離開一切主觀的構造來觀察現實」。但他同時又要求
作家的立場必須是無產階級立場。〔註43〕因爲將無產階級意識觀照下的「現
實」當成唯一「客觀」的現實，新寫實主義遮蓋了其對「現實」呈現的主觀
性本質。「將某種主觀話語構造的現實說成『見到』的現實，從而將主觀的東
西說成了客觀的東西。」〔註44〕如雷蒙・阿隆所指出的，「所謂的社會歷史的
辯證法，是『現實』變形爲『觀念』的結果」。〔註45〕因此，「新寫實」以歷
史的必然性爲出發點，是對「現實」的「觀念」呈現，是對革命「現實」的
邏輯性建構。它所宣稱的所謂「客觀」現實，本質上是一種主觀的美學映像。
於是，「作爲生活過程的現實消失得無影無蹤，經過抽象化的、觀念化的現實，
與唯物辯證法對社會發展的必然性和本質規律的理論概括相一致的現實代替
了現實本身。文學不過是這種現實觀念會邏輯推論的載體而已」。〔註46〕然
而，「新寫實」的主要意圖並不在於要實現對「現實」的「客觀」呈現這一美
學目標，而是要以此爲途徑顯示或「暗示」歷史發展的必然趨勢。它以美學
與政治之間天然的親緣關係爲前提，且不斷強化這一關係。這自然與茅盾對
革命「現實」做「歷史」呈現的美學追求格格不入。新寫實主義雖然只是中
國革命文學大潮中的匆匆過客，但它對「現實」做邏輯性把握的方式卻遺留
下來，成爲以後革命現實主義美學中占支配地位的原則。

在革命現實主義中，「歷史的必然性」是一以貫之的紅線。在這裡，文學、
美學爲一種「進步」的歷史觀所主宰。「作爲革命思想的一個範疇，歷史必然
性觀念本身要比純粹的法國大革命場景更爲可取；哪怕以沉思默想的方式來追
憶法國大革命的事件過程，然後將事件簡化爲概念，較之歷史必然性觀念也不
免相形見絀。隱藏在現象背後的是一種現實，這種現象是生物的而非歷史的，
雖然現在，也許是第一次，它完全是一副歷史的樣子。」〔註47〕自近代以來，

　　怎樣防衛自己？──文學運動底新階段》，《創造月刊》第 2 卷第 6 期，1929
　　年 1 月 10 日。

〔註43〕錢杏邨：《從東京回到武漢──讀了茅盾〈從牯嶺到東京〉以後》，載伏志英
　　編《茅盾評傳》，現代書局 1931 年版，第 310 頁。

〔註44〕余虹：《革命・審美・解構──20 世紀中國文學理論的現代性與後現代性》，
　　廣西師範大學出版社 2001 年版，第 178 頁。

〔註45〕〔法〕雷蒙・阿隆：《知識分子的鴉片》，呂一民等譯，譯林出版社 2005 年版，
　　第 197 頁。

〔註46〕艾曉明：《中國左翼文學思潮探源》，北京大學出版社 2007 年版，第 125 頁。

〔註47〕〔美〕漢娜・阿倫特：《論革命》，陳周旺譯，譯林出版社 2007 年版，第 47

以進化的時間意識爲核心而形成的進步史觀逐漸統治了中國思想界。而當它和革命話語相融和就形成了能夠裹挾一切的強大力量。後來馬克思主義的唯物史觀成爲支配性的核心歷史觀念，革命話語中的「歷史必然性」就愈加具有了不可抗拒的魅力。

不能否認，「歷史的必然性」中含有對未來的無限期許與信心，這無疑於革命大有助益；或者可以說，革命歷史進程的推動與展開所倚賴的正是這一觀念所具有的驅動力。然而另一方面，對「歷史的必然性」的惟一強調，實際上取消了「歷史」與「現在」各自單獨存在的合法性。進一步說，光明「未來」的實現是以「歷史」與「現在」的犧牲爲前提的，而且這種犧牲具有毋庸置疑的「應當」性。正如徐復觀所看到的，「一切過去和現代的人們，都不過是作爲進步向未來中的一環，成爲進步中的手段和工具」。〔註 48〕這樣，通過把未來目的化，過去與現在都得以消解，邏輯的法則替代了歷史的法則，真實的歷史進程就這樣被褫奪了。〔註 49〕

以揭示「歷史的必然性」爲最終旨歸，用某種世界觀去把握世界、表現世界，這一美學原則抽空了「世界」所具有的豐富內涵，實際上拒斥了「世界」。它所營造出的光明前景，是一種從觀念出發的邏輯性建構，其本質是一種審美的幻象。對「現實」做邏輯建構的「觀念」美學借助「歷史的必然性」之威力，在對其他異類美學原則的排斥中，逐漸確立了惟我獨尊的地位。由《蝕》三部曲而初步引發的「寫黑暗還是寫光明」的爭論，在延安時期的「野百合花」事件中掀起了高潮。表面上看，這似乎是選擇寫作對象的問題，實際上卻是以何種歷史觀爲依託、選擇何種美學原則去表現的問題。「革命的藝術作品，不論它的題材內容是甚麼，它的基本精神卻應當是永遠向人們啓示光明的。」〔註 50〕

在經典現實主義美學中，藝術與現實處於一種依從關係之中，即現實第一性，藝術第二性。如車爾尼雪夫斯基所認爲的那樣，「藝術不可能高於現

頁。

〔註 48〕徐復觀：《文化的「進步」觀念問題》，李維武編：《徐復觀文集》（第 1 卷），湖北人民出版社 2002 年版，第 28 頁。

〔註 49〕陳贇：《困境中的中國現代性意識》，華東師範大學出版社 2005 年版，第 105 頁。

〔註 50〕周立波：《王實味的文藝觀與我們的文藝觀》，《解放日報》，1942 年 7 月 29 日。

實，它也不抱有這樣的目的。它的任務是揭示現實世界現存的豐富性，而不是去虛構不存在的東西。只有完成這一任務，它才能幫助人更踏實地立足於世界，掌握現實的一切方面，成爲現實的主人。否則，藝術就會使人迷失方向，不是增強，而是削弱他的力量；不是促進他制服偶然性，而是促使他自身受偶然性的擺佈」〔註51〕也就是說，眞正的現實主義帶來的是人的解放。而在革命「現實主義」中，「現實」作爲某種觀念的化身是被預設、被規定的，「現實」在藝術中被規避、被放逐，其豐富性、多面性同時也被遮蔽。藝術對現實的依從關係被倒置，人被某種觀念的強大力量所控制。

　　現實主義提倡揭示歷史發展的動力，將「現實」視爲一個動態發展的過程，以從中發掘出本質的、規律性的東西。「要眞正認識社會發展的各種推動力，要對這些推動力在人的生活中的作用進行公正的、正確的、深刻而全面的文藝反映，必須以運動的形式來表現，這種運動才揭示出正常事件和例外事件的合乎規律的統一。」〔註52〕然而，對歷史發展推動力的揭示，不是通過迴避現實、簡化現實來完成的，恰恰需要正視現實，通過對歷史過程的展開、細節的眞實描繪來達成對歷史發展規律的深刻把握。也正是在這一意義上，恩格斯盛讚巴爾扎克的《人間喜劇》，稱它是「現實主義的最偉大勝利之一」。〔註53〕以此衡量，茅盾的美學追求深得現實主義的精神，他說：「眞的勇者是敢於凝視現實的，是從現實的醜惡中體認出將來的必然，是並沒有把它當作預約券而後始信賴。眞的有效的工作是要使人們透視過現實的醜惡而自己去認識人類偉大的將來，從而發生信賴。」他提倡「凝視現實，分析現實，揭破現實」，其用意就在於強調「歷史過程」的不可脫略。失去了「過程」的光明「現實」，只能是「歷史的必然」的虛幻映像，成爲海市蜃樓般的「沙上的樓閣」。〔註54〕而革命「現實主義」雖然也在強調「現實」，但這種「現實」卻缺少豐富的歷史內容，表現出對歷史過程的強烈拒斥，成了「歷史必

〔註51〕〔蘇〕布爾索夫：《俄國革命民主主義者美學中的現實主義問題》，劉寧、劉保瑞譯，中國社會科學出版社1980年版，第150頁。

〔註52〕〔匈〕喬治·盧卡契：《敘述與描寫——爲討論自然主義和形式主義而作》，載中國社會科學院外國文學研究所編《盧卡契文學論文集》（一），中國社會科學出版社1980年版，第51～52頁。

〔註53〕〔德〕弗·恩格斯：《致瑪格麗特·哈克奈斯》，《馬克思恩格斯全集》（第37卷），人民出版社1971年版，第42頁。

〔註54〕茅盾：《寫在〈野薔薇〉的前面》，見《野薔薇》，大江書鋪1929年版，第III頁。

然性」的代言人。在「十七年」文學中，革命「現實主義」更成為政策的形象化演繹，毫無美學意蘊可言。

現實主義並不排斥對「現實」進行否定。恰恰相反，現實主義往往在與「現實」的否定性關係中展示其複雜性與多面性，提供對「現實」的深度理解與把握。也就是說，「現實主義意味著我們不要神話、不要童話、不要夢幻的世界。……『現實』一詞也是一個包含性的字眼：醜惡的、令人厭惡的、粗俗的東西都是藝術的合法題材」。〔註55〕而革命「現實主義」從二元對立邏輯出發，將「現實」區隔為「黑暗」與「光明」，這不僅大大簡化了「現實」；尤為重要的是，它取消了「黑暗」現實在文學中的合法性，將之視為革命話語中的「異類」而驅逐出去，這顯然有悖於現實主義的美學精神。革命需要營造自身的神話，它雖然不反對暴露「黑暗」，甚至對「黑暗」的暴露也是革命話語的一個重要內容，但這種「黑暗」只能指向革命的異己力量，而不能指向神聖不可侵犯的「革命」本身。這就要求革命「現實」必須是「光明」的，而不能是「黑暗」的。因此，在「歷史必然性」邏輯的支配下，革命現實主義的美學原則實際上否定了「現實」在革命話語中的合法性地位，造成人們對「現實」的虛假理解與膚淺認知，帶來了現實主義美學精神的淪喪。

第二節　革命美學：在現代與反現代之間

革命美學在審美關係上表現為主客體之間的矛盾衝突和根本對立，它追求「崇高」的審美理想，強調力量與情感在審美體驗中的重大作用。在實踐中，革命美學顯現出現代性與反現代性的雙重品質。它以衝突、動盪為審美特徵，與和諧、靜穆的中國古典美學截然不同。它促進並推動了中國美學的現代轉型，在某種程度上實現了中國近現代文學對崇高的渴盼；與此同時，革命美學也難以掩飾其粗糙、偏執、暴戾與排他的反現代性的一面，它所追求的崇高也因強烈的誇張性和排他性而淪為了一種「偽崇高」。

一、力之美：作為武器的藝術

自晚清始，文學的社會效用不斷得到認識且不斷得到開發。革命將文學

〔註55〕〔美〕雷內・韋勒克：《批評的概念》，張金言譯，中國美術學院出版社 1999年版，第 231 頁、第 232 頁。

用作宣傳、鼓動的工具正是基於這一對文學之社會現代性的深刻理解，所謂「文字收功日，全球革命潮」〔註56〕更是將文學的偉力誇大到無以倫比。文學能否擔此大任固然引發過不少爭論，但佔據主流的仍是文學應該大任在肩的觀念。這一觀念似乎容不得絲毫質疑，成了無須論證、不言自明的公理。

早在1926年，一聲就如此宣稱他詩歌的美學追求：「謳歌革命是詩人的超越！」「今後的詩歌是革命的誓師詞！／今後的詩歌是革命的進軍曲！」〔註57〕他的文學主張當然不乏後繼之人，在革命風起雲湧的所在，就出現了此起彼伏的「革命文化」、「革命文學」的呼聲。〔註58〕到了1928年，「革命文學」論戰使「文學應該作為武器」這一看法愈加深入人心。李初梨就在他的名文《怎樣地建設革命文學》中斷言，無產階級文學應該是機關槍、迫擊炮。〔註59〕錢杏邨也指出：「普羅文學不是普羅的消閒藝術，是一種鬥爭的藝術，是一種鬥爭的利器！」〔註60〕黃藥眠更高聲唱道：「我並不是什麼詩人要謳歌『人性』傳名，／我只願把它當成戰鼓，催著你們奮興！」〔註61〕

「革命文學」論者無不將文學視作戰鬥的武器，基於這一理論前提，他們對文學提出了獨特的美學要求。即創作主體要將濃烈的革命情緒和搖撼人心的強力注入文本之中，以達到感人肺腑、動人心魄的煽動目的。這樣，革命文學便追求一種具有力之美的陽剛風格。

情感作為審美中介的作用早已得到認識。在1923年，鄧中夏就指出，革命若想「儆醒」民眾，喚起他們的革命勇氣，「不能不首先要激動他們的感情」。在他看來，「激動感情」的方式可以有多種，但文學卻是「最有效用的工具」。這是因為文學具有其他方式所沒有的審美特性：「詩歌的聲調抑揚，辭意生動，更能挑撥人們的心弦，激發人們的情緒，鼓勵人們的興趣，緊張人們的精神。」因此，為了更好地發揮文學的革命效用，必須對其提出美學上的要求：「文體務求壯偉，氣勢務求磅礴，造意務求深刻，遣詞務求

〔註56〕觀雲（蔣智由）：《盧騷》，《新民叢報》第3號，1902年3月10日。

〔註57〕一聲：《誓詩——閃電周刊發刊詞》，《中國青年》第124期，1926年6月20日。

〔註58〕1927年，在革命中心的廣州和漢口出版的報刊上，關於「革命文藝」、「革命文學」、「革命文化」的呼籲與討論比比皆是，可參見當時的廣州《民國日報》、漢口《民國日報》和漢口《中央日報》。

〔註59〕李初梨：《怎樣地建設革命文學》，《文化批判》第2號，1928年2月15日。

〔註60〕錢杏邨：《幻滅動搖的時代推動論》，《海風周報》第14、15期合刊，1929年4月21日。

〔註61〕黃藥眠：《五月歌》，《創造月刊》第1卷第12期，1928年7月10日。

警動。」〔註62〕

　　鄧中夏的主張在「革命文學」的倡導與實踐中雖然並未得到完全貫徹，但借鏡於日俄的「革命文學」理論也同樣要求做「激動感情」的美學努力。「文藝裏的思想是具現於社會底活生生的事實及具體的生活，且是用音調，色彩，形態，言語等表現出來的。這些藝術的要素是特別能刺激感覺，誘發感情的。而且文藝家對於社會不只是從純智性的系統上去理解，還要確立一種一定的感情的，即道德的及美的關係。」〔註63〕「革命文學」的「美」是「能夠引起現今社會上一般大眾的熱情的美」。〔註64〕它號召作家將一種蓬勃、熱烈的情緒傾注於文本之中，這種情緒一方面來自作家自身，另方面也是將之審美化的結果。革命文學需要的是熱情，是激情，它所具有的力量之美主要是指在審美過程中審美主體因情感的共鳴所體驗到的衝擊力、鼓動力。正如錢杏邨在讀馮憲章的詩時所感受到的：「裏面流動的熱情，有如一把烈火……奔迸的，熱烈的情緒如一束不可抵抗的炬火，在全集的各處跳動著。這就是你的詩歌裏面所有的潛在的力。這種力是極可寶貴的……」〔註65〕革命的抒情往往是奔放的而不是內斂的，它力戒委婉含蓄、纏綿悱惻，相反卻直抒胸臆、一瀉千里、汪洋恣肆，以搖蕩性情而收戰鬥之功。因此，革命文學中往往不存在情感的張力，而是充滿了向外奔突的熱力，這使得其審美效果不可能是「深刻的傳染」，而只能是「狂暴的煽動」。〔註66〕

　　力之美體現在蔣光慈、華漢等人以及此後的革命小說中，在菀爾、程少懷、馮憲章、殷夫等人的革命詩歌中則表現得尤為明顯。試以程少懷《火焰》之片段為例：

　　　　哦，炎炎的日火正在高燒！

　　　　高山在燒著！大江也在燒著！

　　　　出江的海艦也在燒著！

　　　　武漢三鎮呀也在燒著！

　　　　我也在燒著，我的心也在燒著！

〔註62〕中夏：《貢獻於新詩人之前》，《中國青年》第 10 期，1923 年 12 月 22 日。

〔註63〕彭康：《革命文藝與大眾文藝》，《創造月刊》第 2 卷第 4 期，1928 年 11 月 10 日。

〔註64〕勻水：《論新寫實主義》，《樂群》月刊，第 1 卷第 3 期，1929 年 3 月 1 日。

〔註65〕錢杏邨：《作品論》，滬濱書店 1929 年版，第 106 頁。

〔註66〕趙冷（王任叔）：《革命文學的我見》，載霽樓（王任叔）編《革命文學論文集》，生路社 1928 年版，第 245 頁。

　　宇宙的一切都在燒著，在燒著！

　　力呀！力呀！力呀！

　　燒呀！燒呀！燒呀！

　　燒毀宇宙的囚牢！

　　燒毀宇宙的荊草！

　　燒毀宇宙的狼豹！

　　火的力；力的力！

　　我歡叫，我在歡叫！

　　我在將你炎炎的名字歡叫！〔註67〕

作者如火焰般熾熱的情緒與詩歌鏗鏘有力的排比、反覆融為一體，澎湃的激情一浪接著一浪，對破壞之力的呼喚一聲高過一聲，使每一詩句都成了躍動的火焰，全詩則湧動著滔滔不絕、撼山動嶽的力量之流。

　　革命文學力之美的形成除了情感上的衝擊之外，還與它追求的「粗暴」有關，「粗暴」本身就是一種強力。從審美關係上來說，「粗暴」體現出的是主體對客體的憤恨之情與破壞衝動，這無疑是一種革命情緒。因此，錢杏邨說，「革命者不是優美的處子，勞動文學的生命就是粗暴」。〔註68〕蔣光慈也明確宣佈要將「粗暴」作為自己的美學追求。〔註69〕郭沫若發佈了「詩的宣言」：「我希望我總有一天，／我要如暴風一樣怒吼。」〔註70〕從藝術手法上看，「粗暴」不僅是一種抒情方式，還包括語言上的粗獷剛勁，敘事上的平鋪直敘，絕不精雕細琢、溫文爾雅，絕不曲折跌宕、婉轉細緻。因此，「粗暴」是情感與形式相交融而形成的獨特風格，雖然粗礪，卻充滿了陽剛之氣。《流沙》創刊之時就號召一種「暴風驟雨的文學」，這種文學是「粗暴的叫喊」，是「霹靂一聲的春雷」，是「卷地而來的狂風」，雖沒有節奏，也沒有音階，卻實現了「Simple and Strong」的美學要求。〔註71〕

　　無論是對情感的重視，還是對「粗暴」的追求，革命美學實際上都是在

〔註67〕程少懷：《火焰》，《創造月刊》第2卷第5期，1928年12月10日。

〔註68〕錢杏邨：《〈野祭〉》，《太陽月刊》2月號，1928年2月1日。

〔註69〕見蔣光赤：《〈鴨綠江上〉的自序詩》，《鴨綠江上》，亞東圖書館1927年版。

〔註70〕郭沫若：《詩的宣言》，《郭沫若全集》（文學編第1卷），人民文學出版社1982年版，第375頁。

〔註71〕同人：《前言》，《流沙》第1期，1928年3月15日。

鼓勵生命原始強力的爆發，它連接並直接作用於人的感性領域。革命美學所具有的煽動之力或者政治認同正是通過情感這一感性中介來獲得的。「美只是憑藉肉體實施的政治秩序，只是政治秩序刺激眼睛、激蕩心靈的方式。」〔註 72〕由此看來，革命美學看重的正是個體身體內部深潛的感性能量，通過感官的刺激與審美情感的鼓動，這種強大的能量被召喚出來，進而被引向政治權力預設的軌道，成爲具有衝擊力與破壞力的革命武器。因此，革命美學既是政治化的美學，也是美學化的政治。如王斑所揭示的：「美學化的政治則是表現爲這樣一種權力，它植根並運行在個人大腦、情感和趣味等的內部世界；它植根於我們創造意義和推進文化的過程中所依賴的象徵活動與感知模式。在這方面，政治沒有假借美學的外衣，而是本身化身爲某種形式的藝術和象徵行爲。」〔註 73〕在革命美學中，政治與美學水乳交融，很難剝離。或者說，政治不可避免地要將自身審美化；美學並不僅僅是政治的工具，更是政治的一種存在方式。

二、審美轉型：從靜穆、和諧到動蕩、鬥爭

革命美學對力量的追求與崇拜一方面出於美學化政治的需要，另方面源於審美關係中主客體之間的對立關係。這一關係無疑是對現實革命鬥爭的再現或想像。主體要在與外在力量的鬥爭中取得勝利，打破、改造舊世界，進而創造一個新世界，必須強化自身的主體能力。主客體之間的矛盾、衝突、對立、鬥爭甚至你死我活，決定了革命美學動蕩、鬥爭的審美特徵和崇高的審美理想，這爲中國現代美學的發展植入了新的審美元素，促進了中國美學由「優美」到「崇高」的現代轉型。

革命美學中深嵌著一種二元對立的思維模式，具體表現爲革命個體與外部世界、社會現實以及反革命者之間的鬥爭。革命話語就是在這兩種敵對力量此消彼長的張力中展開的。需要說明的是，革命個體對外部世界尤其是資本主義世界的處理方式有兩種，一是摧毀，二是奪回。這兩種方式顯現出的是革命者在面對外部世界時既矛盾又尷尬的複雜心理。前者將外部世界視爲

〔註72〕〔英〕特里・伊格爾頓：《審美意識形態》，王杰等譯，廣西師範大學出版社2001 年版，第 27 頁。

〔註73〕〔美〕王斑：《歷史的崇高形象——二十世紀中國的美學與政治》，孟祥春譯，上海三聯書店 2008 年版，引言第 15 頁。

壓迫自己的異己力量，是反革命的一部分，因之要將其徹底打碎，「這不是我們的世界」這一詩歌題目就開宗明義，「這不是我們的世界，／快起來賞給它一捶。／儘管把繁華的城市捶碎，／儘管把象牙的宮殿捶塌，／只要上帝知道我們是不差！／這不是我們的世界，／快將它整個的掀翻。／然後再用我們的磚石築下基礎，／然後再用我們的尺度豎起一切。／那樣造成的才眞是我們的世界」。〔註 74〕後者則將外部世界看作自身的創造物，是「我們的世界」，如今卻被他人強佔、享用，因此需要「物歸原主」。殷爾遊就在詩中寫道：「上海，你原本是我們無產者大眾的創造！……我們造成的東西終歸要由我們收回……」〔註 75〕自然，無論是摧毀還是奪回，都勢必要經過一番艱苦卓絕的鬥爭方能實現。因此，表現自我與社會之間的衝突、鬥爭就成了革命話語的核心。「我們的文學的終極的目的是在廢止資本主義的社會秩序，所以無疑的階級爭鬥應該是我們一切作品中的最基本的主題。」〔註 76〕不僅如此，革命的美學原則還要從這種鬥爭中揭示出「歷史的必然性」，指示光明的前景，這無不需要主體力量的高揚。

革命美學的審美關係以主體及其理性能力爲重心，表現爲主體與客體、人與自然、個人與社會、感性與理性之間的對立與衝突。這與中國古典美學的審美關係截然不同。「古代審美關係的基本特點是客體對象對主體的優勢地位以及審美對實踐關係的依附。」這種審美關係來源於古代主體社會實踐能力的貧弱及其對外部世界的依從，也就是說，古代「主體」尚未眞正上昇至主體的水平。〔註 77〕從認識論上看，古代主體對外部世界的認識還只是出於一種素樸的辯證思維，他們只能「渾沌地、籠統地把握著運動著的事物的總體」，把「和」作爲一種最高的理想和最高的標準，去判斷一切事物。〔註 78〕與此根本不同的是，革命的主體以「唯物辯證法」去把握外部世界，號稱認清了世界的本質和歷史的眞相，由對外部世界的依從變爲世界的主人。中國古代審美關係的特點決定了中國古典美學「優美」的審美理想和靜穆、和諧

〔註 74〕吳乃立：《這不是我們的世界》，《文化批判》第 4 號，1928 年 4 月 15 日。

〔註 75〕殷爾遊：《上海——將來？》，《創造月刊》第 2 卷第 5 期，1928 年 12 月 10 日。

〔註 76〕沈端先：《創作月評》，《北斗》第 2 卷第 3、4 期合刊，1932 年 7 月 20 日。

〔註 77〕鄔華：《20 世紀中國美學研究》，復旦大學出版社 2003 年版，第 2～3 頁。

〔註 78〕周來祥：《古代的美　近代的美　現代的美》，東北師範大學出版社 1996 年版，第 87 頁。

的美學品性；而革命美學則不然，它以動蕩、鬥爭爲特徵，以「崇高」爲其審美理想。二者在審美感受上的區別則如康德所指出的：「崇高的情感具有某種與對象結合著的內心激動作爲其特徵，不同於對美的鑒賞預設和維持著內心的靜觀。」〔註 79〕

「崇高」是中國近現代思想界的渴望。對「崇高」的呼喚，自王國維始，到魯迅、李大釗、陳獨秀，構成了一個綿延不絕的歷史譜系。在《摩羅詩力說》中，魯迅寫道：「平和爲物，不見於人間。其強謂之平和者，不過戰事方已或未始之時，外狀若寧，暗流仍伏，時劫一會，動作始矣。……故殺機之防，與有生偕；平和之名，等於無有。」在魯迅看來，所謂的「平和」是相對的，而運動、衝突、破壞則是絕對的。在此基礎上，他看重詩歌「攖人心」的力量，號召發出「沉痛著大之聲」，破除「污濁之平和」，發揚「美偉強力高尚」的崇高人格。〔註 80〕《摩羅詩力說》之核心，就是對中國傳統以「和諧」爲特徵的「優美」的否定，是對反抗、對立、鬥爭的「崇高」美的熱望；它是「中國現代審美理想由和諧轉入崇高的又一次集中而明確的理論表達」。〔註 81〕

不能否認卻又常常被忽視的，是革命美學在中國美學現代轉型過程中的地位和作用。不難看出，鄧中夏等人出於功利目的對詩歌所做的美學要求與魯迅在《摩羅詩力說》中的美學主張有頗多相通之處。可以說，革命美學承繼了中國近現代以來對「崇高」這一審美理想的不懈追求，並將之從理論層面付諸文學實踐，且不論其成敗得失如何，它都有力地促進了中國美學的現代轉型。

在美學上實現由靜穆、和諧向動蕩、鬥爭的轉變是革命作家明確而自覺的追求，它實際上構成了中國美學現代轉型的一部分。鄒容在創作《革命軍》之時遭遇到了美學轉型中的困惑，在寫給章太炎的信中，他說：「欲以立懦夫、定民志，故辭多恣肆，無所迴避，然得無惡其不文耶？」鄒容所謂的「不文」，依據的正是中國古典美學和諧、優雅、精緻的評價標準。而「辭多恣肆，無所迴避」所追求的，卻是慷慨激昂、熱情洋溢、粗暴淩屬的「力之美」。其動蕩、粗礪、壯麗、陽剛的風格自然不符合中國傳統文學「美」的標準。

〔註 79〕〔德〕康德：《判斷力批判》，鄧曉芒譯，人民出版社 2002 年版，第 85 頁。

〔註 80〕魯迅：《摩羅詩力說》，《魯迅全集》（第 1 卷），人民文學出版社 2005 年版，第 68 頁、70～71 頁。

〔註 81〕鄒華：《20 世紀中國美學研究》，復旦大學出版社 2003 年版，第 43 頁。

然而，在章太炎看來，這種「不文」之美卻大有用途。其原因在於「世皆囂昧而不知話言」，若為文「溫藉」、「諷切」，雖然合乎古典美的標準，但「能化者幾何」？只有以「跳踉搏躍言之」，「震以雷霆之聲」，方能取得「所化遠矣」的效果。章太炎由此打消了鄒容的顧慮：「藉非不文，何以致是也？」〔註82〕

　　若說鄒容還糾纏在傳統與現代的美學矛盾之中的話，郭沫若在美學上的轉變則顯得迅速而堅定。寫於 1928 年的《對月》一詩就集中體現了他的轉變。詩歌開篇，詩人就表示了對月亮的陌生：「我是好久沒有和你見面……和我相別好像有好幾十年。」在這裡，月亮並不是一個自然界的存在，而是一種傳統文人情懷的象徵，也是優柔、和諧、蘊藉的舊風格的代表，但詩人對此已經形同陌路。可「那銀灰色的情感」似乎一時之間又難以排遣，「還留戀著我，不想離緣」。詩人看似對月坦言，實則是自我期許：「我沒有你那超然的情緒，／我沒有你那幽靜的心弦。／我所希望的是狂暴的音樂／猶如鞳鞳的鼙鼓聲浪喧天。」這說明，他所追求的不再是月光一般朦朧、恬靜的美，而是在爭鬥中表現出的撼人心魄的雄渾動蕩之美：「或者如那浩茫的大海／轟隆隆地鼓浪而前，／打在那萬仞的岩頭，／撼地的聲音隨水花飛濺。」〔註83〕於是，《前茅》與《恢復》裏就充滿著雄壯、粗暴的詩篇。

　　實際上，無論何種形式的「革命」和「革命話語」，都需要強化主體的力量，突出主體與客體〔註84〕、個體與社會現實秩序之間的矛盾對立，這本是「革命」的核心意義所在。因此，自革命話語出現於文學，無論是「種族革命」、「家庭革命」還是「文學革命」、「社會革命」，無不使文學中充滿了緊張激烈、扣人心弦的鬥爭，新的審美質素已經萌生。這一美學上的新變自晚清始，《革命軍》、《猛回頭》、《警世鐘》、《自由結婚》等鼓動「排滿革命」之作品的美學風格已經迥異於中國傳統文學。到了 1928 年，「革命文學」論爭引發了中國現代文壇的集體「轉向」，這既是一次話語上的轉型，也是一次美學上的集體轉型。魯迅在評價殷夫的詩歌時說：「一切所謂圓熟簡練，靜穆幽遠

〔註82〕以上所引皆見鄒容《革命軍》「章序」，載張玉法編《晚清革命文學》，臺北經世書局 1981 年版，第 106～107 頁。
〔註83〕《對月》一詩收入郭沫若詩集《恢復》，於 1928 年 3 月出版。以上所引見《郭沫若全集》（文學編第 1 卷），人民文學出版社 1982 年版，第 376～377 頁。
〔註84〕在革命美學的審美關係中，「主體」往往指向革命者，「客體」則指向外部世界（自然界、社會）和反革命者。本書在這一具體意義上使用「主體」與「客體」這兩個概念。

之作，都無須來作比方，因爲這詩屬於別一世界。」〔註85〕這一美學特點不唯殷夫獨有，應該是當時大部分革命文學的品質和追求。1928 年對「革命文學」的倡導不僅拓寬了中國現代文學的表現領域，也爲中國現代文學提供了新的且較爲系統的美學規範，並將之大規模地付諸實踐，其影響既深且巨。這種受二元對立思維模式制約的鬥爭、動盪的「崇高」美學，在「抗戰文學」、「十七年文學」和「文革文學」中得以發揚光大甚而被推向極致。毋庸置疑，革命美學爲中國美學的現代轉型提供了理論與實踐上的探索，它自身已經構成了中國現代文學的一個美學傳統。

應該承認，革命美學對鬥爭、動盪、陽剛、雄健等風格的追求有其歷史的必然性。審美的標準並不是恒定不變的，它受到政治、經濟、文化等多種因素的影響。時代的變遷必然會帶來「美」的追求上的差異。如茅盾所說的：「在大變動的時代，神經緊張的人們已經不耐煩去靜聆雅奏細樂，需要大鑼大鼓，才合乎脾胃。」〔註86〕魯迅也指出，「在風沙撲面，狼虎成群的時候」，「誰還有這許多閒工夫，來賞玩琥珀扇墜、翡翠戒指呢？他們即使要悅目，所要的也是聳立於風沙中的大建築，要堅固而偉大，不必怎樣精；即使要滿意，所要的也是匕首和投槍，要鋒利而切實，用不著什麼雅。」〔註87〕因此，革命美學是風起雲湧的革命時代的產物，它折射出的是在動盪不安、激情燃燒的年代人們審美趣味的變化。然而，革命美學排斥對自主的「美」的追求，在追求「崇高」理想的過程中，忽視了藝術美的難度與深度，顯現出粗糙、單一、偏執與排他的專制品性，這無不使它走向了現代性的反面。

三、粗糙與專制：革命美學的反現代性

革命美學的現代性與反現代性就像一枚硬幣的兩面，二者相伴而生，永難分離。不可撇開前者來審視後者，也不可離開後者單獨評價前者。歷史地看，革命美學一開始就是現代性與反現代性兩種品質交織並存的復合體，其中顯現的，是中國革命的現代性悖論在中國現代文學中的歷史投影。

革命美學的反現代品質首先體現在，它取消了審美現代性自主存在的合

〔註85〕 魯迅：《白莽作〈孩兒塔〉序》，《魯迅全集》（第 6 卷），人民文學出版社 2005年版，第 511 頁。

〔註86〕 沈雁冰：《〈紅光〉序》，漢口《中央日報》副刊第 6 號，1927 年 3 月 27 日。

〔註87〕 魯迅：《小品文的危機》，《現代》第 3 卷第 3 期，1933 年 10 月 1 日。

法性，使審美現代性與社會現代性之間應有的張力結構不存在了。審美現代性要麼被徹底否定，要麼服膺於社會現代性。文學他律單方突進的結果，必然是文學審美品質的粗糙和格調的低下。這一美學品質是持續半個多世紀的革命文學的普遍特點，在晚清時就已經表現得淋漓盡致。《東歐女豪傑》、《自由結婚》等宣傳、鼓動革命的小說中充斥著長篇累牘的演說辭，語言枯燥，情節單一，雖然熱情澎湃，卻很難讓人產生藝術上的美感。鄒容「不文」的美學追求在 1928 年轉變成了「粗暴」的理論自覺，重階級意識的袒露，重煽動的速效之力，反對資產階級精雕細琢的藝術之美，幾乎成為當時「革命文學」陣營的美學共識。馮乃超乾脆說：「詩人們，／製作你們的詩歌，／一如寫我們的口號！」〔註 88〕綜觀「革命文學」的諸作，雖然粗暴有力，但這種力量只是「文字表面上的『劍拔弩張』」。〔註 89〕它注重的只是速效的煽情效果，不可能持久而深入人心，更沒有什麼深厚的美學意蘊，顯得淺薄而粗陋。無論是小說、戲劇還是詩歌，標語口號觸目皆是。〔註 90〕「革命文學」創作的唯一門檻就是所謂的階級意識，也就是說，只要表露了無產階級意識，就是名副其實的「革命文學」。這實際上取消了文學的藝術評價標準，使「革命文學」對幾乎所有人都開放，隨便一篇激烈暴露的文字都可以在刊物上登載出來，這必然造成創作上的魚龍混雜和創作水準的急劇下降。公式化、模式化在所難免，美學上的單調、乏味、粗俗更是讓人不堪卒讀。〔註 91〕所以茅盾說：「一九二八到三○年這一時期所產生的作品，現在差不多公認是失敗。」〔註 92〕這話毫不為過。

　　1930 年初到 1932 年的「文藝大眾化」討論，實際上是一場再造文學知識

〔註 88〕 馮乃超：《詩人們──送給時代的詩人》，《文化》（《文化批判》）第 5 號，出版日期不詳。

〔註 89〕 伯元（茅盾）：《力的表現》，《申報・自由談》，1933 年 12 月 1 日。

〔註 90〕 極端的例子如羅瀾的詩歌《北風》：「殺呀！殺呀！殺！殺！殺！」見《我們月刊》第 2 號，1928 年 6 月 20 日。伊林詩歌的題目就是「幹」，見《思想月刊》第 2 期，1928 年 9 月 15 日。

〔註 91〕 《流沙》的編輯在「後記」中說：「接到的投稿，十封就有九封是詩，而這些詩呢，又都是同樣的格調，不管是長是短，總是三分之二籠統的敘說工農群眾的痛苦，接著的三分之一就作鼓勵煽動之辭，去反抗反抗，反抗。在作者個人，他只能有一首，而本刊上印出來卻首首都是這一套，豈不嫌太單調嗎！」見華民：《後語》，《流沙》第 5 期，1928 年 5 月 15 日。

〔註 92〕 茅盾：《〈地泉〉讀後感》，載華漢：《地泉》，湖風書局 1932 年版，序第 14 頁。

主體與歷史主體的文學運動。其間雖然伴隨著對「革命文學」的「概念主義」、「臉譜主義」等不良傾向的清算，但並未找到病根。相反，它所開出的「大眾化」的藥方卻試圖取消知識分子作爲文學知識主體的身份與資格，其結果只能使文學從一個泥潭跌入另一個泥潭。「通俗到不成文藝都可以」〔註93〕的文藝，還有什麼美學價值可言？人類的藝術若果如向培良所說「成爲農夫的，成爲碼頭上搬運夫的，成爲煤礦洞裏終年裸體不見天日的礦工的所有」〔註94〕，那可能並不是什麼藝術的「新的美好時代」，而恰恰是美淪亡的時代。至此，革命文學對審美現代性的排斥幾乎已達極致，革命文學實際上走向了「反文學」，革命美學也走向了「反審美」。「延安文學」繼承了「文藝大眾化」未竟的事業，提倡文藝爲「工農兵」服務。所謂的爲「工農兵」服務，落實到實踐上就是爲農民服務。以此爲目的，毛澤東倡導「加工較少、較粗糙」的「普及的文藝」〔註95〕，這實際上是落後文化的回潮，必然會造成文學現代性審美品格的失落。「美」的風格可以千差萬別，「美」的體驗也會因人而異，但「美」的本質卻是普遍的。將「美」冠上階級性，抹殺「美」的本質的普遍性，其結果只能是扼殺了「美」。

眾所周知，現代性的重要特徵是自主性與多元性。一方面，革命美學中的「美」從未獲得過自主性，總是與政治糾纏在一起；另一方面，革命美學又總是以惟我獨尊的姿態出現，排斥、打擊其他美學原則、美學實踐的存在，取消了美學發展的多樣性。晚清革命文學雖然也將文學用於宣傳，但並未將「宣傳」確定爲文學的惟一本質，更沒有以此否定其他「文學」的「合法性」。也就是說，他們只將他們的「文學」視作政治運動的一部分，並沒有試圖介入文學領域。可到了 1926 年，郭沫若就宣稱文學只有兩種，要麼是革命的文學，要麼是反革命的文學。〔註96〕這分明將政治上的二元對立遷移到了文學上。1928 年的「革命文學」不再僅僅包含政治圖謀，同時也囊括著文學上的野心。二者的緊密結合試圖形成美學上的專制主義。但很顯然，處於政治與商業之張力中的 1930 年代文學，其生產方式已非一種政治權力所能支配。1930 年代文學的繁榮局面及其所取得的成就與此密切相關，美學上的多元化實際上也宣告了文化專制圖謀的破產。美學專制主義之最終形成，得益於一

〔註93〕郭沫若：《新興大眾文藝的認識》，《大眾文藝》第 2 卷第 3 期，1930 年 3 月。

〔註94〕向培良：《人類的藝術》，拔提書店 1930 年版，第 40 頁。

〔註95〕毛澤東：《在延安文藝座談會上的講話》，《解放日報》，1943 年 10 月 19 日。

〔註96〕郭沫若：《革命與文學》，《創造月刊》第 1 卷第 3 期，1926 年 5 月 16 日。

體化政治權力的實現。政治專制主義往往是美學專制主義的最大支持者，或者說，後者只是前者在文化上的表現。具有霸權意圖的美學規範，在延安時期通過政治運動獲得了權威地位，在「十七年文學」中大行其道，其偏執、排他的專制品性造成了美學風格的單一、枯燥與庸俗。

　　革命美學的專制還造成了其崇高美理想的失落。革命美學對「崇高」的追求，根本上來源於中國革命創造新的歷史主體的現代性目標。在革命及革命美學中，歷史的主體才是崇高的本質。因此，革命美學崇高美之追求能否實現，與歷史主體在革命和革命話語中是否具有自主性息息相關。崇高美之所以誕生在主體與客體、個人與社會、感性與理性的衝突之中，是因為外在客體力量的壓抑或壓迫激發出了人的本質力量，在與之相對抗的過程中，人的尊嚴與氣度得以彰顯。在康德看來，人在感性無法把握客體對象之時，不得不借助理性和想像力之間的矛盾運動來完成對客體對象的超越，這一由恐懼、痛苦到歡欣、愉悅的過程體現出的正是人的自由和生命力量。〔註97〕李澤厚雖然反對康德對崇高所做的主觀唯心主義的理解，但他所定義的崇高所凸顯出的仍舊是人在客觀實踐和鬥爭中表現出的人作為主體的實踐力量。「崇高的根源產生在人類社會生活的客觀實踐和鬥爭中，……實實在在的人對現實的不屈不撓的生產鬥爭、階級鬥爭和科學實驗的革命實踐，才是崇高的根源和實質。」在實踐對現實的艱巨鬥爭中，「表現了主體實踐力量的現實的或潛在的威力和勝利，這就不但不能掩蓋而且還經常造成或增強力量的光芒，使人們在它面前奮發興起，鞭策自己去更加勇敢地鬥爭」〔註98〕無論在康德還是在李澤厚那裡，崇高美都是高揚的主體精神的審美表達，在與外部世界的衝突與鬥爭中，個體印證了自身作為主體的價值與尊嚴。崇高美理想「克服了古代和諧的非主體傾向，將美和美的創造引向了人的需要和目的」。因此，它往往「成為人追求解放和自由的現實鬥爭和社會理想的先導」。〔註99〕

　　革命美學對崇高美理想的追求，同樣應該是歷史主體尋求解放和自由、重獲價值與尊嚴這一深層渴望的審美體現。革命是鬥爭，是反封建，是反帝國主義殖民主義，是人民的解放，是創造新的歷史主體的宏大工程。那麼，

〔註97〕〔德〕康德：《判斷力批判》，鄧曉芒譯，人民出版社2002年版，第83頁。

〔註98〕李澤厚：《關於崇高與滑稽》，《美學舊作集》，天津社會科學院出版社2002年版，第128、129頁。

〔註99〕鄭華：《20世紀中國美學研究》，復旦大學出版社2003年版，第9頁。

其話語，較之其他保守或漸進的話語，自然要顯露出崇高的面目。在此，革命被視作個體欲望的集體表達，與歷史主體追求解放與自由的內在要求大體一致。然而，當革命將個體解放的目標懸置起來，去追求一種被抽空了具體內涵的高高在上的「集體」利益或「大眾」的解放，那麼，革命的現代性光環就會褪去。並且，在「不斷革命」的推動下，「革命」更變質爲一種專制主義，一種虛幻的永久持續的烏托邦衝動。此時，革命美學所追求的崇高就不再與歷史主體對自由與解放的追求相一致，歷史主體在此並不是自主的，而是一個被「徵喚」的對象；或者淪爲某種觀念和歷史發展趨勢的代言人，失去其應有的豐富內涵。在這種「崇高」美的鼓動下，歷史的「主體」淪爲專制的工具，聽命於權威或領袖，義無反顧地投身於虛幻的烏托邦建設中，其自主性已經完全喪失，成了齊澤克所謂的「意識形態的崇高客體」。這種「崇高」實際上不是主體精神的高揚，恰恰是壓制或取消。因此，它只能是一種「僞崇高」。然而，歷史的遺憾就在於，正如革命的反現代性常常被其現代性光芒所掩蓋一樣，革命美學的「僞崇高」與「崇高」常常糾纏在一起，讓人難辨眞僞。革命美學的「僞崇高」雖然給意識形態帶來了便利，卻不可能將人導向人的目的，更不可能取得美學上的成就。

歷時的看，革命美學大致呈現出由「崇高」逐漸向「僞崇高」滑落的歷史趨勢。其歷史主體也從清晰的個體逐漸演變爲一個虛幻的高高在上的集體或集體化的英雄。在這個過程中，個體欲求的合法性逐漸被取消。革命與革命美學的專制在此也展露無遺。「崇高」絕不是通過褫奪、刪除個體欲求而實現的，恰恰是以之爲基礎的主體精神的高揚與昇華。將個體欲求囊括在內的「革命」，其「崇高」性不僅不會有絲毫削減，反而顯得十分眞實、深刻。相反，革命與革命美學通過壓抑——昇華機制而營造的崇高形象，實際上抽空了「崇高」的內涵，使主體淪爲革命理性的化身，顯得空洞而虛假。鄒容、陳天華、秋瑾等晚清革命志士以及蘇菲亞（《東歐女豪傑》）、黃禍、關關（《自由結婚》）等革命英雄形象無不具有以一己之力對抗黑暗時局的悲壯。《少年漂泊者》中的汪中一直在與「人世間的黑暗和狠毒」〔註 100〕抗爭，革命既涵括了他個人追求解放的願望，又將之轉化爲反抗社會的不竭動力，最終戰死沙場的他彰顯出了崇高的品質。在《紅岩》中，歷史主體超越自我的衝動被轉化爲對革命理性的忠實皈依。所有的革命者的內心都不存在情與理的衝

〔註 100〕蔣光慈：《少年漂泊者》，亞東圖書館 1926 年版，第 23 頁。

突。無論是成崗還是余新江，許雲峰還是江姐，其「崇高」都是通過強大的革命理性對身體感覺的對抗、忽視而實現的。他們的「崇高」並無實質差別，或者說，其「崇高」程度只是與其受刑程度成正比罷了。可以說，《紅岩》營造了一個「崇高」的神話，從審美的角度看，並不具有真正意義上的崇高感。

在崇高美中，主客體之間的對立、衝突並不意味著二者之間毫無聯繫。相反，主客體之間存在著深刻的內在關聯。客體因主體的努力展現出更多更豐富的內涵，主體因客體的阻礙而不斷得以提升，二者相反相成。客體的力量越是強大，主體的價值與尊嚴就越是耀眼奪目。正如黑格爾所說的：「人格的偉大和剛強只有借矛盾對立的偉大和剛強才能衡量出來，心靈從這對立矛盾中掙扎出來，才使自己回到統一；環境的互相衝突愈眾多，愈艱巨，矛盾的破壞力愈大而心靈仍能堅持自己的性格，也就愈顯出主體性格的深厚和堅強。只有在這種發展中，理念和理想的威力才能保持住，因為在否定中能保持住它自己，才足以見出威力。」〔註 101〕也就是說，崇高美的實現，得益於主客體之間的張力。如果將主體力量片面、過度誇大，就會使主客體之間的張力結構變得脆弱而鬆散，甚至不堪一擊。此時，它所追求的「崇高」就會變得淺薄而庸俗，也不可能使人獲得真正崇高的審美感受。

在追求崇高美理想的過程中，革命美學存在著將主體無限放大，將客體矮化、醜化、弱化的傾向，這種傾向仍是其專制品性的體現。這一傾向在 1930 年代的革命文學中初露端倪〔註 102〕，在以後的文學實踐中沉潛升降，到「文革文學」走向了極致。1932 年，錢杏邨就曾批評過華漢《地泉》中存在的「浪漫主義傾向」〔註 103〕。所謂的「浪漫主義」，就是將外部勢力過度弱化的做法。這種「團圓主義」、「個人主義的英雄主義」傾向雖然在「文藝大眾化」的討論中遭到了激烈的批評，但主體力量的放大卻是無法抑止的趨勢，其中凝聚

〔註 101〕〔德〕黑格爾：《美學》（第 1 卷），朱光潛譯，商務印書館 1997 年版，第 227～228 頁。

〔註 102〕如迅雷在《叛亂的幽靈》中寫道：「我們是創造的主宰！／我們是上帝的爸爸！／……老子是上帝的爺爺！」載《太陽月刊》2 月號，1928 年 2 月 1 日。

〔註 103〕錢杏邨指出：「《轉換》裏的一個女英雄，她被捕了，馬上就實現了那位轉換的英雄前來搭救，如『火燒紅蓮寺』；同時，革命的父親被槍斃的時候，那射擊手竟是他的兒子；於是『刀下留人』，於是宣傳，於是四個人大聯合，於是第二天早上革命成功萬歲。」見錢杏邨：《地泉序》，華漢：《地泉》「序」，湖風書局 1932 年版，第 22～23 頁。

著的，是人們對革命勝利的強烈渴望。「十七年」文學中，新國家的建立更加深了革命美學對主體力量的崇拜，革命話語中充滿了改天換地、無往不勝的革命豪情，這種豪情與激動滲透在文學的各個角落。郭小川「在社會主義高潮中」放歌：「滾吧／什麼不可克服的困難／什麼不可逾越的高山險道⋯⋯，／都是些／荒誕無稽的神話／不值一笑！」〔註104〕當反動勢力在革命者眼中成了靜止的、衰弱的、沒落的、僵死的對象，那主客體之間緊張、對立的張力就不存在了。此時，革命美學所追求的崇高，已經失去了其本質意義，歷史主體的主體性也蕩然無存。正如伊格爾頓所反問的：「如果世界被縮小為恭順的自我鏡象，這個主體的優越性又體現在哪裏呢？」「世界證實我的主體性，這點很重要，但只有我把世界當作是第一性的，我才能成為一個主體。」〔註105〕尤值注意的是，革命美學中主客體張力的消失，「主體」精神的無限制蔓延，所形成的不是真正的「崇高」，而是一個空洞的「崇高」幻象。它所引發的，不是真正的「崇高」所喚起的激情，而是一種不可收斂的狂熱。真正的「崇高」並不是主體力量的單維突進，而是經由一種無能為力的中介所實現的主體對自身的超越，「崇高」的激情正是這種超越所帶來的。「正是這種無能為力的中介──借助於失敗而完成的成功再現，這種不恰當性本身──才能把由崇高引起的激情與奇特的狂熱區別開來：狂熱是這樣一種病態的幻影般的錯覺，它以為我們可以直接看見或把握一切超出感覺界限的事物，而激情則排除了一切實證性再現。」〔註106〕革命美學的「偽崇高」所引發的狂熱正是政治專制與革命狂熱在美學上的集中體現。

〔註104〕郭小川：《郭小川詩選》，人民文學出版社 1977 年版，第 36～37 頁。

〔註105〕〔英〕特里・伊格爾頓：《審美意識形態》，廣西師範大學出版社 2002 年版，第 61、62 頁。

〔註106〕〔斯洛文尼亞〕斯拉沃熱・齊澤克：《意識形態的崇高客體》，季廣茂譯，中央編譯出版社 2002 年版，第 279 頁。

結　語

　　革命話語集中體現了中國現代文學中文學與政治的悖論關係。商業因素的加入使這一悖論關係顯現出更爲複雜的情態。作爲一種文學話語，革命話語不可能擺脫它天生的政治性，它也不需要擺脫這種政治性。問題只在於，它應該堅守文學與政治的雙重品性，既不能被完全資本化，也不能成爲專制政治的幫兇。一旦它失去自己的堅守，文學與政治品格的雙重淪落帶來的必然是中國現代文學的災難。但這種堅守談何容易？革命話語與政治合法性、政治認同之間的深刻關係又注定了政治權力不可能賦予革命話語生產以自主性，當「革命」被政治共同體所壟斷，當生產者成爲政治體制中的一員，任何自主性的革命話語生產都會脆弱得不堪一擊。革命話語終將被專制性的政治權力所控制，成爲這種權力再生產的工具，這似乎是革命話語難以逃脫的歷史宿命。

　　革命話語改變的不僅是文學的生產方式和生存機制，更爲重要的，它改變了文學想像世界、觀察世界、闡釋世界、表述世界的方式。根深蒂固的二元對立思維成爲文學處理、表現它與世界之關係的基本出發點，世界成爲被放大的主體的鏡象，兩者及其關係的複雜性就此被清除，這使得文學表現的空間和限度極其狹小，促使文學的發展愈加趨向扁平化。其思想與藝術由此而變得庸俗而淺薄，實際上使「文學」陷入了「非文學」、「反文學」的淵藪。

　　革命話語建構了一個嶄新的世界，並試圖用這一世界否定現實世界，重構它或者取代它。然而，這一世界畢竟是話語營構的「語詞的世界」，要使之變爲現實就需要創造新的歷史主體。這無疑需要政治權力的精心運作。革命話語生產正是權力運作的重要途徑之一。它的本質在於以情感爲中介作用於

個體的心理和精神，改變個體的思維方式和認知方式，進而通過控制個體的思想意志達到改造、控制社會現實的目的。值得注意的是，通過將這一權力關係道德化、倫理化、審美化，革命話語將政治權力對個體的支配隱藏起來，使個體在「自主自願」的狀態下將自身交付，權力的運作就這樣被「自然化」了。

革命話語中處處充滿了幻象。「眞理」的幻象，「正義」的幻象，「集體」的幻象，「光明」的幻象，「未來」的幻象，「崇高」的幻象等等。這些幻象以某種主義爲依託建基於一種邏輯的法則之上，其核心是歷史的進步觀念和線性發展的時間意識。正是在「幻象」的作用下，革命話語才能自然而然、合理合法、不容質疑地以「集體」犧牲「個體」，以「光明」遮蔽「黑暗」，以「未來」代替「現實」。因此，革命話語實際上構成了一種「隱蔽的暴政」，其本質是用必然否定偶然，用幻象取代實存，用邏輯僭越歷史。

這樣看來，革命話語追求個體解放卻造成了對個體更深的奴役，它反對權威卻又塑造了神聖不可侵犯的權威，它撲滅神話卻又創造了新的難以破滅的神話，它破除宗教卻又形成了另一形式的「宗教」……歷史帶給革命話語的，正是這些難以擺脫的重重悖論。

應該看到，革命只是特定歷史階段的產物。也正是在這一特定的歷史語境中，它才具有合理性或正義性。然而，「不斷革命」卻試圖將革命絕對化、普遍化，也就是說，革命應該無時不在、無處不在，滲透在一切時間與空間之中。不僅社會、政治領域需要「革命」，日常生活需要「革命」，就連「靈魂深處」也需要爆發「革命」。這樣，「革命」就演變爲全民族的虛幻的衝動，致使個體生活在「革命話語」所營建的「革命」鏡象或「革命」幻覺之中，失去了生存的實在感。「不斷革命」使革命由維持正義蛻變爲多行不義，最終演變成了多數人的暴政。

二十世紀末，李澤厚、劉再復「告別革命」的餘音未了，中國大陸的「紅色經典」卻方興未艾；我們一方面在清算「不斷革命」思想所帶來的歷史災難與現實餘毒，另一方面卻依然難以擺脫集體無意識中的「革命衝動」與「革命情結」，意識形態、大眾文化與商業資本的運作更使這一現象錯綜複雜、耐人尋味。因此，冷靜反思革命以及革命傳統帶給我們的物質、精神文化遺產，理性審視革命的歷史影響和當下流變，應該成爲當今學界需要正面回應和亟待解決的重要課題。

主要參考文獻

一、報刊雜誌

《巴爾底山》,《北斗》,《奔流》,《長風》,《創造月刊》,《大眾文藝》,《當代文藝》,《讀書月刊》,《橄欖月刊》,廣州《民國日報》,《國民雜誌》,《海風周報》,漢口《民國日報》,漢口《中央日報》,《洪水》,《解放日報》,《樂群月刊》,《流沙》,《矛盾月刊》,《萌芽》,南京《中央日報》,《前鋒月刊》,《前鋒周報》,《前哨(文學導報)》,《青年界》,《清華周刊》,《沙侖》,上海《民國日報》,《申報·自由談》,《十日談》,《時代文藝》,《世界文化》,《思想月刊》,《太陽月刊》,《泰東月刊》,《拓荒者》,《微言》,《文化鬥爭》,《文化批判》,《文學》,《文學周報》,《文藝新聞》,《文藝月刊》,《我們月刊》,《現代》,《現代文學評論》,《現代小說》,《向道》,《小說月報》,《新流月報》,《新民叢報》,《新文藝》,《新小說》,《新月》,《引擎》,《中國青年》

二、中文專著

1. 〔美〕加布里埃爾·A·阿爾蒙德、小 G·賓厄姆·鮑威爾:《比較政治學——體系、過程和政策》,曹沛霖等譯,上海譯文出版社,1987 年。

2. 〔法〕雷蒙·阿隆:《知識分子的鴉片》,呂一民等譯,譯林出版社,2005 年。

3. 〔美〕漢娜·阿倫特:《論革命》,陳周旺譯,譯林出版社,2007 年。

4. 〔美〕理安·艾勒斯:《神聖的歡愛:性、神話與女性肉體的政治學》,黃覺等譯,社會科學文獻出版社,2004 年。

5. 艾曉明:《中國左翼文學思潮探源》,湖南文藝出版社,1991 年。

6. 安敏成:《現實主義的限制:革命時代的中國小說》,姜濤譯,江蘇人民出版社,2001 年。

7. 〔蘇〕巴赫金：《巴赫金全集》（第六卷），李兆林等譯，河北教育出版社，1998 年。

8. 包亞明主編：《文化資本與社會煉金術——布爾迪厄訪談錄》，包亞明譯，上海人民出版社，1997 年。

9. 〔法〕皮埃爾·布迪厄：《藝術的法則——文學場的生成和結構》，劉暉譯，中央編譯出版社，2001 年。

10. 〔蘇〕布爾索夫：《俄國革命民主主義者美學中的現實主義問題》，劉寧、劉保瑞譯，中國社會科學出版社，1980 年。

11. 〔法〕列維－布留爾：《原始思維》，丁由譯，商務印書館，1981 年。

12. 曹清華：《中國左翼文學史稿（1921～1936）》，中國社會科學出版社，2008 年。

13. 陳建華：《「革命」的現代性——中國革命話語考論》，上海古籍出版社，2000 年。

14. 陳建華：《革命與形式——茅盾小説的現代性展開》，復旦大學出版社，2007 年。

15. 陳平原：《中國現代學術之建立——以章太炎、胡適之爲中心》，北京大學出版社，1998 年。

16. 陳學昭：《延安訪問記》，北極書店，1940 年。

17. 陳幼石：《茅盾〈蝕〉三部曲的歷史分析》，社會科學文獻出版社，1993 年。

18. 陳贇：《困境中的中國現代性意識》，華東師範大學出版社，2005 年。

19. 〔法〕埃米爾·迪爾凱姆：《迪爾凱姆論宗教》，周秋良等譯，華夏出版社，2000 年。

20. 丁帆、王世誠：《十七年文學：「人」與「自我」的失落》，河南大學出版社，1999 年。

21. 《丁玲與延安》選編小組編：《丁玲與延安——第八次丁玲文學創作國際研討會論文集》，陝西教育出版社，2001 年。

22. 丁易編：《大眾文藝論集》（增訂本），北京師範大學出版部，1951 年。

23. 方銘編：《蔣光慈研究資料》，寧夏人民出版社，1983 年。

24. 方維保：《紅色意義的生成——二十世紀中國左翼文學研究》，安徽教育出版社，2004 年。

25. 〔英〕諾曼·費爾克拉夫：《話語與社會變遷》，殷曉蓉譯，華夏出版社，2003 年。

26. 馮天策：《信仰導論》，廣西人民出版社，1992 年。

27. 〔美〕埃·弗羅姆：《愛的藝術》，康革爾譯，華夏出版社，1987 年。

28. 伏志英編：《茅盾評傳》，現代書局，1931 年。

29. 〔法〕米歇爾·福柯：《規訓與懲罰》，劉北成、楊遠嬰譯，生活·讀書·新知三聯書店，2007 年。

30. 〔法〕米歇爾·福柯：《知識考古學》，謝強、馬月譯，生活·讀書·新知三聯書店，2003 年。

31. 〔英〕威廉·葛德文：《政治正義論》（第一卷），何慕李譯，商務印書館，1980 年。

32. 郭沫若：《〈創造十年〉續編》，北新書局，1938 年。

33. 〔德〕哈貝馬斯：《交往與社會進化》，張博樹譯，重慶出版社，1989 年。

34. 韓侍桁：《文藝評論集》，現代書局，1934 年。

35. 賀桂梅：《轉折的時代──40～50 年代作家研究》，山東教育出版社，2003 年。

36. 賀凱編著：《中國文學史綱要》，斌興印書局，1933 年。

37. 賀玉波編：《中國現代女作家》，復興書局，1936 年。

38. 〔德〕黑格爾：《美學》（第一卷），朱光潛譯，商務印書館，1997 年。

39. 〔美〕塞繆爾·P.亨廷頓：《變化社會中的政治秩序》，王冠華等譯，上海人民出版社，2008 年。

40. 洪瑞釗：《革命與戀愛》，民智書局，1928 年。

41. 黃人影編：《當代中國女作家論》，大光書局，1936 年。

42. 黃人影編：《茅盾論》，光華書局，1933 年。

43. 黃子平：《革命·歷史·小說》，香港牛津大學出版社，1996 年。

44. 〔蘇〕А·И·季塔連科主編：《馬克思主義倫理學》，黃其才等譯，中國人民大學出版社，1984 年。

45. 霽樓編：《革命文學論文集》，生路社，1928 年。

46. 〔英〕托馬斯·卡萊爾：《英雄和英雄崇拜──卡萊爾演講集》，張峰等譯，上海三聯書店，1988 年。

47. 〔英〕丹尼·卡瓦拉羅：《文化理論關鍵詞》，張衛東等譯，江蘇人民出版社，2006 年。

48. 〔德〕康德：《判斷力批判》，鄧曉芒譯，人民出版社，2002 年。

49. 〔法〕讓－馬克·誇克：《合法性與政治》，佟心平等譯，中央編譯出版社，2002 年。

50. 曠新年：《1928：革命文學》，山東教育出版社，1998 年。

51. 〔法〕古斯塔夫·勒龐：《革命心理學》，佟意志等譯，吉林人民出版社，2004 年。

51. 李歐梵：《中國現代作家的浪漫一代》，新星出版社，2005 年。

53. 李維武編：《徐復觀文集》（第一卷），湖北人民出版社，2002 年。

54. 李向平：《信仰、革命與權力秩序——中國宗教社會學研究》，上海人民出版社，2006 年。

55. 李楊：《50～70 年代中國文學經典再解讀》，山東教育出版社，2006 年。

56. 李澤厚：《美學舊作集》，天津社會科學院出版社，2002 年。

57. 林偉民：《中國左翼文學思潮》，華東師範大學出版社，2005 年。

58. 劉康：《對話的喧聲：巴赫金的文化轉型理論》，中國人民大學出版社，1995 年。

59. 劉納：《嬗變：辛亥革命時期至五四時期的中國文學》，中國社會科學出版社，1998 年。

60. 劉小楓：《儒家革命精神源流考》，上海三聯書店，2000 年。

61. 劉震：《左翼文學運動的興起與上海新書業（1928～1930）》，人民文學出版社，2008 年。

62. 魯迅：《魯迅全集》（第 1～16 卷），人民文學出版社，2005 年。

63. 馬俊山：《演劇職業化運動研究》，人民文學出版社，2007 年。

64. 馬克思、恩格斯：《德意志意識形態》，《馬克思恩格斯全集》（第 3 卷），人民出版社，1960 年。

65. 馬克思、恩格斯：《馬克思恩格斯選集》（第 1～4 卷），人民出版社，1966 年。

66. 馬克思：《1844 年經濟學——哲學手稿》，劉丕坤譯，人民出版社，1979 年。

67. 馬克思：《對民主主義者萊茵區域委員會的審判》，《馬克思恩格斯全集》（第 6 卷），人民出版社，1961 年。

68. 馬克思：《資本論》，《馬克思恩格斯全集》（第 23 卷），人民出版社，1972 年。

69. 茅盾：《我走過的道路》（中），人民文學出版社，1984 年。

70. 〔蘇〕阿·梅特欽科：《繼往開來——論蘇聯文學發展中的若干問題》，石田等譯，中國社會科學出版社，1983 年。

71. 每日譯報社編：《女戰士丁玲》，每日譯報社出版，1938 年。

72. 孟悅、戴錦華：《浮出歷史地表——現代婦女文學研究》，中國人民大學出版社，2004 年。

73. 南帆：《後革命的轉移》，北京大學出版社，2005 年。

74. 倪墨炎：《現代文壇災禍錄》，上海書店，1996 年。

75. 倪偉：《「民族」想像與國家統制——1928～1948 年南京政府的文藝政策及文學運動》，上海教育出版社，2003 年。

76. 祁述裕：《市場經濟下的中國文學藝術》，北京大學出版社，1998 年。

77. 〔斯洛文尼亞〕斯拉沃熱·齊澤克：《意識形態的崇高客體》，季廣茂譯，中央編譯出版社，2002 年。

78. 錢杏邨：《麥穗集》，落葉書店，1928 年。

79. 錢杏邨：《現代中國文學作家》（第一卷），泰東書局，1928 年。

80. 錢杏邨：《現代中國文學作家》（第二卷），泰東書局，1930 年。

81. 錢杏邨：《作品論》，滬濱書店，1929 年。

82. 史秉慧編：《張資平評傳》，現代書局，1933 年。

83. 史宗主編：《20 世紀西方宗教人類學文選》，金澤等譯，上海三聯書店，1995 年。

84. 〔美〕舒衡哲：《中國啓蒙運動——知識分子與「五四」遺產》，劉京建譯，新星出版社，2007 年。

85. 〔美〕戴維·斯沃茨：《文化與權力：布爾迪厄的社會學》，陶東風譯，上海譯文出版社，2006 年。

86. 宋原放主編：《中國出版史料》（現代部分），山東教育出版社，2001 年。

87. 孫瑞珍、王中忱編：《丁玲研究在國外》，湖南人民出版社，1985 年。

88. 唐小兵編：《再解讀——大眾文藝與意識形態》，北京大學出版社，2007 年。

89. 〔美〕維克多·特納：《戲劇、場景及隱喻：人類社會的象徵性行爲》，劉珩等譯，民族出版社，2007 年。

90. 〔美〕維克多·特納：《儀式過程——結構與反結構》，黃劍波等譯，中國人民大學出版社，2006 年。

91. 〔美〕維克多·特納編：《慶典》，方永德等譯，上海文藝出版社，1993 年。

92. 天行編：《丁玲在西北》，華中圖書公司，1938 年。

93. 〔法〕愛彌兒·涂爾幹：《宗教生活的基本形式》，渠東等譯，上海人民出版社，2006 年。

94. 〔法〕托克維爾：《舊制度與大革命》，馮棠譯，商務印書館，1992 年。

95. 王斑：《歷史的崇高形象——二十世紀中國的美學與政治》，孟祥春譯，上海三聯書店，2008 年。

96. 王德威：《被壓抑的現代性——晚清小說新論》，宋偉傑譯，北京大學出版社，2005 年。

97. 王德威：《歷史與怪獸——歷史，暴力，敘事》，臺北麥田出版社，2004年。

98. 王海洲：《合法性的爭奪——政治記憶的多重刻寫》，江蘇人民出版社，2008年。

99. 王燁：《二十年代革命小説的敘事形式》，雲南人民出版社，2005年。

100. 王一川：《中國現代卡里斯馬典型——二十世紀小説人物的修辭論闡釋》，雲南人民出版社，1994年。

101. 〔德〕馬克斯·韋伯：《經濟與社會》，林榮遠譯，商務印書館，1997年。

102. 〔美〕雷内·韋勒克：《批評的概念》，張金言譯，中國美術學院出版社，1999年。

103. 吳似鴻、傅建祥整理：《我與蔣光慈》，廣西教育出版社，1992年。

104. 吳騰凰：《蔣光慈傳》，安徽人民出版社，1982年。

105. 〔美〕希爾福斯、愛潑斯坦編：《一個戰時的審美主義者——紐約書評論文選》，高宏等譯，中央編譯出版社，2000年。

106. 夏衍：《懶尋舊夢錄》，生活·讀書·新知三聯書店，1985年。

107. 向培良：《人類的藝術》，拔提書店，1930年。

108. 顔敏：《在金錢與政治的漩渦中——張資平評傳》，百花洲文藝出版社，1999年。

109. 楊厚均：《革命歷史圖景與民族國家想像：新中國革命歷史小説再解讀》，湖北教育出版社，2005年。

110. 楊念群等主編：《新史學：多學科對話的圖景》，中國人民大學出版社，2003年。

111. 楊之華編：《文壇史料》，中華日報出版社，1944年。

112. 〔英〕特里·伊格爾頓：《馬克思主義與文學批評》，文寶譯，人民文學出版社，1980年。

113. 〔英〕特里·伊格爾頓：《審美意識形態》，王杰等譯，廣西師範大學出版社，2001年。

114. 余岱宗：《被規訓的激情——論1950、1960年代的紅色小説》，上海三聯書店，2004年。

115. 余虹：《革命·審美·解構——20世紀中國文學理論的現代性與後現代性》，廣西師範大學出版社，2001年。

116. 〔日〕藏原惟人：《新寫實主義論文集》，之本譯，現代書局，1930年。

117. 張靜廬：《在出版界二十年》，江蘇教育出版社，2005年。

118. 張天化：《文學與革命》，民智書局，1928年。

119. 張玉法編：《晚清革命文學》，臺北經世書局，1981年。

120. 張玉法主編：《中國現代史論集·第六輯五四運動》，臺北聯經出版事業公司，1981年。

121. 趙超構：《延安一月》，新民報館，1946年。

122. 趙園：《艱難的選擇》，上海文藝出版社，1986年。

123. 中國第二歷史檔案館編：《中華民國史檔案資料彙編》第五輯第一編文化，江蘇古籍出版社，1994年。

124. 中國社會科學院外國文學研究所編：《盧卡契文學論文集》（一），中國社會科學出版社，1980年。

125. 中央檔案館編：《中共中央文件選集》（第六冊），中共中央黨校出版社，1983年。

126. 周來祥：《古代的美　近代的美　現代的美》，東北師範大學出版社，1996年。

127. 周毓英：《新興文藝論集》，勝利書局，1930年。

128. 朱國華：《文學與權力——文學合法性的批判性考察》，華東師範大學出版社，2006年。

129. 朱謙之：《革命哲學》，泰東圖書局，1921年。

130. 朱曉進：《政治文化與中國二十世紀三十年代文學》，人民出版社，2006年。

131. 鄒華：《20世紀中國美學研究》，復旦大學出版社，2003年。

三、中文論文

1. 蔡翔：《父與子——中國文學中的「父子」問題》，《文藝爭鳴》，1991年第5期。

2. 陳紅旗：《中國左翼文學的可能性》，《學術研究》，2006年第8期。

3. 程凱：《「革命文學」歷史譜系的構造與爭奪》，《中國現代文學研究叢刊》，2005年第1期。

4. 程凱：《尋找「革命文學」、「左翼文學」的歷史規定性》，《鄭州大學學報》（哲社版），2006年第1期。

5. 丁帆：《論「革命＋戀愛」式鄉土小說的變異》，《廣東社會科學》，2007年第1期。

6. 段建軍、尹小玲：《紅色敘事中革命話語的權力內涵》，《江漢論壇》，2006年第4期。

7. 范偉：《「革命的羅曼蒂克」：從情的飛揚到觀念論的魔床》，《中國文學研究》，2004年第3期。

8. 馮奇：《革命文學話語權的建立與發展》，《中國現代文學研究叢刊》，2003

年第 1 期。

9. 賀桂梅：《「革命＋戀愛」模式解析——早期普羅小説釋讀》，《文藝爭鳴》，2006 年第 4 期

10. 賀桂梅：《性／政治的轉換與張力——早期普羅小説中的「革命＋戀愛」模式解析》，《中國現代文學研究叢刊》，2006 年第 5 期。

11. 敬文東：《在「革命」的星空下——20 世紀中國文學中的「革命」主題》，《文藝爭鳴》，2002 年第 3 期。

12. 李蕾、鳳媛：《早期普羅小説「革命＋戀愛」模式的青春特質》，《中國現代文學研究叢刊》，2005 年第 5 期。

13. 李陀：《丁玲不簡單——革命時期知識分子在話語中的複雜角色》，《北京文學》，1998 年第 7 期。

14. 李正紅、維保：《論二三十年代左翼敘事文學的革命主題》，《文藝理論與批評》，2005 年第 6 期。

15. 劉海波：《1928：「革命文學」合法性論證》，《文藝理論與批評》，2003 年第 1 期。

16. 劉聘：《宣傳學視野中的左翼文學》，《文藝理論與批評》，2006 年第 5 期。

17. 劉震：《「革命文學」論戰中的報刊陣營與文人集團——以〈文化批判〉的誕生爲例》，《中國現代文學研究叢刊》，2005 年第 5 期。

18. 劉震：《革命文學論戰與報刊的新舊之爭》，《江蘇社會科學》，2007 年第 1 期。

19. 劉震：《蔣光慈作品的暢銷與盜版》，《新文學史料》，2007 年第 2 期。

20. 馬寧：《回憶「左聯」五記》，《中國現代文學研究叢刊》，1980 年第 1 期。

21. 馬西超：《從〈沙家浜〉到「沙家浜」——版本沿革中革命話語體系的變奏》，《西安電子科技大學學報》，2006 年第 5 期。

22. 秦靜：《憶洪靈菲同志》，《新文學史料》，1980 年第 2 期。

23. 王奇生：《「革命」與「反革命」：一九二〇年代中國三大政黨的黨際互動》，《歷史研究》，2004 年第 5 期。

24. 王燁：《二十年代革命文學中的「戲仿」現象》，《長江學術》，2007 年第 1 期。

25. 吳泰昌記述：《阿英憶左聯》，《新文學史料》，1980 年第 1 期。

26. 徐仲佳、張光芒：《欲望與理性悖論的調適——論中國現代文學的「革命＋戀愛」思潮》，《福建師範大學學報》（哲社版），2005 年第 2 期。

27. 薛藝兵：《對儀式現象的人類學解釋（上）》，《廣西民族研究》，2003 年第 2 期。

28. 閻浩崗：《從文學角度看 20 世紀二三十年代之交的「革命小説」》，《天津

社會科學》，2003 年第 6 期。

29. 顏琳：《「突變」：身份焦慮與書寫曖昧的指代——「革命＋戀愛」敘事模式解析》，《中國文學研究》，2008 年第 1 期。

30. 顏敏：《精神危機：革命文學的徵兆》，《文學評論》，2007 年第 2 期。

31. 楊聯芬：《女性與革命——以 1927 年國民革命及其文學爲背景》，《貴州社會科學》，2007 年第 10 期。

32. 易崇輝：《戀愛與革命：以 20 世紀中國文學爲例》，《汕頭大學學報》（人文社科版），2007 年 5 期。

33. 曾華鵬、范伯群：《論張資平的小說》，《文學評論》，1996 年第 5 期。

34. 趙天才：《革命話語的現代性危機——趙樹理、孫犁小說的敘事文化身份解讀》，《華中科技大學學報》，2004 年第 1 期。

35. 趙璕：《「革命文學」論爭中的「異化」理論——「物化」概念的發現及其對論爭分野的重構》，《中國現代文學研究叢刊》，2005 年第 1 期。

36. 趙璕：《「小資產階級文學」的政治——作爲「中國社會性質論戰」序幕的〈從牯嶺到東京〉》，《中國現代文學研究叢刊》，2006 年第 2 期。

37. 趙璕：《〈牯嶺到東京〉的發表及錢杏邨態度的變化——〈幻滅〉（述評）、〈動搖〉（評論）和〈茅盾與現實〉對勘》，《中國現代文學研究叢刊》，2005 年第 6 期。

四、中文學位論文

1. 蔡麗：《左翼小說的轉型》，蘇州大學博士論文，2006 年 4 月。

2. 陳紅旗：《中國左翼文學的發生》，吉林大學博士論文，2005 年 4 月。

3. 程凱：《國民革命與「左翼文學」思潮發生的歷史考察（1925～1928）》，北京大學博士論文，2004 年 4 月。

4. 范偉：《革命文學：從 1923 到 1931》，南京大學博士論文，2002 年 4 月。

5. 郭劍敏：《革命・歷史・敘事——中國當代革命歷史小說（1949～1966）的意義生成》，浙江大學博士論文，2005 年 11 月。

6. 黃曉華：《身體的解放與規訓——中國現代文學身體意識論》，武漢大學博士論文，2005 年 4 月。

7. 李蓉：《中國現代文學的身體闡釋》，華中師範大學博士論文，2006 年 4 月。

8. 劉海波：《二十世紀中國左翼文論研究》，復旦大學博士論文，2003 年 4 月。

9. 孫紅震：《解放區文學的革命倫理闡釋》，華中師範大學博士學位論文，2008 年 4 月。

10. 王智慧：《二十世紀二十年代「革命文學」綜論》，中國社會科學院博士論文，2002 年 5 月。

11. 楊晶：《從革命女性到女性革命——現代女性革命小說的女性關懷》，吉林大學博士論文，2006 年 4 月。

12. 趙天才：《革命時代的鏡象——中國當代小說的革命敘事研究》，浙江大學博士論文，2004 年 4 月。

13. 趙衛東：《延安文學體制的生成與確立》，浙江大學博士論文，2004 年 4 月。

14. 趙璕：《文學與階級意識：「革命文學」論爭中階級問題的研究》，北京大學博士論文，2005 年 4 月。

15. 周雲鵬：《「民族主義文學」（1930～1937 年）論》，復旦大學博士論文，2005 年 4 月。

五、西文論著

1. David E. Apter & Tony Saich. *Revolutionary Discourse in Mao's Republic*, Harvard University Press, 1994.

2. Michel Foucault. *The Archaeology of Knowledge and The Discourse on Language*, Trans by A .M. Sheridan Smith, Pantheon Books, 1972.

3. Marián Gálik. *The Genesis of Modern Chinese Literary Criticism （1917~1930）*, Curzon Press, 1980.

4. Tsi-an Hsia. *The Gate of Darkness: studies on the Leftist Literary Movement in china*, University of Washington Press, 1968.

5. Hung-yok Ip. *Intellectuals in Revolutionary China （1921~1949）: Leaders, heroes and sophisticates*, Routledge Curzon, 2005.

6. Hung-Yok Ip. Politics and Individuality in Communist Revolutionary Culture, *Modern China*, Vol. 23, No. 1, 1997.

7. David I. Kertzer. *Ritual, Politics, and Power*, Yale University Press, 1988.

8. Jianmei Liu. *Revolution Plus Love: Literary History, Women's Bodies, and Thematic Repetition in Twentieth-Century Chinese Fiction*, University of Hawai'i Press, 2003.

9. Jonathan Spence. On Chinese Revolutionary Literature, *Yale French Studies*, No.39, 1967.

10. David Der-wei Wang. *Fictional Realism in Twentieth-Century China: Mao Dun, Lao She, Shen Congwen*, Columbia University Press, 1992.

大陸版後記

　　將自己三年前的博士畢業論文拿出來出版是一件既高興又尷尬的事情。高興的是自己的成果終於可以面世；尷尬的是如今審視這篇論文，總會發現這樣或那樣的不足。第二章的第二節和第四章的第一節尤其不能讓我滿意。我由此心懷忐忑，修改與不修改成了難題。此時我想起了恩格斯爲他的《英國工人階級狀況》一書的德文第二版所寫的序言，他說當他二十多年後再來重讀這本青年時期的著作時，「發現它並沒有什麼使我臉紅的地方」。因此，他「一點也不打算抹去」「書中的青年時期的痕迹」，而是「原封不動地把它重新獻給讀者」。我當然無法與恩格斯相提並論，也不知道二十多年後我再來讀我的論文會怎樣，但可以肯定的是，這篇論文顯現出的是我三年前的思想狀況，今日讀來雖缺點甚多，但尚未達到使我臉紅的地步。於是我最後決定不做修改，就讓它用原來的面貌爲博士三年痛苦而又幸福的時光留一份紀念吧。

　　時間眞是玄妙的東西，它常常將生活沉澱爲清晰的畫面，昇華爲深沉的詩篇。三年後再來回憶三年的南京大學的求學生活，畫面中首先閃現的是我的導師馬俊山先生和師母樊文秀女士。想起先生一次次和我在操場上闊步疾走，告誡我寫論文「一分材料說一分話」，指導我如何搜集材料如何讓材料煥發新的生命。我曾無數次地就論文的問題向先生請教，先生無一次不認眞回答，無一次不詳細指點。可以說，這本書是先生和我共同完成的。在南大的三年，我埋首於書齋，沉潛於問題，愉悅於思辨，如果取得了一點進步的話，那也是先生教導的結果。在得知我的博士論文要出版，先生非常高興，慨然應允我索序的請求，冒著南京的酷暑爲我寫下近萬字的序言。有師如此，人

生之大幸也！我又想起我的師母樊文秀女士一次次爲我們準備美食，一次次用她的慈愛爲我們紓解寫論文的焦慮。我常常想，導師是「嚴父」，師母是「慈母」，他們眞是「最佳搭檔」。導師這邊給我們「施壓」，師母那邊幫我們「減壓」，這邊那邊都是愛。我們何其幸福，同時擁有兩份深摯的愛！

南京三年的畫面中還閃現出我的同門和同學們。我的兩位師姐安凌和蘇明對我就像親弟弟一樣。大師姐安凌常常能高屋建瓴地爲我指點迷津，即使離開了南京大學，她對我的關心和幫助也一刻都沒有停止。蘇明師姐幾乎是形影不離地陪伴我度過了三年時光。我記得我倆和劉小兵、王軍組成的「四人幫」，一起去系圖書館寫作，一起去操場鍛鍊，又一起踏著月光的清輝回宿舍……我知道三年裏作爲姐姐的她爲我付出的太多太多，我也知道，這付出還將持續下去，可我卻不能回報什麼。我還想起段麗師妹、張也奇師妹、吳彬師弟、穆海亮師弟等同門對我的關懷，自從進了「馬門」，我們就成了「相親相愛的一家人」。我還陶醉於和楊建剛、龐秀慧、徐阿兵、施龍、孔劉輝、鞠新泉、周新順、蕭畫、王曦等同學的交流和辯論，我們在南京大學這座象牙塔內，探討學問，求索眞知，那時光純粹而又美好。

2009 年 7 月，我到母校陝西師範大學做博士後研究工作，合作導師爲李繼凱教授。我知道，爲了我的「回來」和工作，李老師付出了太多心力。自我來到師大後，又受到他和師母劉瑞春女士無微不至的照顧。他們不斷督促我的學業，爲我的發展而操心。李老師學識淵博，爲人謙和，學問品德一直都是我學習的榜樣。本書的出版，離開了他的督促和幫助將是不能想像的。

感謝師大文學院的老師們一直以來對我的關注和提攜。無論我在南京還是回師大後，我碩士時的導師張積玉教授和師母王鉅春女士都一如既往地愛護著我；王榮教授常常對我的學業和生活諄諄教誨、循循善誘、不厭其煩。一想起他我內心就充滿了溫暖和感動；閻慶生教授將我引入現代文學的大門，十幾年來我的每一分進步都離不開他的激勵；田剛教授對學術的執著和堅守常常鼓舞我，使我擁有了追求的勇氣；趙學勇教授敦厚的長者之風讓我深受教益；徐改平教授用她特有的敏銳讓我能保持一份難得的「清醒」。

感謝師大社科處和文學院的領導，尤其是馬瑞映處長和李西建院長，他們關注青年學者的成長，爲本書的出版提供了很大幫助。同時，文學院的孫清潮書記、張新科教授、程世和教授、邢向東教授、樊列武研究員、裴亞莉教授、王同亮老師、楊新老師、劉軍華老師、黎秋羊老師、伊慧老師等都爲

我提供過這樣或那樣的幫助，在此一併表達謝意！

本書在寫作的過程中，還曾得到過美國馬里蘭大學劉劍梅教授、華盛頓大學陳綾琪教授、斯坦福大學王斑教授、四川大學陳思廣教授、重慶師範大學袁盛勇教授、中國社科院文學所程凱博士的熱情幫助，他們或為我惠寄資料，或為我答疑解惑，這份情誼是值得永久珍存的。尤其是劉劍梅教授，她不僅在我寫作博士論文時給我指導，而且還通讀了我的書稿，給了我很多鼓勵。

本書的大部分章節都在各種學術刊物上刊出過。中國現代文學館的傅光明研究員，清華大學的解志熙教授，《新文學史料》的郭娟女士，《社會科學輯刊》的高翔先生，山東大學的賀立華教授都曾熱心地刊發過我的論文。由於賀立華教授的賞識和擡愛，本書的第三章和第五章得以全部在《文史哲》上發表。他們中有許多素未謀面，但他們的學術眼光和提攜後進的品格讓我深深敬佩。

感謝南京大學的丁帆教授、王彬彬教授、沈衛威教授、黃發有教授、張光芒教授在博士論文開題時給我的建議，他們授課時的風采是讓我永遠難忘的。同時也感謝參加我博士論文答辯的江蘇省社科院吳功正研究員、南京師範大學朱曉進教授、蘇州大學范培松教授、福建師範大學汪文頂教授，他們洞見我論文的缺點，給我提出了許多寶貴意見。

本書的出版幾經輾轉，感謝商務印書館的周青豐先生為本書的出版所做的努力。感謝中國社會科學出版社的郭曉鴻女士接受這本小書，由她做責任編輯，我是十分榮幸的。

最後，我還想把誠摯的謝意和歉意送給我的父母和兩位姐姐，是他們多年如一的無私付出才讓我走到了今天。

李躍力

2012 年 8 月 8 日草成

2013 年 3 月 7 日改定

臺灣版後記

　　本書去年由中國社會科學出版社出版後，得到不少師友的指教，其中有
殷殷的批評，也有切實的建議。特別感謝哈佛大學王德威教授專為此書與我
進行了深談，使我受益良多。還要感謝華東師範大學劉曉麗教授和浙江工商
大學湯擁華教授為此書寫下近萬言的評論。

　　本書能夠在臺灣出版，端賴北京師範大學李怡教授的器重和擡愛。自攻
讀碩士學位時結識先生，便一直視先生為學術之楷模。多年來雖幾無聯繫，
但未曾想先生一直關注著我的成長，對這本小書也多有謬讚，讓我十分感動。
如今這本小書能忝列先生主編的《民國文化與文學》研究文叢，由學術界交
口稱讚的臺灣花木蘭文化出版社出版，於我自有無限的榮光。在此向李怡先
生和臺灣花木蘭文化出版社表示衷心的感謝。

　　本書原名「革命與文學的深層互動——中國現代文學中的『革命話語』
研究」，如今逕用副題為名，再加以時間的限制，當更符合書的內容。

　　「革命話語」是一個有極大延展性的話題，我只是做了非常粗淺的工作。
希望能繼續得到各位師友的批評和建議，使我對這一話題的認識能愈加深入。

李躍力於西安

2014 年 11 月 24 日